L'ESPRIT EN FRICHE
Les foisonnements de l'intelligence artificielle

PSYCHOLOGIE ET SCIENCES HUMAINES

D. Defays

l'esprit en friche

Les foisonnements de l'intelligence artificielle

PIERRE MARDAGA, EDITEUR
LIEGE - BRUXELLES

© Pierre Mardaga, éditeur
12, rue Saint-Vincent, 4020 Liège
D. 1988-0024-8

Remerciements

Ce livre est profondément imprégné des idées de Douglas Hofstadter. Sa contribution fut multiple et peu aurait été possible sans lui : j'ai puisé généreusement dans ses écrits, ses réflexions, je me suis laissé guider par ses suggestions, j'ai profité de ses commentaires sur une première version de ce livre. Je lui suis aussi reconnaissant de m'avoir permis de passer un an dans son équipe de recherche au Michigan. J'y ai bénéficié de contacts scientifiques privilégiés.

Mes premiers manuscrits ont également été relus par mes parents, mon épouse et un ami, Bob French. Leur lecture critique et leurs commentaires constructifs furent éminemment précieux.

Cinq lettres, c'est peu pour dire merci.

D. DEFAYS
Ann Arbor
Juin 1987

Introduction
Le second souffle

« Alors Yahve Dieu modela l'homme avec la glaise du sol, Il insufla dans ses narines une haleine de vie et l'homme devint un être vivant ». (La Genèse 2, 7). Depuis quelques dizaines d'années, présomptueux peut-être, l'être humain s'évertue également à souffler sur les machines. Pour leur donner la vie ? Pas encore. Une lueur d'intelligence seulement. Mais le miracle va-t-il se reproduire ? Pourra-t-il extraire de ce qui n'est tout compte fait qu'un amas de ferrailles, quelque chose qui ressemble à l'esprit ?

L'Intelligence Artificielle, souvent appelée l'I.A., est la discipline qui cherche à faire réaliser par des ordinateurs, des performances qui, lorsqu'elles sont le fait d'humains, sont réputées nécessiter de l'intelligence. L'entreprise est audacieuse et périlleuse. Après des débuts impressionnants dans les années 50 et 60, certains croient discerner actuellement un essoufflement. L'I.A. connaîtrait une crise d'identité, une adolescence en quelque sorte. Epoque difficile et stimulante. Difficile parce qu'une première évaluation des résultats acquis à l'échelle des espoirs suscités est quelquefois décevante, stimulante parce que les cheminements initiaux ont permis d'entrevoir des horizons fascinants. La discipline chercherait-elle son second souffle ?

Ne faudrait-il pas plutôt voir dans la relative stagnation actuelle une preuve de l'inanité de la tentative ? Ce soupçon paraît légitime. Tout qui a déjà travaillé avec des ordinateurs a été frappé par leur inébranlable stupidité : boucles sans fin dont ils ne peuvent apparemment pas s'échapper, incapacité complète à s'abstraire de leur tâche, acharnement stérile dans des voies sans issue. Même si on est sensible à la rapidité et à la précision de leurs performances, on doit admettre que leur compétence se limite essentiellement au royaume des chiffres et de la logique, du tout ou rien, du vrai et du faux. Vouloir les comparer au cerveau humain paraît grossièrement caricatural et vain aux yeux de ceux qui perçoivent notre esprit comme tout autre chose qu'une machine à faire des inférences logiques.

Et pourtant, quand nous sommes profondément absorbés dans une partie d'échecs ou de reversi avec la machine, quand nous sommes embarqués dans un logiciel quelque peu sophistiqué, nous nous surprenons quelquefois à caractériser son comportement en utilisant des termes jusqu'ici réservés aux humains ou à certains animaux réputés intelligents : « Il a vu que je cherchais à occuper le coin supérieur gauche » — « Ah, c'est là qu'il voulait en venir » — « Qu'est-ce qu'il attend de moi ? »... Même si ces expressions sont utilisées de manière imagée, on ne peut s'empêcher de penser qu'elles paraissent parfaitement appropriées pour décrire des comportements d'une certaine complexité.

La question « Les machines peuvent-elles penser ? », commentée en 1950 par A. Turing, un chercheur anglais, paraît toujours d'actualité. C'est à un examen prudent de cette interrogation que je vous convie. Elle constituera le point focal de ce livre. Plutôt que l'aborder directement, j'ai préféré emprunter un chemin détourné. L'intelligence est complexe, et l'I.A. est une discipline jeune, qui, contrairement à ce qu'un nom unique pourrait laisser croire, abrite différentes écoles de pensée. Pouvoir apprécier cette complexité et cette diversité me paraît indispensable avant d'aborder la question centrale.

Souvent, *l'intelligence humaine* est dévaluée à travers les métaphores appauvrissantes qui sont utilisées pour la formaliser. Ceci conduit inévitablement à sous-estimer certains aspects qui en constituent peut-être des caractéristiques fondamentales. Je chercherai à éviter ces simplifications. En observant attentivement la manière dont on résoud quelques problèmes simples, j'espère mettre en évidence le caractère quelquefois très sophistiqué de certains processus intellectuels.

L'intelligence paraît, en fait, tellement complexe que vouloir la simuler peut même paraître quelquefois provocant. On ne peut s'empêcher de ressentir cette entreprise comme une forme de profanation. La fascination est la fille du secret, la beauté, un subtil mélange d'harmonie perçue, de régularités et d'accidents. Soulever le voile, c'est rompre le charme. Ne seriez-vous pas un peu déçu si on vous apprenait que votre morceau préféré de musique a été composé par une machine, si on vous démontrait que votre sentiment de libre arbitre est le produit d'une illusion, et que ce que vous trouvez beau est ce qui entretient un rapport défini avec vos structures mentales ? La nature même de l'intelligence semble quelquefois liée au halo d'impénétrabilité dont elle s'entoure. Ce sentiment est tellement fort que généralement une conduite cesse d'être considérée comme intelligente le jour où elle peut être simulée sur machine. L'intelligence serait comme ces terres inexplorées qui cessent d'être ce qu'elles sont le jour où elles sont découvertes.

Rassurez-vous. Nous sommes à l'heure actuelle complètement incapables de soulever le voile. Au mieux est-on convaincu de l'existence de quelque chose susceptible d'être découvert par un certain mode d'investigation, un peu comme le chimiste est convaincu que toute substance élémentaire doit nécessairement trouver sa place dans son tableau de Mendeleïev.

Parallèlement à cet examen de nos comportements dans quelques jeux de chiffres élémentaires, la recherche d'une automatisation des tâches au moyen d'un grand nombre de systèmes ayant des philosophies différentes vous familiarisera progressivement avec l'*I.A.* et ses nombreux foisonnements. Les systèmes présentés ne sont pas choisis au hasard. Certaines architectures, certains courants de pensée ont été délibérément privilégiés. J'ai guetté le second souffle... Les exemples ont été choisis en fonction de leur degré de sophistication, de leur actualité, et de leur capacité d'illustrer certains modes d'approche qui m'apparaissent prometteurs. Ils ne doivent pourtant pas être considérés comme un échantillon représentatif de ce qui s'est fait et se fait actuellement dans la discipline. Quantités de systèmes intéressants ne seront même pas mentionnés. Ce livre ne peut donc en aucun cas constituer un bilan.

J'ai pourtant essayé de ne pas me limiter à une seule catégorie de systèmes. Comme vous le constaterez, certains points de vue fort différents, voire apparemment contradictoires sont présentés. Un peu comme dans un canon où les voix se mêlent, se croisent, et se marient, différentes perspectives seront considérées, comparées, évaluées. Je suis convaincu que la compréhension véritable est le produit d'une sédimentation personnelle longue et subtile. Mon ambition est d'alimenter ce processus. Les variations sur un thème sont une condition indispensable de son appréciation. La pureté ne peut pas être le produit d'un effet de champ qui empêche les interférences.

J'espère ainsi, en observant à la fois les cerveaux et les machines, en commentant et en comparant les différents mécanismes, vous amener à percevoir des éléments de réponse à la question centrale qui charpente ce livre.

Le parcours proposé est le suivant. Dans une première partie relativement technique, je cherche à introduire les concepts fondamentaux utilisés en I.A. à travers l'examen attentif d'un jeu de chiffres. Différentes simulations seront présentées en détail : méthodes de résolution aveugles, utilisation d'heuristiques, système de production. La lecture de ces chapitres est quelquefois un peu ardue. Les sections les plus techniques, dont la lecture n'est pas indispensable à la compréhension générale, seront, du reste, signalées par un « * ».

Ces simulations illustrent un peu la manière dont les idées ont évolué en matière de résolution de problèmes. Pour vous donner une idée précise de ce que représente une mise en œuvre sur ordinateur, je propose la programmation d'un algorithme particulier dans un langage ad hoc. Aucune connaissance particulière en informatique n'est requise pour comprendre ce chapitre. Après l'examen de méthodes classiques utilisées en résolution de problèmes, deux architectures de systèmes moins souvent rencontrées dans ce contexte sont présentées : un modèle à réseau glissant et un modèle connexionniste.

La deuxième partie du livre aborde des questions plus théoriques. J'y examine ce qui pourrait nous amener à croire que les machines peuvent penser. La possibilité d'une intelligence artificielle est commentée à travers la présentation d'un test, appelé « test de Turing ». Différents présupposés susceptibles de fonder la conviction des chercheurs en I.A. sont mentionnés.

La troisième partie s'interroge sur la capacité créatrice des ordinateurs. Cette aptitude est illustrée à travers des programmes capables de générer des poèmes, de raconter des histoires, de déceler des régularités dans des séquences numériques, ou de créer des théorèmes mathématiques.

Dans la quatrième partie, je commente certains résultats obtenus en apprentissage artificiel. La capacité de s'améliorer au cours du temps paraît tellement caractéristique des performances humaines qu'il semble impensable de suggérer qu'une machine puisse être intelligente sans posséder cette aptitude. L'apprentissage de nouveaux concepts est illustré à partir de différentes automatisations d'une tâche fort simple. Des modèles qui opèrent par généralisation et par discrimination sont comparés avec des modèles connexionnistes. Une simulation de la pensée analogique termine cette quatrième partie. Une courte conclusion est ensuite proposée. J'y souligne la spécificité de l'approche I.A.

J'espère, par la diversité des illustrations présentées, vous donner une idée du dynamisme de la discipline. De manière un peu paradoxale, l'ordinateur paraît avoir libéré les imaginations. L'éclatement des idées, la prolifération des systèmes qui les mettent en œuvre, constituent un spectacle d'une beauté indéniable. C'est peut-être plus à profiter de ce spectacle qu'à en apprécier l'utilité que je vous convie.

PARTIE 1
LES CONCEPTS DE BASE

Chapitre 1
Un premier Jeu de Chiffres

Un premier jeu de chiffres est présenté. Il permet de se familiariser avec les notions fondamentales d'espace des états, d'opérateur, et de but. Deux méthodes élémentaires de résolution de problèmes sont introduites et commentées: la méthode « en largeur d'abord » et la méthode « en profondeur d'abord ». Ce premier chapitre permet également d'expliciter ce qui constitue l'essentiel même de l'approche des phénomènes intelligents pratiquée en I.A. : la compréhension par la démonstration.

LE COMPTE EST BON

Examinons un jeu simple, facile et qui n'exige pas de facultés particulières. Un nombre **cible** est choisi de manière aléatoire entre 1 et 500. Il doit être reconstitué en combinant, au moyen d'additions, de soustractions, de multiplications, et de divisions, cinq autres nombres aléatoires, choisis indépendamment entre 1 et 25. De manière à simplifier l'expression, ces nombres sont appelés **briques**; il s'agit des éléments constitutifs à partir desquels on va chercher à reconstruire la cible. Voici une configuration possible du jeu:

Cible : 259
Briques : 7 12 4 22 5

Chaque brique peut être utilisée au maximum une fois dans la solution. Celle-ci peut du reste éventuellement ne pas exister. Ce n'est pas le cas dans l'exemple donné puisque (12 × 22) − 5 = 259. Toutes les briques ne doivent donc pas obligatoirement intervenir, comme le montre la solution proposée. Je conviendrai d'appeler **bloc** toute combinaison de briques utilisant les opérateurs autorisés (du type (12 × 12) ou encore (7 + 12) × 22, par exemple). Le jeu se ramène donc à la recherche d'un bloc qui réalise la cible. Il est généralement connu sous le nom « Le compte est bon ».

En quoi la considération d'un jeu de ce type peut-elle être intéressante ?

L'intérêt d'une simulation

De manière générale, les jeux présentent des problèmes en termes clairs. Les règles sont explicitement définies, les différentes situations à considérer et les transformations qu'elles peuvent subir sont connues, l'objectif est spécifié. De plus, sous leur apparente simplicité, ils peuvent déboucher sur des recherches compliquées qui nécessitent la mise en œuvre de méthodes, de stratégies dont la généralité dépasse quelquefois le domaine particulier dans lequel on cherche à les appliquer. C'est ce qui explique leur utilisation intensive en I.A. L'espoir secret de certains chercheurs est qu'il soit à l'intelligence ce que la drosophyle fut à la génétique...

Le jeu des chiffres présente en plus l'avantage d'être extrêmement simple, et paraît mettre en œuvre des mécanismes qui ne sont pas le produit d'un apprentissage spécifique, contrairement à des jeux plus compliqués comme les dames ou les échecs. Un des reproches qu'on peut faire à l'I.A. est d'avoir essentiellement étudié la réalisation de tâches dures et abstraites qui ne représentent manifestement qu'une classe particulière de problèmes que les êtres intelligents peuvent résoudre. Comme nous aurons encore l'occasion de le mentionner, le sens commun reste un mystère alors que les inférences intellectuelles sophistiquées des médecins, des chimistes, et des maîtres aux échecs sont examinées à la loupe.

Indépendamment de sa simplicité, « le compte est bon » offre d'autres caractéristiques intéressantes. Il sollicite à la fois notre imagination, notre capacité de réaliser certaines opérations, notre connaissance intuitive des nombres, des ordres de grandeur. Pour bien jouer, il importe de pouvoir modifier continuellement la manière dont on perçoit les configurations de briques, de faire preuve de souplesse intellectuelle. Nous nous servirons essentiellement de ce jeu comme d'un fil d'Ariane dans notre découverte de l'I.A. Il nous permettra d'examiner de l'intérieur certains problèmes importants, d'illustrer des principes, des méthodes. Je n'hésiterai pas, le cas échéant, à le quitter temporairement pour examiner plus en détail certaines facettes dont il ne nous a donné qu'un reflet.

La compréhension par la démonstration

Un des slogans de l'I.A. pourrait être « démontrer pour comprendre ». Chercher à reproduire un phénomène est souvent une voie royale à sa compréhension. J'appliquerai ce principe le plus souvent possible. J'éviterai, dans la mesure du possible, d'entamer des discussions abstraites sur la nature des processus mentaux mis en œuvre dans « le compte est bon ». Je chercherai plutôt à construire ou à décrire des programmes qui puissent, sinon jouer comme nous le faisons, du moins simuler de manière plus ou moins fidèle notre façon de jouer.

Pour qu'un système soit programmable, il importe bien entendu de le spécifier avec beaucoup de détails. Cet exercice s'avère quelquefois fastidieux comme vous le constaterez vous-même. Mon intention n'est de le poursuivre que dans certains cas. En général, je me contenterai de décrire les principales caractéristiques des systèmes, sans entrer dans un luxe de détails que nécessiterait pourtant une mise en œuvre réelle sur ordinateur.

Remarquez que le fait de réussir à simuler un certain nombre de comportements sur ordinateur ne signifie rien si ce n'est que les spécifications sont suffisamment précises pour pouvoir être encodées. On peut imaginer reproduire de nombreuses manières différentes une même conduite. Imaginez par exemple que l'on s'intéresse à notre aptitude à effectuer des additions. Il existe une manière fort simple d'amener un ordinateur à simuler les additions. Il suffit d'utiliser l'opération « + » qu'il met à notre disposition et qui est en fait précâblée dans la machine. Pour obtenir la somme de 74 et 7 par exemple, je produirai l'instruction correspondante en un langage compréhensible par la machine — ça pourrait être (PLUS 74 7) ou tout simplement 74 + 7 — et je laisserai faire l'électronique. L'ordinateur transformera mes données en suites de 0 et de 1, représentant les nombres en notation binaire, et les traitera au moyen de circuits appropriés. L'opération se ramènera à des manipulations élémentaires et à une réécriture du résultat en une notation décimale classique. Le fait d'avoir réussi à simuler une addition ne signifiera malheureusement rien dans ce cas. Notre aptitude à additionner n'a sûrement rien à voir avec une capacité quelconque de combiner astucieusement des 0 et des 1. Nos lenteurs, nos hésitations, et nos erreurs ne seraient du reste absolument pas simulées en procédant comme nous venons de le faire. Cet exemple, un peu caricatural, je l'admets, met l'accent sur un des problèmes fondamentaux auxquels est confronté l'I.A. Une simulation correcte n'est pas, a priori, une preuve. En règle générale, plus complexe est la performance à simuler, plus limité est le choix des modèles, plus convaincante est la «démonstration». L'exigence de généralité, c'est-à-dire, d'applicabilité dans de nombreuses situations différentes, est primordiale en I.A. Elle offre une garantie contre les solutions ad hoc, solutions qui ne fonctionnent que dans des circonstances très précises et sur des domaines limités. Il y a toujours moyen de faire faire à un programme ce que l'on veut qu'il fasse, lorsque les ambitions ne sont pas démesurées. Les solutions ad hoc sont encore légion en I.A.

Trop souvent, disent encore certains, les systèmes proposés réussissent à reproduire des performances dont aucune définition précise et quelque peu générale n'a été donnée. On cherche, par exemple, à simuler certains effets visuels, comme la vision à trois dimensions, sans s'interroger sur la nature de l'effet. On utilise des concepts sans en avoir compris la nature, on invente des méthodes sans avoir de théorie sous-jacente.

L'approche «constructiviste» adoptée en I.A. ne fait donc pas l'unanimité et n'est sûrement pas dénuée de dangers. Visiblement, elle doit se pratiquer avec prudence et circonspection si l'on veut utiliser les résultats acquis pour construire des modèles psychologiques. Je reviendrai sur ce problème dans la deuxième partie.

Terminons ce paragraphe par une dernière clarification. N'est-il pas contradictoire de vouloir construire des systèmes qui, d'une part, simulent des tâches fort simples du type jeu de chiffres et, d'autre part, sont suffisamment généraux pour éviter les solutions ad hoc? Cette contradiction n'est en fait qu'apparente. Comme j'espère vous en convaincre, il apparaît parfaitement possible de mettre en œuvre des mécanismes très généraux à partir de problèmes posés en termes simples. La simplicité permet en fait d'isoler plus facilement les phénomènes pertinents.

L'ESPACE DES ETATS

Une manière simple d'automatiser le jeu est d'imaginer un système qui construise systématiquement tous les blocs a priori possibles. On voit en effet immédiatement que la solution cherchée peut toujours se représenter comme une suite de briques et d'opérateurs. Dans l'exemple donné précédemment,

Cible : 259
Briques : 7 12 4 22 5

il s'agissait de : (brique 2 × brique 4) − brique 5. Il suffit donc de générer tous les blocs possibles et de les comparer à la cible.

Pour ne pas compliquer inutilement l'exposé, je supposerai temporairement que le jeu se pratique avec 3 briques. Admettons que nous soyons confrontés au problème suivant.

Cible : 99
Briques : 4 23 7

Comment pourrait-on, sur cet exemple, énumérer toutes les combinaisons de briques possibles ? Quelques précisions terminologiques sont nécessaires. J'ai convenu d'appeler **bloc** toute suite de briques liées par des opérateurs. La **valeur d'un bloc** est le résultat obtenu lorsque les opérations sont effctuées et la **longueur** est le nombre de briques qui entrent dans la composition du bloc; (4 + 23) est par exemple un bloc de longueur 2 et de valeur 27. Nous admettrons qu'une brique n'est en fait qu'un bloc particulier de longueur 1. Générer un bloc revient en fait à remplacer, dans une configuration donnée du jeu, les éléments qui entrent dans la constitution de ce bloc par le nouveau bloc formé. On peut donc se représenter la construction du bloc (4 + 23) comme le passage de la configuration

Cible : 99
Briques : 4 23 7

à la configuration

Cible : 99
Blocs : (4 + 23) 7

Les différentes configurations sont généralement appelées les **états du problème**. L'espace des **états** est l'ensemble des configurations possibles. Une configuration constitue une solution si un des blocs a une valeur égale à la cible. La méthode de résolution que je viens de proposer consiste à parcourir l'espace des états jusqu'à ce qu'une solution, encore appelée un but ou un objectif, soit rencontrée. Pour passer d'un état à un autre, c'est-à-dire, dans notre cas, pour construire un bloc à partir de deux autres, on utilise ce qu'on appelle un **opérateur**. Dans notre jeu, il existe différents types d'opérateurs. Pour chaque paire de blocs, on peut en effet reconstituer un nouveau bloc par addition, par multiplication, par soustraction, ou par division. Trouver une solution revient alors à découvrir une séquence d'opérateurs qui permette de passer de la configuration initiale à une configuration finale qui constitue un but. Il est souvent commode de représenter l'espace des états et les opérateurs au moyen d'un graphe dont les **sommets** sont les états et dont les **arcs** représentent les transformations par les opérateurs. La figure ci-dessous donne un exemple d'une représentation de ce type.

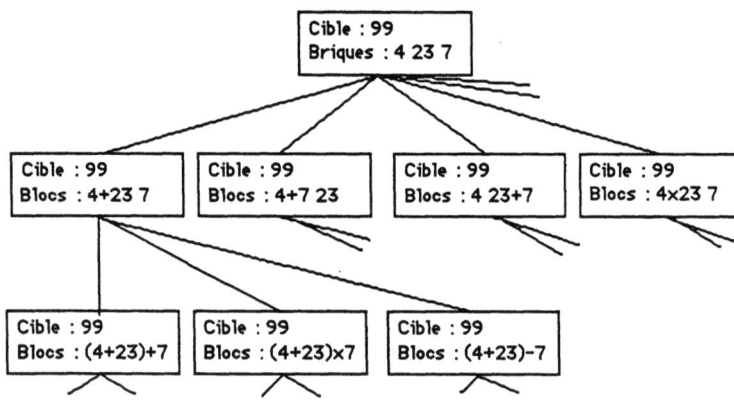

Fig. 1. Un extrait du graphe des états du jeu «le compte est bon».

La configuration de départ, par exemple,

Cible: 99
Briques: 4 23 7

constitue un sommet du graphe. Elle est liée par des arcs à toutes les configurations qu'on peut en dériver directement en assemblant deux briques. Le premier arc qui relie la configuration de départ à

Cible: 99
Blocs: 4 + 23 7

représente, par exemple, l'application de l'opérateur «addition» aux deux premières briques.

La solution au problème posé peut s'obtenir en appliquant des opérateurs à l'état initial, puis en appliquant de nouveau des opérateurs aux nouveaux états obtenus, et ainsi de suite, jusqu'à obtention de la solution. Ce type d'approche est dit **approche par l'espace des états**.

De nombreux problèmes peuvent en fait se formaliser en utilisant les notions d'états, d'opérateurs et de buts. Ce mode de représentation est utilisé de manière intensive en I.A. (Nilsson, 1971). Certains même n'hésitent pas à affirmer que les processus cognitifs en général sont toujours représentables en termes de recherche de solutions dans des espaces d'états. Le formalisme proposé dépasse donc largement le jeu considéré et est sûrement représentatif de la manière dont on schématise généralement la résolution de problèmes en I.A. Les 3 exemples ci-dessous, présentés de manière fort succincte, illustrent le type d'utilisation de ces concepts que l'on pourrait ou que l'on a imaginé dans des contextes fort différents.

Problème 1 :	Déplacement d'un robot.
L'état initial :	Un descriptif de l'environnement avant que le robot ait commencé à se déplacer : position du robot, disposition des différentes chambres, etc.
Le but :	Toute description de l'environnement où le robot se trouve dans la chambre désirée.
Les opérateurs :	Des règles qui permettent de modifier la description de l'environnement lorsque le robot se déplace, lorsqu'il ouvre des portes, etc.
Problème 2 :	Raisonnement par analogie.
L'état initial :	Une solution à un problème analogue au problème donné.
Le but :	Une solution au problème donné.
Les opérateurs :	Des règles qui permettent de transformer des solutions (elles-mêmes représentées comme des chaînes d'opérateurs).
Problème 3 :	Diagnostic médical.
Etat initial :	Les symptômes présentés par un patient et ses caractéristiques personnelles.
Le but :	Un diagnostic et un traitement thérapeutique approprié.
Les opérateurs :	Des règles qui, lorsque certaines conditions sont satisfaites, permettent d'en inférer des présomptions sur l'état du patient.

Souvent, bien entendu, la résolution d'un problème nécessite la considération de plus d'un espace d'états. Le problème peut en effet s'éclater en sous-problèmes qui exigent des espaces d'états différents. Je reviendrai sur cette question dans le chapitre 4.

LE DEVELOPPEMENT EN LARGEUR

Lorsque les états et les opérateurs ont été identifiés, la résolution du problème nécessite, comme je l'ai déjà signalé, l'application en chaîne de différents opérateurs pour obtenir la configuration cherchée. J'ai suggéré, en début de paragraphe, d'essayer d'énumérer systématiquement toutes les solutions possibles. Ceci peut se faire de nombreuses manières. Différentes méthodes peuvent être distinguées suivant l'ordre de développement des solutions potentielles qu'elles proposent.

Un exemple simple permet d'illustrer différentes stratégies d'exploration possibles. Imaginez, comme représenté dans la figure ci-dessous, une souris à l'entrée d'un labyrinthe composé de couloirs et de pièces. Un morceau de fromage a été déposé dans une des pièces; la souris doit le découvrir. Dans cet exemple, les pièces constituent les sommets du graphe et les couloirs du labyrinthe sont représentés par les arcs.

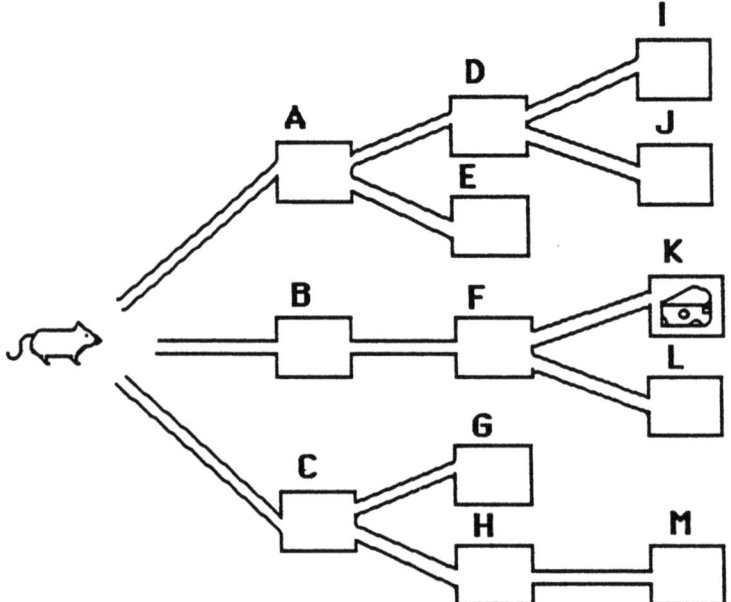

Fig. 2. Comment procéder pour trouver le fromage?

Différents modes d'exploration sont possibles. La souris peut, par exemple, procéder systématiquement en examinant d'abord les pièces A, B, C, c'est-à-dire les trois plus proches. Comme le fromage n'est pas encore trouvé, l'exploration doit visiblement être poursuivie. Les pièces D, E, F, G, H sont parcourues ensuite mais malheureusement sans résultat. La souris se résoud alors à aller encore un peu plus loin et visite I, J et K où le fromage est enfin trouvé. Cette manière de procéder par niveaux, est appelée «**méthode de développement en largeur d'abord**». Le parcours effectué par la souris est représenté dans la figure ci-dessous.

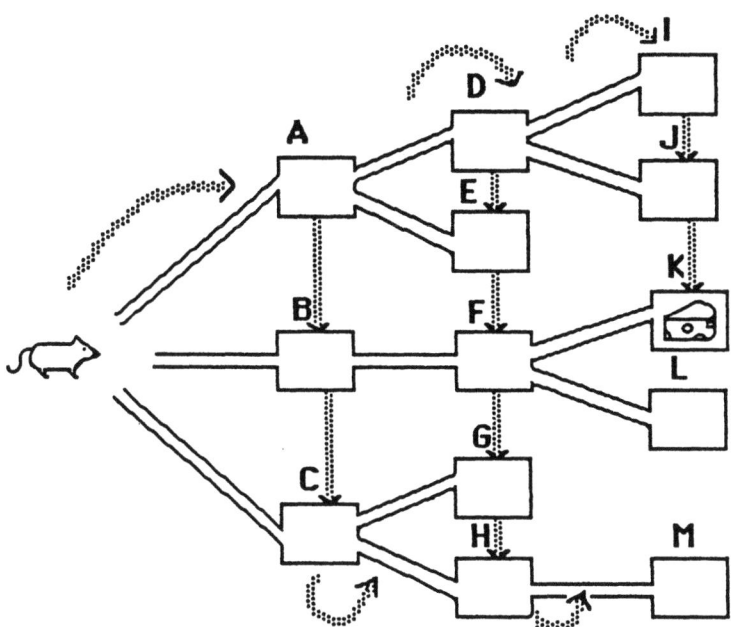

Fig. 3. Exploration en largeur d'abord.

Dans notre problème, on peut par exemple décider de considérer dans un premier temps tous les blocs de longueur 2, c'est-à-dire plus précisément toutes les configurations dérivées de la configuration initiale en agrégeant 2 briques au moyen des opérations arithmétiques mises à notre disposition. Si l'objectif n'est pas atteint, on continuera en examinant les blocs de longueur 3. Le graphique ci-dessous illustre l'ordre dans lequel les différentes configurations devraient être considérées avec cette méthode. De manière à simplifier le graphique, j'ai supposé que seules les opérations + et × étaient possibles. Les arêtes noircies représentent le chemin qui permet d'obtenir une solution. Les nombres au-dessus des différentes configurations correspondent à leur ordre d'énumération.

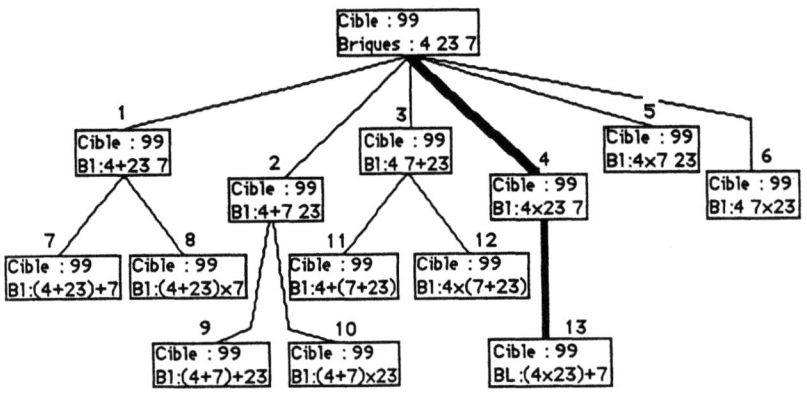

Fig. 4. Développement en largeur d'abord du graphe des états.

Il est généralement nécessaire de générer un grand nombre de sommets avant d'obtenir une solution. Dans notre jeu, on commence par considérer toutes les sommes, les multiplications, les soustractions et les divisions de 2 briques. Comme chaque paire de briques peut se composer a priori, de 4 manières différentes et qu'il existe 3 paires de briques différentes à considérer, on est amené à générer 12 états potentiels. Dans un deuxième temps, on doit générer les blocs de longueur 3. Comme un bloc de longueur 3 est la combinaison d'un bloc de longueur 2 et d'une brique, et qu'il existe, a priori, 4 manières de les combiner, il y a lieu d'examiner 48 combinaisons différentes. En fait, en procédant ainsi, on génère plusieurs fois le même bloc comme illustré dans la figure 4 où les configurations 7, 9 et 11 sont en fait identiques. Ceci est lié entre autres à l'associativité de l'addition et de la multiplication. Le nombre total de solutions possibles varie malheureusement très rapidement avec le nombre de briques constituant la configuration initiale. Avec 3 briques, nous sommes amenés à considérer une cinquantaine d'états différents; ce nombre est de l'ordre de 1.000 avec 4 briques et se compte en dizaine de milliers pour 5 briques. C'est ce qu'on appelle l'explosion combinatoire. Inutile de préciser qu'une approche quelque peu intelligente doit obligatoirement chercher à court-circuiter d'une manière ou d'une autre cette prolifération d'états. Ce problème est un des problèmes centraux de l'I.A. Pour le jeu de dames, on peut par exemple montrer qu'il existe 10^{40} configurations différentes du damier et pour le jeu d'échecs environ 10^{120}. Ceci signifie que dans le jeu de dames, même en admettant qu'on puisse simuler un coup en 1/3 de nanoseconde (10^{-9}), il faudrait à peu près mille milliards de milliards de siècles (10^{21}) pour générer tous les coups possibles!

La méthode de développement en largeur que nous venons de proposer possède, en dépit de sa lourdeur, deux intéressantes propriétés. Premièrement, elle nous garantit de trouver la solution, si elle existe, puisque tous les états sont systématiquement passés en revue. Deuxièmement, si on décide de s'arrêter dès qu'une solution a été obtenue, on sera certain d'avoir réalisé cette solution au moyen du bloc le plus court possible. On parcourt en effet les blocs en fonction croissante de leur longueur. La solution trouvée sera donc la plus simple possible en quelque sorte.

LE DEVELOPPEMENT EN PROFONDEUR

L'appellation «méthode de développement en largeur d'abord» suggère manifestement une autre manière de parcourir le graphe des états. Reprenons l'exemple de cette pauvre souris affamée. On peut imaginer que, contrairement à ce qui s'était fait précédemment, la souris soit têtue et cherche, chaque fois qu'elle s'engage dans une galerie, à aller jusqu'au bout. Elle explorera la pièce A, continuera en D, puis aboutira en I. Comme le fromage n'est pas encore trouvé, elle reviendra en D et ira jeter un coup d'œil dans J : sans succès. Un retour en D puis en A s'impose pour pouvoir repartir en E. Et ainsi de suite. Le parcours suivi est illustré dans le graphe ci-dessous. La méthode d'exploration s'appelle **«méthode de développement en profondeur d'abord»**.

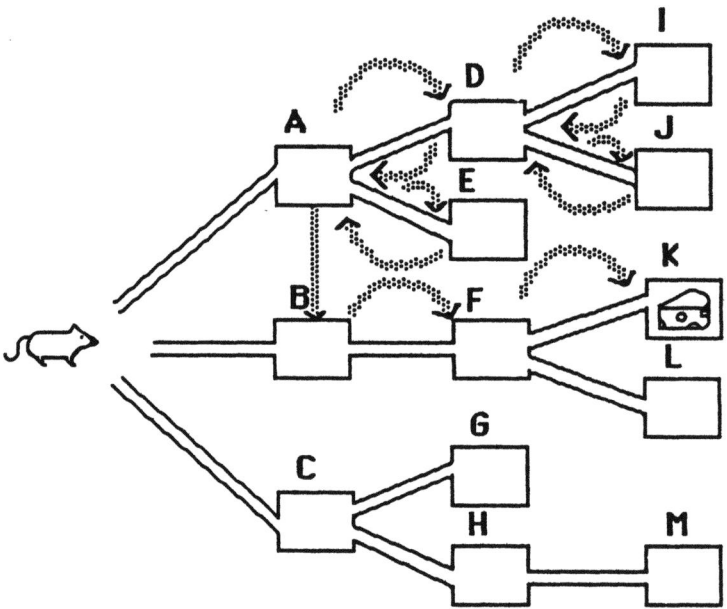

Fig. 5. Exploration en profondeur d'abord.

Cette méthode peut s'appliquer dans le jeu «le compte est bon». Plutôt que systématiquement examiner tous les blocs de longueur 2 avant de considérer les blocs de longueur 3, on peut chercher à descendre directement jusqu'aux blocs de longueur 3, et éventuellement jusqu'aux blocs de longueur 4 ou 5 si le jeu se joue avec plus de briques. Le graphique ci-dessous illustre l'ordre dans lequel les différentes configurations pourraient être considérées avec cette méthode.

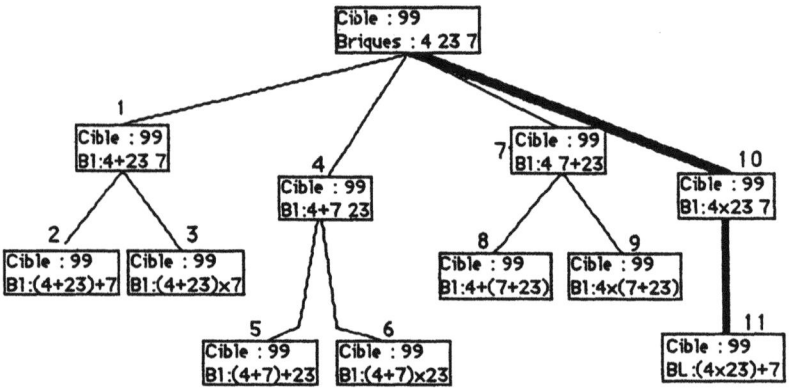

Fig. 6. Développement en profondeur d'abord du graphe des états.

J'ai de nouveau supposé dans ce graphe que seules les 2 opérations + et × étaient possibles. Les arêtes noircies représentent toujours le chemin qui permet d'obtenir une solution.

Comme son nom l'indique, la méthode de développement en profondeur d'abord repose sur la notion de «**profondeur**» d'un sommet du graphe des états. Je définirai comme suit cette profondeur :
- la profondeur du sommet de départ est zéro.
- la profondeur d'un sommet quelconque est égale à la profondeur du sommet dont il descend (le sommet parent) plus un. Dans la figure 6, la profondeur de la configuration n° 5 est 2, par exemple.

Pour qu'elle soit définie univoquement, le graphe ne peut être quelconque. Lorsqu'un sommet descend de plusieurs autres, sa profondeur risque, en effet, d'être ambiguë. Dans ce cas, certains correctifs doivent être apportés à la méthode proposée. Le développement en profondeur consiste à développer toujours en priorité le sommet le plus profond parmi ceux qui ont déjà été considérés. Dans la figure 6, par exemple, la configuration n° 4 (de profondeur 1) est développée **après** toutes les configurations qu'on a dérivées de 1 (leur profondeur est supérieure à 1). Il existe cependant un certain danger à procéder de cette manière. On risque en effet de s'engager très loin sur des chemins qui ne conduisent pas à la solution.

Afin d'éviter de perdre trop de temps, on convient généralement de ne pas développer un sommet si sa profondeur excède une borne que l'on s'est fixée. On passe alors à un autre sommet. Le choix de la borne est relativement délicat. En effet, une borne trop petite risque de nous rendre impossible la résolution du problème, une borne trop grande risque de la rendre fastidieuse.

Chapitre 2
Programmation d'une solution (*)

L'automatisation d'une tâche impose une forte contrainte sur la description qu'il faut en donner. Ce chapitre illustre cette exigence de rigueur. Sa lecture n'est pas indispensable à une bonne compréhension de ce qui suivra. Il permet d'aborder, une première fois, la notion de représentation, centrale en I.A., Un langage de programmation simplifié donnera au lecteur non familier avec l'informatique, un aperçu de ce que «programmer» signifie. Une mise en œuvre de la méthode «en profondeur d'abord» est proposée au moyen de ce langage.

LE COÛT D'UNE PRECISION ULTIME

Il n'est peut-être pas inutile à ce niveau de discussion d'essayer de montrer un peu plus en détail comment la méthode «en profondeur d'abord» pourrait être programmée. Ce genre d'exercice présente différents avantages.

Son intérêt majeur est sûrement d'illustrer par son caractère légèrement ardu, le coût d'une précision ultime. L'exigence de rigueur que l'on s'impose ne peut en aucun cas s'accommoder de formulations vagues ou ambiguës. Comme vous le constaterez sûrement, la lisibilité de la solution proposée, généralement un programme, peut quelquefois en souffrir. Cette ambivalence, lisibilité des résultats — formulation non équivoque, est au cœur de l'I.A. Comme déjà mentionné, la règle d'or étant la compréhension par la démonstration, l'I.A. tire une partie de sa spécificité de son souci constant de réaliser les théories, les modèles ou plus modestement les méthodes proposées. On ne peut donc se dérober à cette écriture fastidieuse des systèmes, en un langage de programmation approprié. Il est par contre évident, que vouloir diffuser les résultats obtenus en communiquant les programmes en question est absolument inefficace. Le décodage de milliers de lignes de programmation est un exercice laborieux. Il y a donc lieu de décrire ce que l'on fait en termes plus généraux, plus compréhensibles mais éventuellement plus ambigus et nécessairement moins explicites. Ceci ne se fait pas toujours sans problèmes (Ritchie, Hanna, 1983).

Un deuxième intérêt manifeste de la programmation est de nous confronter directement au problème de la représentation. Comment va-t-on représenter les états, les opérateurs de notre espace ? Cette problématique est passionnante et a donné et donne toujours lieu à beaucoup de travaux. Elle est sous-jacente à la plupart des débats en I.A. Comme je le montrerai dans les chapitres 5 et 6, les différents points de vue sur cette question se sont cristallisés en autant d'écoles différentes.

Parallèlement à une illustration du niveau de précision requis en I.A. et à une première rencontre concrète avec les problèmes de représentation, la formalisation que je vais proposer, a également pour but de présenter un concept dont la généralité dépasse de loin le problème auquel on s'intéresse. La solution présentée ci-dessous est en effet mise en œuvre dans un langage récursif. De manière plus précise, le programme utilisé est capable en cours d'exécution, de s'appeler lui-même. La capacité que possèdent certains systèmes de faire référence à eux-mêmes, voire de se manipuler, est sûrement une caractéristique essentielle. Cette aptitude paraît ancrée au cœur de l'intelligence et mérite sûrement qu'on s'y arrête quelques instants.

Le langage que nous allons utiliser pour formaliser la méthode de développement en profondeur d'abord, n'est pas un véritable langage de programmation. Aucune connaissance préalable en informatique n'est donc requise pour comprendre ce paragraphe. Il a été défini pour les besoins de la cause, mais il présente les principales caractéristiques d'un vrai langage de programmation. J'utiliserai sciemment certains raccourcis pour éviter la présentation fastidieuse de détails d'intérêt marginal. Par souci de simplicité, je supposerai de nouveau que les briques et les blocs ne peuvent se combiner que par addition et multiplication. Mon algorithme pourra pourtant s'appliquer au cas général moyennant quelques modifications mineures.

UNE REPRESENTATION DU PROBLEME

La représentation des états d'un système peut s'avérer un problème délicat. On peut imaginer, par exemple, différentes représentations d'un bloc du type $((2 + 3) \times 4)$. Il pourrait se représenter au moyen d'un arbre (graphe particulier) ou simplement par une chaîne de caractères : $((2 + 3) \times 4)$.

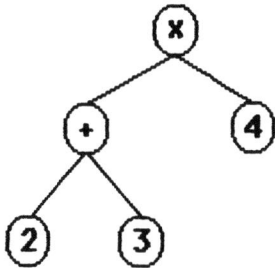

Suivant le type d'utilisation de l'information que l'on envisage, on sera amené à préférer une représentation à une autre. Supposez que le bloc ait à subir différentes restructurations : éclatement en deux parts, agrégation avec d'autres blocs. La structure en arbre, qui met en évidence le caractère binaire des opérations arithmétiques et leurs filiations, et qui représente ainsi de manière explicite l'architecture du bloc, se prêtera facilement à ce genre de manipulations. L'associativité de l'addition par contre — $(2 + 3) + 4 = 2 + (3 + 4)$ — n'émergera pas clairement de cette représentation. Les deux graphes sont en effet considérablement différents.

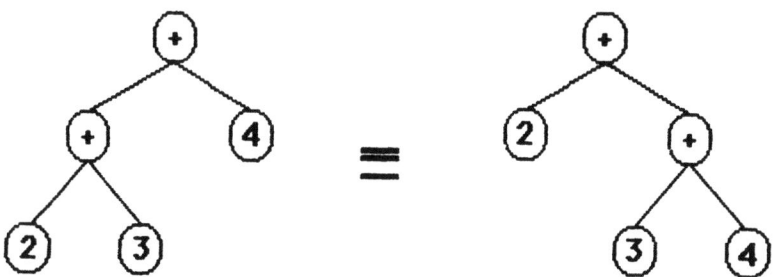

Représenter les blocs par des chaînes de caractères, du type «$(2 + 3) + 4$» par exemple, permettrait de présenter cette propriété comme une simple règle de réécriture. La règle préciserait la manière de changer les parenthèses de place, sans affecter la valeur du bloc.

Les opérateurs qui permettent de transformer un état du système en un autre, peuvent également se représenter de différentes manières. La première idée qui vient à l'esprit est, peut-être, de les représenter sous forme de tables qui associent à chaque état, l'état qu'on obtiendrait si on lui appliquait l'opérateur. Voici le début d'une telle table.

Addition des deux premiers blocs

Etat initial	Résultat
Cible : n'importe quoi	Cible : inchangée
Blocs : 1 1 n'importe quoi	Blocs : 1 + 1 inchangés
Cible : n'importe quoi	Cible : inchangée
blocs : 1 2 n'importe quoi	Blocs : 1 + 2 inchangés
Cible : n'importe quoi	Cible : inchangée
Blocs : 2 1 n'importe quoi	blocs : 2 + 1 inchangés

Lorsque le nombre d'états est important, cette manière de faire devient malheureusement irréalisable, la dimension des tables nécessaires pour représenter les opérateurs étant trop grande. On doit alors avoir recours à d'autres types de description. Souvent, on choisit d'associer à chaque opérateur une fonction ou une règle capable de transformer de manière adéquate le descriptif de l'état auquel il s'applique. Ainsi, par exemple, si les états sont représentés par des chaînes de caractères, les opérateurs peuvent prendre la forme de règles de réécriture.

Convenons de représenter les différentes configurations du jeu « le compte est bon » au moyen de listes. Plus précisément, chaque état du système sera symbolisé par une liste de 2 éléments : la cible et la liste de blocs. La configuration de départ se représentera comme suit :

(99 (4 23 7))

Le deuxième élément de la liste est donc lui-même une liste dont les éléments sont les briques ou les blocs de la configuration. Remarquez que cette notation peut se compliquer lorsque la longueur des blocs constitutifs de la configuration augmente. Ainsi, après l'application d'un premier opérateur, la configuration pourrait devenir :

(99 ((4 + 23) 7))

Ici, nous avons donc choisi de représenter un bloc comme une chaîne de caractères délimités par des parenthèses en utilisant les conventions mathématiques usuelles.

Ce schéma de représentation a le mérite d'être très général et facilement manipulable par un langage de programmation simple. La liste est en fait la structure de base du langage LISP largement utilisé en I.A.

L'action d'un opérateur du type «additionner les deux premiers blocs d'une configuration», peut se représenter facilement au moyen d'une petite procédure qui transforme la liste représentant les blocs de la manière suivante :

(bloc 1 bloc 2 bloc 3...) → ((bloc 1 + bloc 2) bloc 3...)

De manière plus générale, je supposerai que le langage mette à notre disposition 2 opérateurs différents pour réaliser nos transformations. Un premier opérateur, appelé **AJOUTE**, génère, à partir d'une configuration et de 2 blocs donnés appartenant à cette configuration, une nouvelle configuration dans laquelle les 2 blocs ont été remplacés par leur somme.

Pour bien comprendre comment fonctionne cet opérateur, vous devez vous imaginer face à un terminal d'ordinateur. Vous communiquez avec la machine en entrant des commandes au moyen d'un clavier ; elle répond en affichant un message.

Essayez d'additionner les deux premières briques de la configuration (99 (4 23 7)). Entrez la commande **AJOUTE** en précisant ce à quoi elle doit s'appliquer et en mentionnant les blocs à additionner :

AJOUTE ((99 (4 23 7)) 4 23)
              configuration
                  bloc 1
                     bloc 2

L'ordinateur affichera en réponse :

(99 ((4 + 23) 7))

Je représenterai cette interaction comme suit :

AJOUTE ((99 (4 23 7)) 4 23) → (99 ((4 + 23) 7))

Chaque fois que vous tapez la chaîne de caractères qui précède la flèche, la machine répond donc en imprimant ce qui suit.

Un second opérateur **MULTIPLIE** aura un effet analogue à **AJOUTE**, si ce n'est que le nouveau bloc sera généré par multiplication et non plus par addition. On aura donc :

MULTIPLIE ((99 (4 23 7)) 4 23) → (99 ((4 × 23) 7))

LE LANGAGE DE PROGRAMMATION UTILISE

Pour pouvoir chaîner les opérateurs, il apparaît manifestement indispensable de pouvoir stocker les résultats intermédiaires. Supposez que l'on veuille générer la configuration (99 ((4 + 23) + 7)) à partir de (99 (4 23 7)). Il suffit, bien entendu, d'appliquer deux fois de suite l'opérateur **AJOUTE**. Mais comment appliquer un opérateur à une configuration qui est, elle-même, le résultat de l'application d'un autre opérateur ? Pour ce faire, j'utiliserai ce que les informaticiens appellent une variable. Vous pouvez vous représenter une variable comme le nom d'une case dans laquelle on dépose une valeur. L'instruction ci-dessous

RES ← 3

a pour effet de déposer la valeur 3 dans la case appelée **RES**. Si, par après, on veut disposer de la valeur stockée, on tapera simplement **RES**. L'ordinateur répondra en affichant le contenu de **RES** à l'écran, c'est-à-dire 3 dans ce cas-ci.

Nous pouvons maintenant chaîner comme suit nos deux opérations :

RES ← **AJOUTE** ((99 (4 23 7)) 4 23)
AJOUTE (**RES** (4 + 23) 7)

La première instruction a pour effet de déposer dans **RES** le résultat de l'application de l'opérateur **AJOUTE**. La seconde prescrit l'application de **AJOUTE** à la configuration stockée dans **RES**. Il est donc possible de remplacer, dans une commande, un paramètre par le nom d'une variable qui le contient. L'ordinateur répondra en affichant (99 (((4 + 23) + 7))).

Avant de pouvoir programmer une solution, nous devons également être capables de détecter automatiquement si une configuration donnée constitue une solution à notre problème. Je supposerai, de nouveau, que le langage, dans sa grande clémence, mette à notre disposition une commande appelée **SOLUTION**, qui réponde « OUI » ou « NON » suivant que la configuration qu'on lui donne constitue ou ne constitue pas une solution.

Lorsque vous entrerez

SOLUTION ((99 (4 23 7)))

La machine répondra «NON» et lorsque vous entrerez

SOLUTION ((99 (((4 × 23) + 7))))

elle répondra «OUI». Cette commande est donc capable de comparer séparément chacun des blocs à la cible. Lorsque la valeur d'un bloc est égale à la cible, elle s'arrête et répond «OUI». Si aucune égalité n'est détectée, la réponse est «NON». De nouveau, je supposerai que je peux appliquer SOLUTION à une variable. SOLUTION (RES) provoquera donc une réponse «OUI» ou «NON» suivant que le contenu de RES est une configuration qui constitue une solution ou non.

L'écriture d'une première procédure

L'automatisation complète d'une solution nécessite encore quelques outils supplémentaires. Il apparaît premièrement indispensable de pouvoir demander à la machine, au moyen d'une seule commande, d'effectuer une séquence d'instructions. Supposez que l'on veuille construire automatiquement la configuration où toutes les briques sont additionnées et examiner si elle ne constitue pas une solution. Avec les facilités offertes jusqu'à présent, cette opération pourrait se faire comme suit :

CIBLE ← 99
BRIQUE1 ← 4
BRIQUE2 ← 23
BRIQUE3 ← 7
CONFIG ← (CIBLE (BRIQUE1 BRIQUE2 BRIQUE3))
RES1 ← AJOUTE (CONFIG BRIQUE1 BRIQUE2)
RES2 ← AJOUTE (RES1 (BRIQUE1 + BRIQUE2) BRIQUE3)
SOLUTION (RES2)

Les 4 premières instructions permettent d'initialiser le problème en rangeant nos données dans des variables. L'utilisation de variables permet de rendre l'écriture des 4 dernières instructions indépendante de la configuration initiale choisie. Ce mode d'écriture est intéressant lorsqu'on veut définir une procédure générale qui puisse s'appliquer quelle que soit la configuration donnée. La solution proposée ci-dessus est malheureusement fastidieuse. Elle nous oblige, pour chaque nouvel ensemble de données, à réécrire 7 lignes d'instructions. Pour nous simplifier la vie, nous créerons comme suit une procédure qui permette d'éviter cette réécriture.

DEFINIS PROCEDURE «AJOUTE-TOUT»
(CIBLE BRIQUE1 BRIQUE2 BRIQUE3)
PARTIE1: DEBUT
    CONFIG ← (CIBLE (BRIQUE1 BRIQUE2 BRIQUE3))
    RES1 ← AJOUTE (CONFIG BRIQUE1 BRIQUE2)
    RES2 ← AJOUTE (RES1 (BRIQUE1 + BRIQUE2) BRIQUE3)
    SOLUTION (RES2)
PARTIE1: FIN

Une fois la définition de la procédure entrée au terminal, la commande AJOUTE-TOUT peut être utilisée au même titre que les commandes élémentaires que le système met à notre disposition.

AJOUTE-TOUT (99 4 23 7)

provoquera l'impression de «NON».

Le principe de fonctionnement de notre procédure est simple à comprendre. L'ordinateur, lorsqu'on lui soumet la commande AJOUTE-TOUT, se rappelle la définition correspondante. Il remplace dans cette définition les variables CIBLE, BRIQUE1, BRIQUE2 et BRIQUE3 par les valeurs spécifiées lorsque la commande est entrée à l'écran. Il exécute alors la séquence d'instructions qui constitue la procédure.

L'automatisation proposée possède encore malheureusement une grosse faiblesse. Elle est fortement dépendante d'une configuration du jeu en une cible et *trois* briques. Supposez que la configuration soit constituée d'un nombre de briques quelconque, non connu a priori. Comment généraliser notre procédure ? Voici une solution.

DEFINIS PROCEDURE «AJOUTE-TOUT»
(CIBLE LISTE-DE-BLOCS)
PARTIE1: DEBUT
    CONFIG ← (CIBLE LISTE-DE-BLOCS)
    L ← LONGUEUR (LISTE-DE-BLOCS)
    SI L > 1 ALORS
        BOUCLE POUR I = 1 JUSQUE (L - 1)
        BOUCLE: DEBUT
            BLOC1 ← NIEME-ELEMENT (LISTE-DE-BLOCS 1)
            BLOC2 ← NIEME-ELEMENT (LISTE-DE-BLOCS 2)

CONFIG ← AJOUTE (CONFIG BLOC1 BLOC2)
LISTE-DE-BLOCS ← NIEME-ELEMENT (CONFIG 2)
BOUCLE: FIN
SOLUTION (CONFIG)
PARTIE1: FIN

Cette solution utilise deux nouveaux types d'instructions importants:
- l'instruction SI... ALORS qui permet d'exécuter une action lorsqu'une condition est satisfaite. Lorsque la condition n'est pas satisfaite, on passe directement à l'instruction suivante. Sa syntaxe est:

SI condition ALORS action

- l'instruction BOUCLE qui permet de répéter une séquence d'instructions. Le nombre de répétitions est contrôlé par une variable, ici I, dont la valeur, à chaque itération, augmente de 1. Avant chaque boucle, cette valeur est comparée avec un seuil, ici L − 1; si la valeur du seuil est dépassée, la boucle est quittée et le programme continue en séquence. La syntaxe de cette instruction est:

BOUCLE POUR compteur = 1 JUSQUE seuil
BOUCLE: DEBUT
Séquence d'instructions
BOUCLE: FIN

Deux nouvelles commandes sont également utilisées dans la solution proposée. LONGUEUR associe à une liste le nombre d'éléments qu'elle comporte et NIEME-ELEMENT en extrait le n^e élément où n est spécifié après la liste à considérer. LONGUEUR ((4 23 7)) vaudra donc 3 et NIEME-ELEMENT ((4 23 7) 3) vaudra 7.

Le principe de fonctionnement de notre nouvelle procédure est le suivant. Toutes les briques à considérer ont été mises dans une liste appelée LISTE-DE-BLOCS. Cette liste vaut par exemple, au début, (4 23 7). La configuration générale est stockée dans CONFIG. La longueur de LISTE-DE-BLOCS est calculée et stockée dans une variable L. Dans notre exemple, L contiendra la valeur 3. Le programme exécute ensuite l'instruction SI... ALORS. Il vérifie si la condition L > 1 est satisfaite. Comme cette condition est satisfaite, il exécute ce qui suit le mot clef ALORS, c'est-à-dire la boucle. Si la condition n'avait pas été satisfaite, le programme serait directement passé à l'exécution de l'instruction SOLUTION (CONFIG). La boucle est exécutée comme suit. La variable I prend la valeur 1 (on dira qu'elle est initialisée à 1); elle est comparée au seuil L − 1, qui vaut 2. Comme la valeur de I n'est pas supérieure, le corps de la boucle est exécuté; BLOC1 prend la valeur 4 et BLOC2 la valeur 23; CONFIG devient (99 ((4 + 23) 7)) et LISTE-DE-BLOCS, ((4 + 23) 7). I est incrémenté à 2. Comme 2 n'est pas supérieur à L − 1, la boucle est de nouveau exécutée et LISTE-DE-BLOCS devient (((4 + 23) + 7)). I prend la valeur 3. Le programme quitte alors la boucle, puisque I est supérieur au seuil L − 1. Il exécute l'instruction qui suit BOUCLE: FIN. CONFIG a la valeur (99 (((4 + 23) + 7))). Cette valeur est testée pour voir si elle ne constitue pas une solution au jeu.

UNE SOLUTION PROGRAMMEE

Cette dernière procédure m'a permis d'introduire les derniers outils dont j'avais besoin pour proposer une automatisation de la méthode en profondeur d'abord. Nous sommes maintenant suffisamment armés pour affronter la solution finale.

Le dernier problème qui reste à résoudre n'est plus un problème de programmation, mais plutôt un problème de logique. Comment va-t-on procéder pour énumérer les configurations dans l'ordre requis par la méthode en profondeur d'abord? La réponse à cette question est simple: en procédant par «récursion» — la récursion est un concept que l'on rencontre fréquemment: ritournelles d'enfants sans fin où l'on revient continuellement à un motif donné, histoires à l'intérieur d'histoires, image d'un miroir dans un miroir, etc. Malheureusement, comme la plupart des réponses simples à des problèmes complexes, ceci nécessite quelques explications.

Essayons de résoudre ce problème dans quelques cas élémentaires. Si la configuration ne comporte qu'une brique, la solution est immédiate. Si elle comporte deux briques, il suffit d'ajouter et de multiplier ces deux briques en vérifiant chaque fois si la nouvelle configuration obtenue ne constitue pas une solution. Avec trois briques, le problème commence à se compliquer. Il faut dans un premier temps examiner toutes les manières de constituer un nouveau bloc à partir de deux briques. Ceci n'est pas très difficile. Il existe, pour chaque paire de briques, deux manières de les combiner (par addition et par multiplication) et parmi trois briques, on peut prélever trois paires différentes ((brique 1, brique 2), (brique 1, brique 3), (brique 2, brique 3)). On a donc six configurations à examiner. Mais comme ces configurations sont constituées maintenant de deux blocs (le nouveau bloc formé plus la brique non utilisée), nous sommes ramenés à un cas de figure connu : nous avons déjà résolu le problème pour des configurations à deux briques ! C'est ici que se situe en fait la véritable solution à notre problème. Les configurations à n briques peuvent se ramener à des configurations à n − 1 briques, qui peuvent elles-mêmes se ramener à des configurations à n − 2 briques, et ainsi de suite.

Une fois cette constatation faite, la programmation n'est plus qu'un jeu d'enfant. Le cas général, pour n briques, se ramène à

(1) l'examen de la configuration (pour voir si elle ne constitue pas une solution);

(2) l'énumération de toutes les paires de briques possibles parmi les n briques, ce qui se fait facilement si on procède systématiquement comme suggéré dans le tableau ci-dessous (quatre briques ont été considérées).

Tableau 1. Ordre d'énumération des paires de briques

	Brique 1	Brique 2	Brique 3	Brique 4
Brique 1		*Paire 1*	*Paire 2*	*Paire 3*
Brique 2			*Paire 4*	*Paire 5*
Brique 3				*Paire 6*

Pour chaque paire, on considère le bloc obtenu par addition et le bloc obtenu par multiplication.

(3) l'examen des nouvelles configurations ainsi constituées en réutilisant, pour chacune, la procédure générale, c'est-à-dire en recommençant à l'étape (1).

Ceci a manifestement des relents de circularité. Nous risquons d'être embarqués dans une boucle sans fin. Comment va-t-on terminer le processus ?

Il suffit de vérifier au début du programme que la configuration donnée comporte au moins deux blocs. Si ce n'est pas le cas, le programme se termine. Comme le nombre de blocs diminue progressivement au cours du processus, on est donc certain de s'arrêter. Avant de chercher à éclater une configuration en agrégeant des blocs, le programme vérifie également que cette configuration ne constitue pas une solution. Ce serait trop triste d'énumérer simplement les configurations sans y jeter un coup d'œil ! Voici à quoi pourrait ressembler notre programme général.

DEFINIS PROCEDURE «EXAMINE» (CONFIG)
PARTIE 1: DEBUT
   SI SOLUTION (CONFIG) = «OUI» ALORS
      PARTIE2: DEBUT
         ECRIS (CONFIG)
         ARRETE
      PARTIE2: FIN
   CIBLE ← NIEME-ELEMENT (CONFIG 1)
   LISTE-DE-BLOCS ← NIEME-ELEMENT (CONFIG 2)
   L ← LONGUEUR (LISTE-DE-BLOCS)
   SI L<2 ALORS QUITTE-PARTIE
   BOUCLE POUR I = 1 JUSQUE L − 1
   BOUCLE1: DEBUT
      BOUCLE POUR J = I + 1 JUSQUE L
      BOUCLE2: DEBUT
         BLOC1 ← NIEME-ELEMENT (LISTE-DE-BLOCS I)
         BLOC2 ← NIEME-ELEMENT (LISTE-DE-BLOCS J)
         LISTAD ← AJOUTE (CONFIG BLOC1 BLOC2)
         EXAMINE (LISTAD)
         LISTMU ← MULTIPLIE (CONFIG BLOC1 BLOC2)
         EXAMINE (LISTMU)
      BOUCLE2: FIN
   BOUCLE1: FIN
PARTIE1 FIN

Ce programme examine dans un premier temps si la configuration qui lui a été soumise ne constitue pas une solution. Si c'est le cas, c'est-à-dire si la commande **SOLUTION** renvoie la réponse «OUI», il exécute la **PARTIE2**. Il imprime la configuration puis s'arrête définitivement. Si ce n'est pas le cas, le programme isole la **CIBLE** et la **LISTE-DE-BLOCS** dans la configuration donnée et initialise la variable L. Elle est égale au nombre de briques à considérer. Si ce nombre est inférieur à 2, le programme quitte la partie dans laquelle il se trouve et le traitement continue. Si L est supérieur à 1, on entame la **BOUCLE1**. I prend la valeur 1 et le seuil prend la valeur L−1. La première instruction à exécuter dans la boucle est également une boucle! Dans cette deuxième boule, J prend la valeur 2 et le seuil, la valeur L.

L'imbrication de deux boucles n'est en fait qu'une astuce utilisée pour énumérer toutes les paires de blocs. Lors d'un premier passage dans **BOUCLE2**, **BLOC1** contiendra le premier élément de **LISTE-DE-BLOCS**, **BLOC2** contiendra le deuxième. Un nouveau bloc par addition est constitué et la nouvelle configuration ainsi formée est stockée dans **LISTAD**. Elle est examinée par **EXAMINE**. Si cet examen ne termine pas le programme, la configuration obtenue en multipliant les blocs **BLOC1** et **BLOC2** est traitée de la même manière. Le premier passage dans **BOUCLE2** est ainsi terminé. **J** prend alors la valeur 3; cette valeur est comparée au seuil; si elle n'est pas supérieure, un deuxième passage est entrepris. La nouvelle paire de blocs considérée est constituée des premier et troisième éléments de la liste originale. Ils sont combinés par addition et par multiplication et les résultats sont examinés. Ainsi jusqu'à ce que **J** soit supérieur à **L**, si le programme ne s'est pas interrompu auparavant (parce qu'il aurait rencontré une solution). La **BOUCLE2** s'arrête. Le premier passage dans **BOUCLE1** est terminé. **I** prend la valeur 2. Si cette valeur n'est pas supérieure à **L** − 1, la **BOUCLE2** est de nouveau exécutée, en débutant cette fois avec une valeur de **J** égale à 3. La première paire examinée sera donc constituée du deuxième et du troisième éléments de la liste de blocs originale. Et ainsi de suite, jusqu'à extinction de la **BOUCLE1**. En procédant comme nous venons de le faire, nous passons en revue toutes les paires de briques possibles en les énumérant dans l'ordre proposé dans le tableau 1. Dès qu'une solution est rencontrée, le programme s'arrête et imprime la configuration obtenue.

Pour se persuader que cette procédure récursive fonctionne correctement, il n'est peut-être pas inutile de la faire «tourner» sur un exemple simple. Supposons que nous lui livrions la configuration

Cible : 99
Briques : 4 23 7

Voici, représentée de manière schématique, l'histoire de son exécution.

EXAMINE ((99 (4 23 7)))
    CIBLE ← 99
    LISTE-DE-BLOCS ← (4 23 7)
    L ← 3
        BLOC1 ← 4
        BLOC2 ← 23
        LISTAD ← (99 ((4 + 23) 7))

```
        EXAMINE ((99 ((4 + 23) 7)))
           CIBLE ← 99
           LISTE-DE-BLOCS ← ((4 + 23) 7)
           L ← 2
              BLOC1 ← (4 + 23)
              BLOC2 ← 7
              LISTAD ← (99 (((4 + 23) + 7)))
              EXAMINE ((99 (((4 + 23) + 7))))
                 CIBLE ← 99
                 LISTE-DE-BLOCS ← (((4 + 23) + 7))
                 L ← 1
                 LISTMU ← (99 (((4 + 23) × 7)))
                 EXAMINE ((99 (((4 + 23) × 7))))
                    CIBLE ← 99
                    LISTE-DE-BLOCS ← (((4 + 23) × 7))
                    L ← 1
        LISTMU ← (99 ((4 × 23) 7))
        EXAMINE ((99 ((4 × 23) 7)))
           CIBLE ← 99
           LISTE-DE-BLOCS ← ((4 × 23) 7)
           L ← 2
              BLOC1 ← (4 × 23)
              BLOC2 ← 7
              LISTAD ← (99 ((4 × 23) + 7))
              EXAMINE ((99 ((4 × 23) + 7)))
```

A ce moment, le programme écrit (99 ((4 × 23) + 7) puis s'arrête.

Les différentes indentations (c'est-à-dire les découpes dans la représentation schématique ci-dessus) représentent les exécutions en cascade de la procédure **EXAMINE**. Lorsqu'une exécution à un niveau donné est terminée, on revient au niveau supérieur. L'instruction **ARRETE** permet, lorsque la solution est trouvée, d'arrêter ce processus.

L'exécution de la procédure peut se commenter comme suit. Le lancement de **EXAMINE** ((99 (4 23 7))) provoque le stockage dans **CONFIG** de la configuration de départ. Comme elle ne constitue pas une solution, la **PARTIE2** de la procédure est sautée. **CIBLE**, **LISTE-DE-BLOCS** et L sont initialisés. La **BOUCLE1** peut s'exécuter. **BLOC1** et **BLOC2** prennent les valeurs 4 et 23, **LISTAD** vaut (99 ((4 + 23) 7)) et la nouvelle configuration ainsi constituée est examinée au moyen de la commande **EXAMINE**. Le processus de départ s'appelle donc lui-même. Lorsque l'exécution de **EXAMINE** ((99 ((4 + 23) 7))) est terminée, ce qui nécessite encore deux niveaux de traitement comme représenté dans le schéma, **BLOC1** et **BLOC2** reprennent leurs valeurs de départ. La nouvelle configuration (99 ((4 × 23) 7)) est alors considérée. Son examen se révèle fructueux puisque ((4 × 23) + 7) vaut 99. Le programme imprime donc la solution trouvée et s'arrête.

Remarquez qu'il est essentiel que le programme ne mélange pas les définitions données à une même variable par les différents appels de la procédure. J'ai implicitement supposé que le langage était capable de démêler ce genre de situation.

Modifier la procédure pour qu'elle permette de lister *toutes* les solutions possibles ne devrait pas vous poser de problèmes. Le changement à apporter est, en fait, tout à fait mineur.

Chapitre 3
Récursion

La récursion est un concept dont la généralité dépasse clairement le domaine de la programmation. Son utilisation dans différents contextes est évoquée. Elle est contrastée avec un concept similaire : la récurrence. Le chapitre se termine par un rapprochement avec l'introspection et la conscience.

LES DIFFERENTS NIVEAUX

Centrale à la compréhension du concept de récursion est la notion de niveau. Lorsque j'ai schématisé le déroulement de l'exécution de **EXAMINE ((99 (4 23 .7)))**, les différents niveaux ont été représentés par les différentes indentations. L'exécution d'une tâche est interrompue à un moment donné par l'exécution d'une autre tâche, que l'on situe généralement à un niveau inférieur, parce qu'elle ne constitue qu'une partie de la tâche principale. Lorsque ces interruptions se répètent, il n'est pas toujours facile de garder le fil général, comme un examen attentif du schéma que je viens de présenter vous l'aura sûrement appris. Dans ce cas, la notion de « pile », familière aux informaticiens, peut s'avérer utile. Les différentes tâches sont conçues comme empilées les unes sur les autres. Chaque fois qu'une nouvelle instruction intervient, la tâche correspondante est déposée au sommet de la pile. Il n'est jamais possible de travailler que sur la dernière tâche apportée. Dès qu'elle est terminée, elle est retirée et le « désempilage » peut commencer.

Cette notion de récursion, d'interruptions successives, est loin d'être propre au domaine étudié ou même aux langages de programmation. La manière dont nous appréhendons la phrase suivante est parfaitement illustrative du même genre de phénomène dans la compréhension du langage.

« Cette phrase, présentée dans un paragraphe qui traite de la récursion et des différents contextes dans lesquels elle est rencontrée, est censée illustrer cette notion ».

Le diagramme ci-dessous schématise les différents niveaux à considérer dans son interprétation.

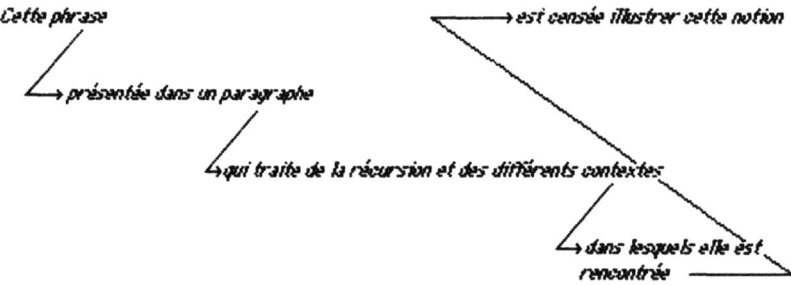

Dans le jeu «le compte est bon», la définition de cibles intermédiaires et la recherche de leurs solutions avant d'aborder la cible finale est un phénomène comparable. Considérez, par exemple, la configuration suivante :

Cible : 487
Briques : 23 20 3 8 3

La première idée qui vient à l'esprit, est de chercher à approcher le plus possible 487, qui paraît tellement éloigné des briques fournies. La construction du bloc 23×20 engendre la création d'une nouvelle cible intermédiaire 27 (la valeur $487 - (23 \times 20)$). Celle-ci est examinée. Les briques encore utilisables sont 3, 8 et 3. Le bloc 3×8 est construit et la cible devient 3 ($27 - (3 \times 8)$). La solution est alors immédiate.

Contrairement aux ordinateurs, notre capacité d'appréhender ces interruptions successives est cependant fort limitée. Nous avons tous des amis qui font un usage manifestement abusif de ces parenthèses emboîtées. Leur discours devient difficile à suivre, si pas confus. L'esprit humain ne peut pas empiler les tâches comme le font les programmes; sa capacité de gérer les piles est faible.

RECURSION ET RECURRENCE

A ce niveau de la discussion, il apparaît intéressant de contraster deux types différents de récursion. Dans «le compte est bon», la méthode récursive proposée est, à proprement parler, une méthode **récurrente**. Elle consiste à définir la solution d'un jeu à n briques en fonction de la solution d'un jeu à $n-1$ briques. Chaque changement de niveau nous garantit une réduction du niveau de complexité. Les mathématiciens utilisent de manière intensive cette notion de récurrence. Elle permet, par exemple, à partir d'un minimum d'informations (un ou des termes initiaux et une relation entre le terme d'ordre n et le ou les termes précédents) d'engendrer des séries aux comportements inattendus. Je reviendrai dans le chapitre 9 sur ce phénomène étonnant.

Le langage que nous avons utilisé pour mettre en œuvre la méthode de développement en profondeur d'abord présente une caractéristique plus générale encore. Une procédure peut en effet s'appeler elle-même, indépendamment de toute réduction d'un quelconque niveau de complexité. Il eût été tout à fait possible, à partir du langage utilisé, de redéfinir une procédure qui génère, dans EXAMINE (99 (4 23 7)), un appel à EXAMINE (99 (4 20 3 7)), par exemple.

Cette capacité que présentent certains systèmes de se manipuler eux-mêmes est à la fois une source de puissance considérable et une source d'ambiguïtés et de contradictions. Supposez que dans notre génération récursive de niveaux emboîtés, nous nous retrouvions brusquement à un niveau inférieur qui soit exactement semblable au niveau de départ; nous serions alors prisonniers d'une boucle infinie dont nous ne pourrions nous échapper.

DEVOS, ESCHER, MAGRITTE: UN MEME DEDALE POUR L'ESPRIT

Ces «boucles étranges», comme les appelle le chercheur américain Douglas Hofstadter (Hofstadter, 1985a, 1985b), vous renvoient en quelque sorte à la case départ. Le paradoxe d'Epiménide est généralement cité pour illustrer cette notion d'auto-référence. Epiménide, penseur crétois, affirma un jour:

«*Tous les Crétois sont des menteurs*».

L'interprétation de cette phrase paraît *a priori* immédiate. L'ambiguïté naît, lorsqu'on s'aperçoit que le locuteur est lui-même crétois, et que par conséquent, l'énoncé s'applique à lui. S'il est menteur comme le sont tous les Crétois, son affirmation est fausse, et il n'est donc pas vrai que tous les Crétois soient menteurs. Dans ce cas-là, il dit peut-être la vérité... et on est reparti! Des versions plus pures de ce paradoxe sont souvent mentionnées: «*Je mens*» ou «*Cette phrase est fausse*» vous entraînent de manière encore plus irrésistible dans une boucle sans fin.

L'histoire du barbier qui rase toutes les personnes qui ne se rasent pas elles-mêmes est également exemplative. Ce barbier se rase-t-il lui-même ou pas?

Cette capacité auto-référentielle des systèmes a été exploitée de différentes manières par des artistes: certaines peintures de René Magritte et certains dessins de Maurits Escher, par exemple, où les détails des tableaux renvoient aux thèmes centraux, les histoires de Raymond Devos qui nous entraînent dans d'étranges labyrinthes sans issue, et dans des circularités fascinantes.

Le logicien célèbre Kurt Gödel a étudié de manière formelle ces systèmes suffisamment puissants pour parler d'eux-mêmes. Il a montré que le tribut à payer à cette capacité d'auto-référence est l'indécidabilité. Ces systèmes contiennent nécessairement des énoncés qui ne peuvent être ni démontrés, ni infirmés à l'intérieur du système. Ils sont dits «incomplets». Il s'agit d'une mise en évidence des limitations d'une approche purement formelle comme je le commenterai dans la deuxième partie. Le lecteur intéressé trouvera dans le livre «Gödel, Escher, Bach: les brins d'une guirlande éternelle» de Douglas Hofstadter, une discussion fouillée de ce thème des boucles étranges.

LA VUE DE L'ESPRIT

La notion de récursion paraît également se trouver au cœur de la compréhension de l'intelligence. L'introspection, par exemple, présuppose visiblement la capacité de réfléchir à propos de soi-même. Certaines formes d'apprentissage exigent de notre système nerveux une action sur lui-même; notre faculté de planifier nos tâches n'est possible que parce que le système peut se les représenter et agir sur ces représentations. En fait, bon nombre de nos activités quotidiennes exigent cette capacité auto-référentielle. La conscience elle-même semble ne pas être étrangère à cette notion. Elle est manifestement liée à l'aptitude à percevoir, presque de l'intérieur, le fonctionnement mental. Sa capacité d'auto-observation est cependant clairement limitée. De nombreuses expériences psychologiques ont montré qu'elle n'avait accès qu'à une partie de nos activités intellectuelles. Rappelons par exemple, à titre d'illustration, l'expérience des psycholinguistes James Lackner et Merill Garett.

Des sujets furent testés au moyen d'écouteurs dans lesquels on leur faisait entendre simultanément deux phrases distinctes. Dans la première oreille, on leur disait: «*he put out the lantern to signal the attack*». En fait, cette phrase est hautement ambiguë et peut s'interpréter comme «il a sorti la lampe pour signaler l'attaque» ou comme «il a éteint la lampe pour signaler l'attaque». En même temps, dans la deuxième oreille, on leur faisait entendre «*he extinguished the lantern*». Cette deuxième phrase devait clairement privilégier la deuxième interprétation de la première phrase. Les sujets étaient invités à n'écouter que ce qui était transmis dans la première oreille, c'est-à-dire la phrase ambiguë. Ils ont apparemment suivi la consigne correctement puisqu'après l'expérience ils étaient incapables de dire ce qu'ils avaient entendu dans la deuxième oreille. Par contre, lorsqu'on leur demanda d'interpréter la première phrase — celle sur laquelle ils s'étaient concentrés — ils privilégièrent clairement l'interprétation «il a éteint la lampe pour signaler l'attaque», contrairement à ce qu'avait fait un groupe témoin auquel on n'avait transmis dans la deuxième oreille qu'une phrase sans rapport avec la première. Il semble donc que «*he extinguished the lantern to signal the attack*» ait fait l'objet d'un traitement mental qui a influencé la compréhension de «*he put out the lantern to signal the attack*» mais que la conscience n'ait pas eu accès à cette activité. La vue de l'esprit ne serait que partielle.

Indépendamment de cette limite, la conscience semble, comme je l'ai mentionné, agir de manière récursive. Elle permet à travers certains signaux d'orienter nos comportements qui à leur tour modifient l'univers mental. Cette interaction nous amène du reste souvent à percevoir cette conscience comme un objet séparé, indépendant. Le «je» dans «j'ai un corps» par exemple apparaît presque comme une référence extérieure. On dit rarement qu'un corps se possède lui-même. On peut du reste laisser son corps à la science; on en dispose comme s'il s'agissait d'un objet distinct. Imaginer de changer de corps n'est même pas considéré comme absurde. Poussée à la limite, cette position mène au dualisme. Le prix Nobel de médecine J.C. Eccles a écrit : « *L'esprit conscient est une entité qui existe par elle-même et qui procède activement à la lecture polymorphe de la machinerie nerveuse du cortex cérébral en fonction de ses intérêts et de son attention et qui intègre cette sélection pour donner à l'expérience consciente son unité à travers le temps... L'esprit conscient jouerait un rôle supérieur de contrôle et d'interprétation sur les événements nerveux* » (Eccles, 1981).

La conscience est clairement une entité mal connue. Perçue de l'intérieur, elle nous apparaît dichotomique : on est ou on n'est pas conscient; on perd conscience. De l'extérieur, les choses se compliquent. La conscience des autres n'est accessible qu'à travers des manifestations extérieures : ce qui paraît fondamental est le degré de similarité physique que les autres présentent avec nous. Je reviendrai sur ce point au chapitre 7. L'unicité de la conscience n'est pas évidente non plus. A certains moments, on croit entendre des voix contradictoires, on est animé d'envies diverses, la conscience paraît distribuée; à d'autres, elle est visiblement unique; on la conçoit comme le ciment qui garantit notre identité.

En I.A., on n'a pas cherché à redéfinir la conscience. On l'a plutôt réinventée comme mécanisme de contrôle obligé de tout système complexe. On lui trouve une fonction claire dans la régulation des processus mentaux. La capacité que possède un système à observer son propre fonctionnement lui permet d'agir dessus, d'éviter les répétitions stériles, d'assurer une certaine continuité dans les actions, d'effectuer des arbitrages. Le niveau auquel cette auto-observation doit avoir lieu est encore source de controverses. Certains estiment qu'il suffit d'avoir accès à quelques résultats des processus, d'autres croient que ce n'est pas suffisant.

Malgré les résultats déjà obtenus, une bonne compréhension de ce que couvre exactement la notion de conscience n'est pourtant pas imminente. Il a même été dit que, par essence, elle était imperméable à toute approche scientifique : c'est simplement « ce que c'est d'être ('What it is like to be') un système intelligent et auto-référentiel » (Batali, 1983).

Remarquez qu'un système capable de se programmer lui-même, ou du moins de se modifier, doit nécessairement posséder une certaine théorie de lui-même. C'est une des premières conclusions tirées de l'étude des systèmes artificiels. Il doit plus ou moins savoir à quoi s'attendre lorsqu'il se regarde. Il doit connaître les objets qu'il peut manipuler. Il est piquant de constater que dans certains de ces systèmes, comme celui de Doyle, par exemple (Batali, 1983), une véritable théorie de l'action délibérée a dû être développée. Cette théorie utilise des concepts baptisés «croyances», «désirs» (qui traduisent les intérêts d'un agent pour certains de ses états), et «intentions». Ces notions ont bien entendu dans ce contexte une définition technique précise qui ne couvre que partiellement leur acception populaire.

Cette circularité inhérente aux systèmes auto-référentiels est sûrement au cœur de nos sentiments de libre arbitre, de liberté, de choix.

Chapitre 4
Des méthodes moins aveugles

Ce chapitre enrichit considérablement l'arsenal des techniques de résolution de problèmes proposées jusqu'à présent. Une première amélioration substantielle des méthodes « en profondeur d'abord » et « en largeur d'abord » est suggérée. Elle permet de tenir compte du caractère plus ou moins intéressant des états du problème considérés, et s'appelle « le meilleur d'abord ». Une famille de systèmes absolument centraux en I.A. est ensuite présentée : les systèmes de production. Leur introduction fournit l'occasion de discuter les notions fondamentales d'espace de travail, hiérarchie et architecture à « tableau noir », sous-problème, réduction de différences, conflit, satisfaction de conditions, plan. Un système de production simplifié est proposé pour le jeu « le compte est bon ». Les mérites et les inconvénients de ce type de systèmes sont commentés.

L'UTILISATION D'HEURISTIQUES

Les deux méthodes « en largeur d'abord » et « en profondeur d'abord » sont généralement très difficiles à appliquer. Le nombre de sommets générés avant de trouver une solution peut être très élevé, ce qui rend la procédure longue et coûteuse. De plus, elles apparaissent relativement faibles. Ces deux méthodes procèdent, en effet, de manière tout à fait aveugle. Les états sont développés indépendamment de la localisation de la cible. Or, il est souvent possible de disposer d'une certaine information sur le graphe des états et sur la direction de l'objectif. Dans l'exemple de la souris et du labyrinthe donné au chapitre 1 pour illustrer les méthodes de développement «en largeur d'abord» et «en profondeur d'abord», on pourrait imaginer que, plutôt que parcourir aveuglément les couloirs et les pièces, la souris utilise son odorat pour se guider. Les pièces où l'odeur de fromage est la plus prononcée sont d'abord explorées. La situation est bien entendu différente dans ce cas puisque la souris dispose d'informations qu'elle n'avait pas auparavant. Souvent nous nous trouvons dans des conditions similaires lorsque nous résolvons des problèmes; nous sommes en mesure d'évaluer la qualité des itinéraires parcourus, d'apprécier la proximité des solutions.

De plus, le caractère systématique de l'énumération des méthodes précédentes semble révéler une certaine forme sinon de stupidité, du moins de rigidité, qu'on ne retrouve pas, ou peu, dans les comportements dits intelligents. Une génération complète et organisée de toutes les configurations possibles jusqu'à ce que la solution soit trouvée paraît donc une mauvaise approximation des processus effectivement utilisés par l'esprit humain dans le jeu «le compte est bon». Il est évident que la plupart des opérations possibles ne sont même pas considérées. Dans la configuration, déjà présentée au début du chapitre 1 :

Cible : 259
Briques : 7 12 4 22 5

les opérations 7×4 ou 7×5 ne sont jamais envisagées par la plupart des sujets. Nous utilisons des artifices pour sélectionner parmi toutes les alternatives possibles celles qui paraissent les plus prometteuses. Par exemple, on cherche, de prime abord, à s'approcher rapidement de la cible. Multiplier 12 par 22 paraît à cet égard utile. Cette opération est sûrement une des premières que nous considérons. Le fait que nous utilisions ainsi certaines règles pour guider nos recherches dans des espaces comportant un très grand nombre d'états a été intensivement exploité en I.A. Certains voient dans l'utilisation de ces règles, qu'on appelle **heuristiques**, une caractéristique essentielle de l'intelligence. La manière dont elles sont générées modifiées et exploitées a été étudiée dans quantité de simulations différentes. J'y reviendrai dans la suite.

Le meilleur d'abord

Cherchons maintenant à adapter nos méthodes précédentes pour tenir compte de ce souci, manifesté par la plupart des joueurs du jeu «le compte est bon», de se rapprocher le plus rapidement possible de la cible. On peut, pour ce faire, associer à chaque configuration engendrée, un nombre censé mesurer son caractère «prometteur» dans la recherche de la solution. La configuration la plus prometteuse est alors développée en priorité.

La mesure permettant de chiffrer le caractère prometteur d'un état est appelé **fonction d'évaluation**. Le choix d'une bonne fonction d'évaluation est bien entendu fondamental. Dans le jeu, on pourrait chiffrer la valeur d'une configuration comme étant l'écart minimum entre la cible et les briques ou les blocs.

Pour la configuration
Cible : 259
Briques : 7 12 4 22 5

cette valeur serait 237 (c'est-à-dire $|259 - 22|$, qui est très élevé, signifiant qu'on est loin d'avoir une solution). La génération du bloc 12×22 permettrait de ramener cette valeur à 5 (c'est-à-dire $|259 - (12 \times 22)|$). Remarquez que plus la valeur est petite, meilleure semble la configuration (pourvu, bien entendu, qu'il y ait encore des briques ou des blocs disponibles — si la valeur est de 1 mais qu'il n'y a plus rien à manipuler, le bloc construit doit être visiblement démantelé si on veut obtenir une solution). On a donc, à proprement parler, une mesure du caractère «non prometteur» d'un état.

Le graphique ci-dessous illustre une recherche de solution qui utilise cette fonction d'évaluation. De nouveau, pour des raisons de simplicité, seules les opérations + et × ont été considérées. On a indiqué dans un cercle la valeur de la fonction d'évaluation pour les différents états considérés dans le graphe. Cette fonction vaut 76 pour la configuration de départ, par exemple. Les arêtes noircies représentent le chemin à suivre pour obtenir la solution. La méthode est appelée, pour des raisons évidentes, **«le meilleur d'abord»**.

En cas d'ex æquo, on peut convenir de développer le sommet de profondeur minimum. Ce choix revient en fait à privilégier les solutions les plus courtes. La profondeur d'un sommet pourrait même éventuellement intervenir de manière explicite dans le calcul de la fonction d'évaluation : on peut associer à chaque état la somme de sa profondeur et de la valeur de la configuration qu'il représente.

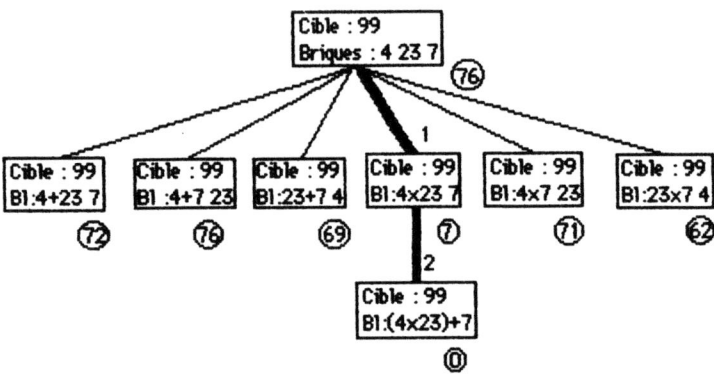

Fig. 7. Développement du meilleur d'abord.

Un raffinement supplémentaire (*)

Si cette nouvelle méthode paraît déjà mieux correspondre aux processus utilisés par les êtres humains, elle est loin d'être totalement satisfaisante. Elle n'est peut-être plus aveugle, mais reste excessivement myope. La valeur d'une configuration est, en effet, uniquement appréciée en fonction de son intérêt immédiat. Les bonnes configurations sont celles qui comportent des briques proches de la cible. Les notions de détour, d'étapes intermédiaires, n'existent pas. Le chemin privilégié est celui qui nous rapproche le plus du but à chaque pas. Nous savons d'expérience que cela n'est pas toujours vrai. L'examen de la configuration suivante,

Cible : 220
Briques : 22 9 1

devrait persuader les sceptiques. Le passage par la configuration

Cible : 220
Blocs : 22 (9 +1)

qui est au moins aussi éloignée de l'objectif que la configuration initiale s'avère être un passage obligé. Une méthode du type de celle que nous venons de présenter, ne l'examinera que fort tard. La notion de plan paraît tout à fait étrangère à notre technique d'énumération des états. Il y a pourtant moyen de la modifier simplement pour remédier, en partie, à cette myopie. En fait, chaque état ne vaut que ce que ses successeurs valent (sauf le but). Un état est intéressant s'il mène à la solution. Pourquoi ne pas chercher à anticiper un tant soit peu les conséquences d'une opération donnée ? C'est manifestement ce que l'on fait lorsqu'on joue à des jeux de société, par exemple. Si je déplace tel pion, comment va répliquer mon adversaire ? La valeur d'une position est fonction des configurations sur lesquelles elle permet de déboucher. Dans notre jeu de chiffres, pourquoi ne pas remplacer la valeur d'une configuration, par le minimum des valeurs de ses successeurs ? Supposons que le problème posé et son graphe des états soient donnés dans la figure ci-dessous.

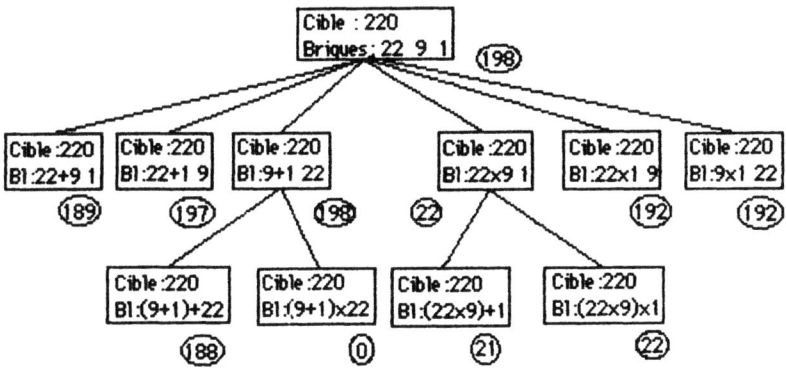

Fig. 8. Graphe des états et fonction d'évaluation.

Seuls quelques états utiles pour représenter la nouvelle stratégie proposée ont ici été représentés. Les valeurs associées à chaque configuration par la fonction d'évaluation précédente sont indiquées dans un cercle.

Plutôt que chiffrer directement la valeur d'une configuration, je propose ici d'examiner tous ses successeurs, et de lui associer la valeur du meilleur de ceux-ci. Une configuration devient donc intéressante lorsqu'elle permet d'aboutir, au coup suivant, à une configuration comportant un bloc proche de la cible. Avec cette nouvelle méthode, la valeur de

Cible : 220
Blocs : (9 + 1) 22

passe de 198 à : minimum (188,0), c'est-à-dire 0 ! Cette configuration possède en effet deux successeurs :

    Cible : 220
    Blocs : (9 + 1) + 22

et

    Cible : 220
    Blocs : (9 + 1) × 22

dont les valeurs sont respectivement 188 et 0. La meilleure configuration est visiblement la seconde. La valeur du meilleur successeur est toujours le minimum des valeurs de la fonction d'évaluation. Par contre, la configuration

    Cible : 220
    Blocs : (22 × 9) 1

a priori plus intéressante puisque sa valeur est chiffrée à 22, acquiert une valeur égale au minimum de 21 et 22, c'est-à-dire 21, lorsque tous ses successeurs sont considérés.

Cette capacité que possèdent certains algorithmes d'anticiper les coups et d'effectuer des choix en fonction des anticipations, est caractéristique de beaucoup de programmes de jeu. Le prix à payer est évidemment clair. Le nombre d'états à examiner est beaucoup plus grand. Dans l'exemple donné, avant d'être capable de choisir le premier bloc à constituer, on a dû lister tous les successeurs possibles de la configuration originale et tous les successeurs de ces successeurs. Dans certains jeux où le graphe des états est très profond, cette stratégie peut pourtant s'avérer efficace. Il n'y a bien entendu aucune raison de ne pas généraliser la méthode, en cherchant, avant chaque coup, à sonder le graphe à une profondeur 3 ou 4.

Il semble pourtant que le bon joueur se caractérise généralement, non tellement par sa faculté de développer très profondément le graphe des états (c'est-à-dire la faculté d'anticiper le jeu très loin), mais par le choix de bonnes règles heuristiques pour sélectionner les configurations intéressantes. Ceci est manifeste dans le jeu «le compte est bon». Reprenons la configuration que j'ai proposée au chapitre 1.

    Cible : 259
    Briques : 7 12 4 22 5

Il est évident que tous les blocs possibles de longueur 2 ne sont pas examinés. C'est pourtant ce qu'exigerait un algorithme du type «le meilleur d'abord». Une première sélection est opérée en fonction de règles diverses, quelquefois fonctions du niveau de connaissance en arithmétique du joueur. Il sera éventuellement sensible à la proximité entre la cible et le nombre 256, qui est hautement factorisable (2^8), par exemple.

Après avoir présenté trois méthodes d'énumération des sommets du graphe des états d'un problème, deux techniques dites aveugles et une qui utilise une fonction d'évaluation, je vais maintenant me tourner vers des systèmes nettement moins rigides, largement utilisés en I.A. Ces systèmes peuvent en effet tirer parti de ces règles qui paraissent, dans certains cas du moins, sous-tendre nos comportements.

LES SYSTEMES DE PRODUCTION

L'utilisation de règles du type «si telle condition est satisfaite, alors exécuter telle action», appelées **règles de production,** paraît à certains, un mécanisme fondamental sous-jacent à toutes nos activités intellectuelles dites supérieures (résolution de problèmes, compréhension et utilisation du langage, déduction, induction, ...). Il s'agirait en quelque sorte de la version «I.A.» du schéma «Stimulus-Réponse», cher aux psychologues.

L'importance des systèmes à règles de production a culminé dans la commercialisation des systèmes dits experts. Ils méritent, ne serait-ce que pour leur succès actuel, plus qu'une simple mention. Fidèle au principe adopté jusqu'à présent, je vais chercher à formaliser notre jeu, ou du moins la manière dont on y joue, en utilisant des règles de ce type. Je discuterai ensuite de la pertinence de cette approche dans la compréhension des processus cognitifs en général.

Cherchons dans un premier temps à traduire sous forme de règles, certaines heuristiques que nous utilisons.

R1 : Si la cible est élevée, alors cherchez à multiplier les blocs avant de chercher à les additionner.

R2 : Si vous cherchez à multiplier des blocs, et s'il existe deux blocs dont les valeurs sont proches de la racine carrée de la cible, alors multipliez ces deux blocs.

R3 : Si vous cherchez à multipliez des blocs, et si la cible est proche de n × 10, et s'il existe un bloc proche de n et un bloc proche de 10, alors multipliez ces deux blocs.

R4: *S'il existe un bloc de valeur proche de la cible, alors définissez un nouveau problème en générant une nouvelle configuration dont la cible est la différence entre l'ancienne cible et le bloc, et dont le bloc a été supprimé.*

R5: *Si un problème donné ne peut recevoir de solution, et s'il existe une configuration dont ce problème a été dérivé, alors revenez à cette configuration.*

R6: *Si, pour un problème donné, aucune règle n'est applicable, alors appliquez l'algorithme « le meilleur d'abord ».*

Cette formulation présente un certain nombre de difficultés.

Premièrement, les règles sont floues. Quand est-ce que la cible est considérée comme élevée ? Quand peut-on dire que deux nombres sont proches ? Il paraît difficile, à partir d'expressions aussi vagues, de voir simplement si une condition est satisfaite ou pas.

Deuxièmement, les actions proposées paraissent de nature fort diverse. Dans la règle R1, par exemple, la recommandation est de préférer un sous-ensemble d'opérateurs à un autre. R2, par contre, préconise l'exécution d'une opération précise, alors que R4 génère un sous-problème et que R6 propose une méthode de résolution.

Troisièmement, il est permis d'imaginer des situations où plusieurs règles sont simultanément applicables (R2 et R4 par exemple). Comment les départager ?

Et ceci ne constitue qu'une partie des difficultés que présente notre formulation. Comment pourrait fonctionner un système de ce type ? En fait, il importe avant de se lancer dans la définition d'un système à règles de production, de s'interroger sur un certain nombre de questions. Ces questions ont souvent reçu en I.A. différentes réponses, ce qui a occasionné une véritable prolifération de systèmes d'architectures sensiblement différentes.

Quel espace de travail ?

Un des premiers problèmes auxquels on est confronté, est le problème de l'espace de travail. Pour que les règles de production puissent s'enchaîner, il faut que les actions contribuent à définir des situations dans lesquelles les conditions de certaines règles soient satisfaites. Pour que la règle R2 puisse s'appliquer, par exemple, il importe qu'une (ou des) règle ait été activée précédemment de manière à établir les conditions nécessaires à son exécution. Les conditions et les actions doivent en quelque sorte agir sur un même espace. C'est ce que j'appellerai la condition de fermeture. Cette condition est différemment remplie dans les systèmes existants.

Dans certains modèles, utilisés par exemple pour les systèmes dit classificateurs introduits par J. Holland au début des années 80, l'espace de travail est constitué de chaînes de caractères de longueur fixe. Ces systèmes ont été utilisés dans différents contextes: jeu de poker, contrôle du mouvement d'un bras articulé à partir d'images TV, génération de «cartes cognitives» à partir d'expériences, etc. Il s'agit de systèmes de production particuliers où les objets manipulés sont des messages de longueur fixe et où les règles sont composées d'une partie condition, d'une partie action et d'une priorité. Les conditions testent si un message a une structure donnée, et l'action consiste à le modifier puis à le remettre dans l'espace de travail. Il peut alors être éventuellement retransformé par une autre règle. La priorité permet d'arbitrer lorsque plusieurs règles sont simultanément applicables. Différents mécanismes d'apprentissage sont intégrés dans ces systèmes (Holland, 1986).

Dans d'autres systèmes, du type STRIPS (Stanford Research Institute Problem Solver) — un des précurseurs des systèmes de production qui utilisait déjà certaines règles — les conditions et les actions s'appliquent à des descriptions de situations en termes de propositions (Barr & Feigenbaum, 1981). STRIPS n'est en fait qu'une partie d'un robot (Shakey) développé dans les années 70 en Californie. Son rôle est de résoudre les problèmes auquel le robot est confronté. Shakey évolue dans un microcosme composé de chambres qui communiquent par différentes portes et dans lesquelles se trouvent des boîtes de différentes tailles. Le fait qu'une boîte A se trouve sur une boîte B et que ces deux boîtes soient dans une pièce P, se représente, par exemple, par

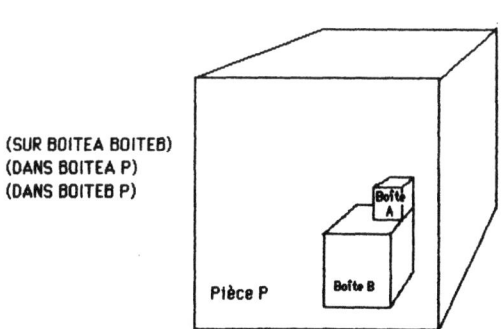

Les conditions permettent de tester si certaines propositions sont satisfaites dans une situation donnée. Les actions spécifient comment la situation doit être modifiée, c'est-à-dire, comment sa description doit être changée (suppression et addition de propositions).

Lorsqu'il est difficile de donner une représentation unique de toutes les situations qu'il y a lieu de considérer dans la résolution d'un problème, il est possible, comme pratiqué par exemple dans les systèmes dits **«à tableau noir»** (Nii, 1986a, 1986b), de configurer ces situations de manière hiérarchique. Je m'explique. Un système comme Crysalis, par exemple, qui permet d'identifier la structure moléculaire de certaines protéines, travaille à la fois sur des représentations en termes de distribution d'électrons dans des réseaux tridimensionnels, en termes de maxima locaux de ces distributions, en termes de réseaux de maxima appelés squelettes ou encore en termes de fragments de ces squelettes. Différents types de représentation sont donc utilisés simultanément. Ces types sont organisés de manière hiérarchique et les règles peuvent agir à différents niveaux de cette hiérarchie. Leur action est de transformer des descriptions en des descriptions de même niveau ou de niveaux différents. Elles agissent essentiellement sur le contenu d'une mémoire de travail où coexistent les différentes représentations. Cet espace de travail est appelé le tableau noir. Il constitue en quelque sorte le lieu de rencontre de règles qui appartiennent souvent à des domaines distincts. La structure hiérarchique du tableau permet de distinguer différentes classes de règles agissant essentiellement sur des objets de nature différente.

La résolution par réduction en sous-problèmes

Une approche au moins aussi générale paraît possible avec un système comme Soar (Laird, Rosenbloom & Newell, 1987). Soar se veut un système général de résolution de problèmes. Il a été appliqué à des tâches de nature très différente du type simulation de jeux simples (problème des 8 reines, tour d'Hanoï, ...), résolution de syllogismes, configurations d'ordinateurs, etc. Les situations que permet de manipuler Soar doivent toujours être représentées en termes d'espaces d'états, d'état initial, de but et d'opérateurs. Les règles ne peuvent agir que dans ce cadre-là. Elles permettent de spécifier des opérations à l'intérieur d'un espace, mais également de passer d'un espace à un autre, c'est-à-dire en fait, d'un problème à un autre. Et ceci confert au système une grande généralité. Soar peut agir sur différents problèmes qui exigent différentes représentations. Le fait de ne pas pouvoir choisir un opérateur pour un problème donné, par exemple, débouche, par l'activation automatique d'une règle appropriée, sur la considération d'un nouveau problème dont le but est maintenant de résoudre le conflit auquel on était confronté. Différents problèmes peuvent ainsi être examinés en séquence.

Souvent, il est possible d'identifier dans un problème donné des étapes stratégiques. Définir à partir de ces étapes des objectifs intermédiaires permet quelquefois de décomposer le problème initial en sous-problèmes. Certaines techniques systématiques pour générer des sous-problèmes ont été proposées. Dans le GPS (General Problem Solver), développé par Newell, Shaw et Simon dans les années 60 (Ernst & Newell, 1969), la décomposition se fait en utilisant la notion d'opérateurs clefs. (Mais GPS n'est pas structuré comme un système à règles de production.) Un opérateur est dit «clef» si son application paraît cruciale. La méthode utilisée pour déterminer ces opérateurs est appelée la méthode de réduction des différences. Elle consiste essentiellement à déterminer en quoi l'état initial d'un système est différent de l'objectif poursuivi. Lorsque la liste des différences est dressée, on associe à ces différences des opérateurs susceptibles de les réduire.

Nos règles R1 et R2 peuvent être considérées comme mettant en œuvre cette stratégie. R1 conseille, si la cible est élevée, d'appliquer un opérateur de type multiplication. Il s'agit manifestement d'une mise en correspondance d'une différence «état initial − état final» et d'un type d'opérateur. L'application de la règle R1 peut également être considérée comme l'éclatement du problème initial en trois sous-problèmes :
- recherche de l'opération «multiplie» à appliquer;
- application de l'opérateur;
- réduction de la différence qui subsiste après création du nouveau bloc.

Le sous-problème du milieu est dit élémentaire pour des raisons évidentes. Les décompositions en sous-problèmes peuvent s'enchaîner de manière hiérarchique. Le problème initial est résolu lorsque tous les sous-problèmes générés sont élémentaires.

Comment résoudre les conflits ?

Indépendamment du problème de fermeture, la manière dont les différents systèmes de production gèrent les conflits de règles est également illustrative de leur diversité. Deux règles sont considérées comme étant en conflit lorsqu'elles peuvent s'appliquer simultanément à une situation donnée. A partir de la configuration suivante, par exemple,

    Cible : 228
    Briques : 23 10 14 16 2

les règles R2 et R3 peuvent être toutes deux activées. Comment opérer un choix ? Cette question a reçu différentes réponses. Une solution possible est de départager les règles en fonction de critères syntaxiques. Est appliquée la règle dont la partie condition est la plus spécifique. La spécificité peut être mesurée par le nombre de connecteurs « et » ou le nombre de constantes intervenant dans la condition. Des considérations purement syntaxiques ne permettraient cependant pas de départager les deux règles R2 et R3. Un autre critère devrait être injecté : par exemple, « utilisez la règle qui s'applique à un élément récemment manipulé ». Il s'agirait, lorsqu'une règle a permis, par exemple, de constituer un nouveau bloc, de privilégier par après celles qui vont agir sur ce bloc. Ce critère garantit une certaine forme de continuité dans la démarche. Il empêche le système d'être exagérément versatile, de sauter d'une idée à une autre. Son application, dans le cas qui nous intéresse, reviendrait à choisir R3, si 23 était un bloc constitué à l'étape précédente par l'application d'une règle donnée.

Associer à chaque règle une mesure de priorité, est une troisième manière d'aborder le problème du conflit. Cette priorité est censée refléter l'utilité de la règle dans un contexte déterminé. Elle peut éventuellement être ajustée par un mécanisme d'apprentissage particulier, comme dans les systèmes classificateurs déjà mentionnés. Dans ces systèmes, les règles qui permettent de déboucher sur une solution sont gratifiées en conséquence. Je reviendrai sur certains des mécanismes utilisés, dans le chapitre sur l'apprentissage. Les conflits sont tranchés en choisissant la règle la plus prioritaire.

Soar résoud le problème d'une manière différente. Toutes les règles susceptibles d'être activées, le sont en parallèle. Les résultats de ces activations sont alors comparés et un choix est opéré. Pour que ce choix soit possible, il convient, bien entendu, de pouvoir ordonner les résultats. Ceci se fait au moyen de préférences. Les règles ne se limitent donc pas à des propositions d'actions ; elles associent également à ces actions, des préférences. Une règle type aurait l'allure suivante :

« Si le problème courant est 'le compte est bon' et si un bloc a été créé par un opérateur, alors créez une préférence 'pire' pour l'opérateur qui désagrège le bloc ainsi constitué ».

Dans ce cas, le fait de générer une préférence 'pire' pour un opérateur donné, permet d'éviter de l'appliquer, même si ses conditions d'application sont satisfaites. La règle permet d'éviter de défaire directement une configuration qui vient d'être créée. Elle évite les mouvements aller-retour. Si les préférences ne permettent pas de trancher entre les différents résultats obtenus par le déclenchement en parallèle des règles, Soar se trouve dans une impasse. Il génère alors automatiquement un sous-problème pour résoudre cette impasse.

Quand une condition est-elle satisfaite?

Il n'est pas possible de contraster les systèmes de production sans mentionner le problème de déclenchement des règles. Les conflits ne sont pas les uniques sources de difficultés lors de leur activation. Dans bon nombre de situations, voir simplement si une condition est satisfaite ou non, peut causer problème. Il est quelquefois indispensable d'opérer un certain nombre d'inférences avant de pouvoir se prononcer sur l'applicabilité d'une règle. Supposez, par exemple, qu'un robot capable de transporter des blocs et de monter sur ces blocs, ait pour tâche d'aller chercher un objet dans une pièce donnée. Il se fait que pour aller dans la pièce, une porte doit être ouverte; mais notre robot est trop petit pour atteindre la clenche! Il doit donc apporter un bloc près de la porte et monter dessus pour pouvoir l'ouvrir. Une règle lui conseille, pour ce faire, d'utiliser l'opérateur « Pousse-Bloc ». Cet opérateur n'est malheureusement applicable que s'il existe un bloc dans la pièce. Il y a donc lieu de vérifier que dans la pièce où il se trouve, la condition « il existe un bloc dans la pièce » est satisfaite. Cette condition est libellée au moyen de ce qu'on appelle un quantificateur existentiel. Vérifier qu'elle est satisfaite à partir d'une description du type:

(DANS R P)
(DANS BOITEA P)
(BOITE BOITEA)
(PIECE P)
(ROBOT R)

nécessite un peu plus qu'une simple comparaison. Un minimum d'inférences logiques est nécessaire. Il faut par exemple vérifier que la pièce dans laquelle se trouve le robot est la même que celle dans laquelle se trouve la boîte. Ces dérivations doivent bien entendu être automatisées. Dans certains systèmes, comme STRIPS, le fait que la condition d'une règle dont l'application est perçue comme capitale, ne soit pas satisfaite, est du reste utilisé pour décomposer un problème en sous-problèmes. Le premier sous-problème est simplement d'établir les conditions d'applicabilité de la règle.

Vérifier qu'une solution est atteinte, nécessite également quelquefois un certain nombre de calculs. Ceux-ci, bien entendu, doivent être effectués non sur des nombres mais sur des assertions. Le calcul des prédicats met à notre disposition un appareil théorique idéal pour ce genre de manipulations. Ceci explique son succès en I.A. Ce n'est pas par hasard que les premiers résultats obtenus dans la discipline aient suivi de près des percées importantes en logique.

Le déclenchement de la règle R1 pose problème pour une raison différente. Ici, la question « la condition est-elle satisfaite ? » paraît mériter plus qu'une réponse en termes de oui ou de non. Il semblerait que l'on puisse distinguer différents degrés de satisfaction. Une situation similaire surgit, lorsque les énoncés que l'on manipule sont entachés d'incertitude. Une condition paraît mieux satisfaite lorsque l'énoncé sur lequel elle porte est établi avec certitude que lorsqu'il est incertain. Permettre des ajustements partiels ou du moins distinguer différents degrés d'ajustement est pratiqué par certains systèmes. La nature arbitraire des mesures généralement utilisées rend cependant les techniques délicates, si pas fragiles. Souvent les imprécisions, que l'on est amené à tolérer, cachent des ambiguïtés quelquefois fondamentales. Dans notre règle R1 par exemple, la notion de cible élevée traduit principalement l'idée que la cible doit être sensiblement plus grande que la somme des deux briques les plus élevées. Dans certains systèmes experts, la notion d'incertitude cache une telle diversité de situations (imprécision de la mesure, caractère statistique de l'énoncé, degré de croyance...) qu'il est permis de s'interroger sur la pertinence de son utilisation (Cohen, 1985).

Les besoins de planification

Une difficulté supplémentaire, inhérente à l'utilisation de règles pour simuler un raisonnement intelligent, mérite d'être signalée. Comment éviter qu'une règle neutralise l'effet de l'application de la précédente ? Nous venons de voir que ce problème est résolu partiellement par Soar au moyen de préférences. De manière plus générale, comment enchaîner les règles de manière optimale ?

Supposez qu'à un moment donné du jeu, nous ayons obtenu la configuration suivante.

Cible : 228
Briques : 23 10 (14 × 16) 2

L'application en chaîne de R1 (en admettant qu'elle soit applicable), R3 puis R4 permet d'obtenir la solution. Permuter cette séquence n'est cependant pas indifférent. Son ordre est fondamental! R1 puis R3 permettent de générer (23 × 10), R4 transforme la configuration obtenue pour en faire une solution. Appliquer R4 en premier, aurait généré

Cible : 228 − (14 × 16)
Blocs : 23 10 2

configuration à laquelle, ni R1, ni R3 ne peuvent s'appliquer.

Il est donc important, et ceci est évident, de respecter scrupuleusement une certaine séquence dans les opérations si on veut atteindre ses objectifs. Il faut planifier ses activités.

Ce principe n'est pas toujours aussi trivial que ce qu'on pourrait croire. L'exemple canonique en la matière est le suivant. Imaginez de nouveau un robot qui évolue dans une pièce remplie de boîtes. Sa tâche est, cette fois, d'en empiler trois l'une sur l'autre. Si nous appelons les boîtes A, B, C, nous supposerons que B doit être sur C et A sur B. Avant de commencer A se trouve sur C et B est à part. Le graphique ci-dessous représente le problème à résoudre.

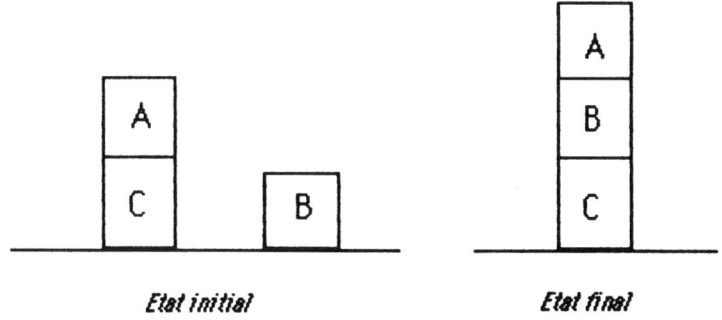

Fig. 9. Un problème de planification.

Le robot n'est capable de déplacer qu'une boîte à la fois. Sa tâche est donc de changer la situation «A sur C» en «A sur B» *et* «B sur C». Pour ce faire, il peut se définir un premier objectif qui est d'obtenir «A sur B». Il prendra donc A et le déposera sur B. Il cherchera ensuite à obtenir «B sur C». Comme il ne peut transporter qu'un seul bloc à la fois, il ne pourra mettre B sur C qu'après avoir retiré ce qui se trouve sur B. Il se verra donc obligé de défaire ce qu'il avait précédemment réalisé. La sanction est immédiate. La première partie de la tâche est à recommencer. Les différentes actions à effectuer interagissent entre elles et ne peuvent plus être considérées séparément.

Certains systèmes sont manifestement incapables de traiter correctement ce problème. Leur capacité de planifier est trop limitée. Une manière de remédier à cette déficience, est de considérer des «super règles» qui permettent d'ordonner les règles. Ceci peut cependant poser des problèmes de fermeture comme mentionné précédemment. Une autre solution est d'imaginer une nouvelle structure que l'on pourrait appeler «plan». Un plan serait essentiellement un ensemble ordonné d'opérations à effectuer. Le système devrait alors être capable de manipuler cette structure en cours de résolution de problème. Cette approche a été utilisée par différents logiciels (du type Hacker, Noah, voir Barr & Feigenbaum, 1981) qui ne sont plus, à strictement parler, de simples systèmes à règles de production.

Un nouveau système de production (*)

Il est temps maintenant, à la lumière de ces premières considérations, de redéfinir un peu plus précisément nos règles de production. Je conviendrai de chercher à réaliser l'objectif final à travers la considération d'objectifs intermédiaires. Ces objectifs correspondront en quelque sorte à des sous-problèmes. Je distinguerai différents types de tâches. Le problème se ramènera essentiellement à considérer une liste de configurations que j'appellerai CANDIDATS, à en choisir une dans cette liste et à voir si elle ne constitue pas une solution. Si ce n'est pas le cas, on créera une nouvelle configuration, en utilisant les opérateurs prescrits par les règles du système, et on la mettra dans la liste. Comme précédemment, la valeur d'une configuration est chiffrée par l'écart minimum entre la cible et les briques ou les blocs. Une seconde liste, appelée REFUSES, contiendra les configurations qui ne sont plus à considérer.

Voici donc une révision de notre premier ensemble de règles.

R1 : *Si l'objectif est «jouer au jeu 'le compte est bon'», alors*
- *prenez la configuration initiale et mettez la sur une liste de configurations à considérer (appelée CANDIDATS)*
- *qualifiez cette configuration de «la meilleure»*
- *transformez l'objectif courant en «choix d'une configuration».*

R2 : *Si l'objectif est «choix d'une configuration» et si la liste CANDIDATS est vide, alors*
- *imprimez «Pas de solution»*
- *arrêtez.*

R3 : *Si l'objectif est «choix d'une configuration» et si la liste CANDIDATS n'est pas vide et si aucune configuration n'est qualifiée de «la meilleure» dans cette liste, alors*
- *qualifiez de «la meilleure» la configuration dont la valeur est la moins élevée. En cas d'ex æquo, choisissez celle qui comporte un maximum de briques et de blocs. Si un choix n'est toujours pas possible, choisissez de manière aléatoire.*

R4 : *Si l'objectif est «choix d'une configuration» et si la liste CANDIDATS n'est pas vide, alors*
- *prenez dans cette liste la meilleure configuration*
- *remettez une copie dans CANDIDATS, mais en omettant la qualification*
- *transformez l'objectif courant en «examen d'une configuration».*

R5 : *Si l'objectif est «examen d'une configuration» et si la configuration constiue une solution, alors*
- *imprimez la configuration*
- *arrêtez.*

R6 : *Si l'objectif est «examen d'une configuration» et si la configuration ne constitue pas une solution et si elle est constituée d'un seul bloc, alors*
- *mettez cette configuration sur une liste de configurations refusées (appelée REFUSES)*
- *transformez l'objectif courant en «mise à jour des listes».*

R7 : *Si l'objectif est «examen d'une configuration» et si la configuration ne constitue pas une solution, alors*
- *transformez l'objectif courant en «choix d'un opérateur».*

R8 : *Si l'objectif est «choix d'un opérateur» et si la cible est, au moins, trois fois plus élevée que le plus grand bloc et*

s'il existe deux blocs dont les valeurs sont proches de la racine carrée de la cible (différence relative < 0.2) et
si la nouvelle configuration obtenue par multiplication de ces deux blocs ne se trouve ni dans CANDIDATS ni dans REFUSES, alors
- multipliez les deux blocs
- mettez la nouvelle configuration dans CANDIDATS
- qualifiez cette configuration de «la meilleure»
- transformez l'objectif courant en «choix d'une configuration».

R9 : Si l'objectif est «choix d'un opérateur» et
si la cible est, au moins, trois fois plus élevée que le plus grand bloc et
si la dizaine la plus proche de la cible est de la forme $n \times 10$ et
s'il existe un bloc proche de n et un bloc proche de 10 (différence relative < 0.2) et
si la nouvelle configuration obtenue par multiplication de ces deux blocs ne se trouve ni dans CANDIDATS ni dans REFUSES, alors
- multipliez les deux blocs
- mettez la nouvelle configuration dans CANDIDATS
- qualifiez cette configuration de «la meilleure»
- transformez l'objectif courant en «mise à jour des listes».

R10: Si l'objectif est «choix d'un opérateur» et
s'il existe un bloc proche de la cible (différence relative < 0.2) et
si la nouvelle configuration obtenue en définissant comme nouvelle cible, la différence en valeur absolue entre la cible et le bloc, ne se trouve ni dans CANDIDATS ni dans REFUSES, alors
- créez cette nouvelle configuration (en y retirant, bien entendu, le bloc utilisé dans la différence)
- mettez la nouvelle configuration dans CANDIDATS
- qualifiez cette configuration de «la meilleure»
- transformez l'objectif courant en «mise à jour des listes».

R11: Si l'objectif est «choix d'un opérateur», alors
- appliquez l'opérateur qui génère, parmi les configurations qui ne se trouvent ni dans CANDIDATS ni dans REFUSES, celle dont la valeur est minimum
- mettez la nouvelle configuration dans CANDIDATS
- qualifiez cette configuration de «la meilleure».
- transformez l'objectif courant en «mise à jour des listes».

R12: Si l'objectif est «mise à jour des listes», alors
- mettez dans REFUSES les configurations de CANDIDATS dont tous les successeurs se trouvent soit dans CANDIDATS soit dans REFUSES
- transformez l'objectif courant en «choix d'une configuration».

Ce système est essentiellement une variante de la méthode « le meilleur d'abord ». La principale différence est liée à l'introduction dans l'espace des états de configurations dont la cible a été modifiée. La présentation sous forme de règles garantit un maximum de souplesse dans la recherche à effectuer. En fait, peu d'heuristiques ont été injectées dans cette version. En ajouter ne présenterait bien entendu pas de problèmes, si ce n'est la lourdeur de l'écriture.

Je conviendrai d'appliquer en cas de conflit, la règle la plus spécifique (R3 avant R4 par exemple), s'il en existe une. Dans tous les autres cas, le choix se fera de manière aléatoire.

Les conditions ont été spécifiées de manière à éviter les ambiguïtés d'interprétation, les circularités. Les principales objections au système initial ont donc été prises en considération.

Que donnerait une application à notre exemple canonique ? La configuration de départ est

Cible : 99
Briques : 4 23 7

La figure ci-dessous représente la manière dont les différentes règles s'enchaînent.

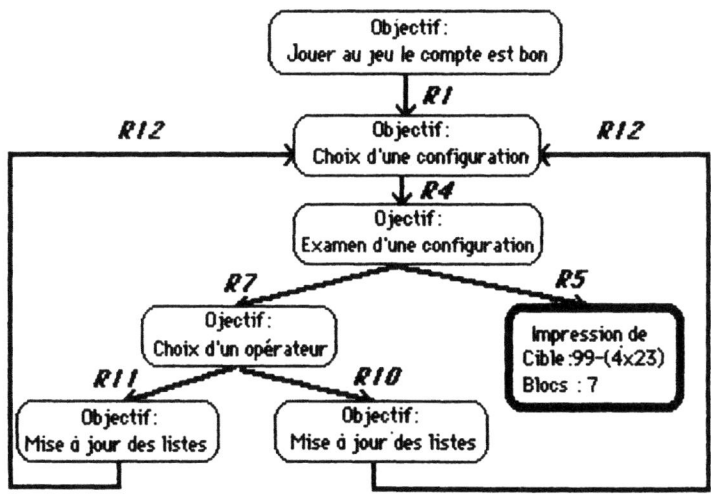

Fig. 10. Utilisation d'un système de production.

Le contrôle du traitement se fait donc par la définition d'objectifs. La première règle applicable est trivialement R1. Elle est donc activée. La configuration (99 (4 23 7)) est déposée dans la liste CANDIDATS, avec comme qualification « la meilleure ». Un nouvel objectif « choix d'une configuration » est défini. Les conditions d'application de la règle R4 sont manifestement satisfaites. C'est du reste la seule règle qui puisse être activée. La configuration (99 (4 23 7)) est donc prélevée dans CANDIDATS et l'objectif devient « examen d'une configuration ». Incidemment, elle est replacée dans la liste sans sa qualification. La règle R7 peut s'appliquer; elle transforme l'objectif en « choix d'un opérateur ». R11 propose la génération du bloc 4 × 23, la mise dans CANDIDATS de la nouvelle configuration ainsi créée, qualifiée de « la meilleure », et le passage à l'objectif « mise à jour des listes ». Après son activation, la mise à jour des listes se fait via R12, dont l'action se ramène simplement dans ce cas-ci à changer l'objectif en « choix d'une configuration ». Le traitement se continue par une nouvelle application de R4. Ainsi, jusqu'à arrêt de la procédure avec impression du résultat.

L'architecture du système

Vous aurez sûrement constaté que les règles peuvent avoir des types d'actions fort différentes. R7, par exemple, modifie simplement un objectif, alors que R11 déclenche un algorithme d'un certain niveau de complexité. Presque tous les systèmes utilisés en I.A. peuvent se concevoir d'une manière ou d'une autre comme des systèmes utilisant des règles de production. Plus que leur utilisation, ce qui paraît essentiel est leur nature, leur niveau d'élaboration et surtout leur rôle dans l'architecture du système. Dans les systèmes de production classiques, la connaissance est essentiellement codée dans les règles. Elle est éclatée en unités élémentaires et mise en œuvre au moyen d'un module de contrôle séparé. Le déclenchement d'une règle provoque une action qui se ramène à une manipulation d'objets dans un espace de travail. Cet espace représente d'une certaine manière la mémoire à court terme du système. Il contient une description de l'état courant de la tâche. Dans notre système, les listes CANDIDATS et REFUSES, la configuration et l'objectif courants, sont des éléments de cet espace. Le cycle fondamental d'exécution est alors: recherche de la règle à appliquer — activation d'une règle moyennant une éventuelle résolution de conflit préliminaire si plusieurs possibilités existent — modification de l'espace de travail en conséquence et retour à la phase de départ. Les systèmes de production sont donc essentiellement composés de trois parties comme schématisé dans la figure ci-dessous: une base de règles, un espace de travail et le module de contrôle qui gère l'enchaînement des règles.

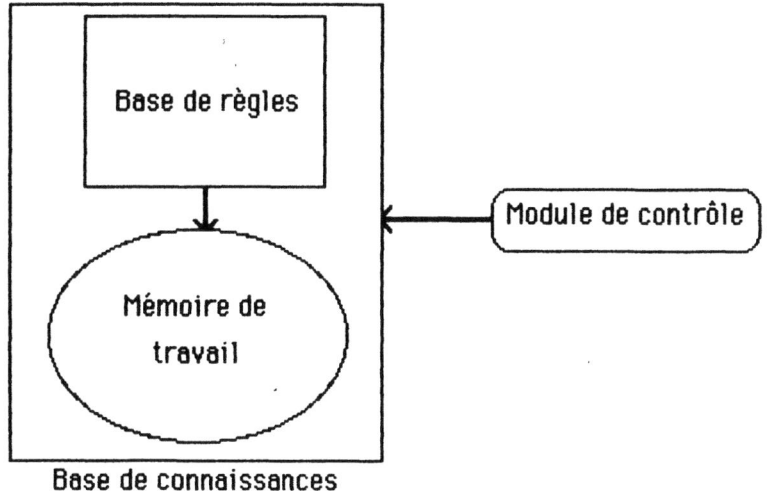

Fig. 11. Architecture simplifiée d'un système de production.

La pertinence psychologique des systèmes à règles de production

Il est temps maintenant de s'interroger sur la généralité de l'approche proposée. De nombreuses applications utilisent les systèmes à règles de production pour effectuer des tâches réputées nécessiter de l'intelligence. Leur diversité est manifeste. Des logiciels capables de dialoguer en langue anglaise avec un utilisateur dans un contexte défini, de résoudre des problèmes de type jeu, logique, géométrie, de reproduire des performances d'experts dans des domaines particuliers comme le diagnostic de certaines maladies infectieuses ou l'analyse de certaines structures moléculaires en chimie organique ont été réalisés et se sont avérés opérationnels (Hayes-Roth, Lenat & Waterman, 1983). La modularité et la généralité de la notion de règles semblent a priori telles, que certains n'hésitent pas à prétendre qu'il s'agit de l'élément architectural de base de nos processus cognitifs. La diversité de nos activités intellectuelles appelle, disent-ils, le recours à un mécanisme fondamental unique qui puisse en rendre compte (Anderson,

1983). L'homme s'est spécialisé dans des disciplines pour lesquelles l'évolution ne l'avait pas préparé, pour lesquelles aucune anticipation ne paraissait possible. Il dispose donc de facultés générales d'adaptation. Il n'est pas nécessaire d'invoquer des capacités spécifiques pour expliquer ses différentes aptitudes. Les activités cognitives présentent souvent des similarités manifestes. Ceci ne signifie pas bien entendu qu'il n'existe pas de systèmes distincts pour la vision, l'audition ou la locomotion, mais plutôt que toutes les activités cognitives de haut niveau obéissent aux mêmes principes. Leur plasticité, a priori, tellement antinomique à la notion de règle, est un produit du grand nombre de couches de règles utilisées. Les règles de bas niveau correspondent, du reste, à des mécanismes qui ne sont généralement pas considérés comme intelligents (mécanismes d'adaptation biologique).

A l'objection courante «L'apparente utilisation de règles par l'organisme est une illusion. Il n'en utilise pas plus, qu'une balle qui rebondit n'en utilise pour gérer sa trajectoire; la complexité neuronale ne peut en aucun cas se réduire à leur mise en œuvre», il est répondu «La complexité neuronale est à mettre en rapport avec l'opacité du langage machine utilisé pour traduire de manière compréhensible par les ordinateurs, les systèmes de production. Ceci ne signifie pas qu'il n'est pas l'encodage d'un langage de plus haut niveau qui obéit à certains principes. Le comportement intelligent nécessite des interprétations qui rendent obligatoire une certaine forme d'organisation».

Il serait malhonnête de ne pas reconnaître à ces systèmes un certain nombre d'avantages manifestes.

La modularité des règles rend la manipulation de la connaissance particulièrement confortable. Il paraît a priori facile d'en ajouter, d'en supprimer ou d'en modifier sans trop s'inquiéter des interactions possibles : elles constituent en quelque sorte des éléments indépendants de connaissance qui ne communiquent que via l'espace de travail. Supposez par exemple que vous soyez convaincu que lorsque, dans le jeu «le compte est bon», une cible est un multiple de 5, une stratégie courante est d'en chercher une factorisation du type $5 \times n$. Ajouter une règle mettant en œuvre cette stratégie ne pose pas de problèmes. Mieux, la notion de règle est tellement générale, qu'il apparaît possible de munir le système d'une certaine capacité de planification dont il est à présent complètement dépourvu. Il suffit d'ajouter quelques règles adéquates. Pour la configuration suivante,

Cible : 259
Briques : 7 12 4 22 5

la recherche d'une factorisation de 256, qui est proche de 259, sous une forme du type $2^n \times 2^{8-n}$, via la construction de blocs intermédiaires, comme par exemple $7 \times (22 + 12)$ (approximation de 8×32), peut parfaitement se concevoir. Il suffit de traduire cela sous forme de règles, ce qui s'avère parfaitement possible.

L'apprentissage peut également se concevoir comme l'ajout ou la modification de règles (Buchanan & Feigenbaum, 1978). La structure d'un système de production rend cette acquisition sinon facile, du moins possible. De nombreux travaux cherchant à démontrer la généralité de ce mécanisme sont en cours (Laird, Rosenbloom & Newell, 1986, Rosenbloom & Laird, 1986, Langley, 1987). Je reviendrai sur ce sujet dans la partie consacrée à l'apprentissage.

Lorsque le nombre de règles est très élevé, la modularité peut pourtant se révéler un handicap. Elles ont quelquefois, des effets antagonistes, difficiles à localiser. Garantir une certaine cohérence à la base de connaissances est un travail délicat mais malheureusement indispensable si on veut éviter des performances désastreuses.

Le caractère naturel de la règle mérite également d'être souligné. Souvent, lorsqu'on nous demande d'expliciter nos démarches intellectuelles, une formulation du type «si ceci est vérifié alors je fais cela» (ou de manière équivalente «je fais ceci parce que cela est vérifié») s'avère fort commode et est, en fait, largement utilisée. Mais quel crédit faut-il accorder à ces explications? La réponse à cette question n'est malheureusement pas simple. Un grand nombre d'expériences en psychologie ont montré qu'il y avait lieu d'utiliser avec beaucoup de prudence les justifications données par les sujets dans certaines circonstances. L'introspection, ou du moins l'observation de soi, l'autodescription, est pour les spécialistes en I.A. un outil obligé mais difficile à utiliser. Notre propension à trouver des raisons à tout, jette une certaine suspicion sur la pertinence des justifications avancées. Ne s'agit-il pas quelquefois d'une reconstruction a posteriori, le but étant de clarifier, de nettoyer, de séparer l'essentiel de l'accessoire à des fins de simplification, de communication, d'apprentissage (Minsky, 1985)? Il apparaît pourtant difficile de s'en passer. Vouloir réinventer les démarches à suivre pour résoudre les problèmes auxquels nous sommes quotidiennement confrontés, et que nous résolvons souvent sans difficulté, sans s'interroger sur la manière dont nous procédons, est vain.

Leurs limites

Les systèmes de production paraissent pourtant avoir certaines limites. Leur efficacité à simuler quelques tâches d'experts ne doit pas dissimuler leur faiblesse actuelle dans de nombreux domaines. Le recours unique à la règle pour encoder la connaissance paraît restrictif.

Lorsque, pour résoudre un problème donné, un algorithme précis est connu, par exemple, une représentation sous forme de règles est lourde et inefficace. Leur utilisation présuppose en quelque sorte que la situation sur laquelle on débouche doit chaque fois être scrupuleusement examinée avant de pouvoir déclencher la règle suivante. Lorsqu'une séquence déterminée d'actions à appliquer existe, cette procédure est peu naturelle. Les systèmes de production appréhendent sûrement mieux les domaines peu structurés, où les connaissances sont éparses et hétérogènes, que des domaines où des méthodes précises et éprouvées sont connues.

De même, lorsqu'il s'agit de reconnaître des formes, de percevoir, de structurer des situations, le nombre de possibilités à considérer a priori est tellement élevé qu'une formalisation au moyen de règles paraît difficilement envisageable. Le système doit avoir la faculté de combiner de manière excessivement souple les éléments saillants d'un événement, d'une configuration, pour en extraire une signification, c'est-à-dire pour établir des rapports avec des objets déjà connus. Ce n'est pas par hasard, que pour des tâches plus perceptives du type reconnaissance de lettres, de mots, des architectures différentes sont utilisées.

Le clivage *contrôle - connaissance,* pratiqué dans les systèmes de production est aussi contraignant. Les règles ne peuvent pas se solliciter l'une l'autre, si ce n'est via l'espace de travail. Mais il n'est pas toujours possible de séparer aussi clairement la connaissance de la manière dont on l'utilise. Dans certains cas, un contrôle explicite de la règle à exécuter, du type d'enchaînement à pratiquer, du degré de satisfaction d'une condition à tolérer, est nécessaire. L'absence de maîtrise sur le déroulement du processus rend difficile de contrôler les performances, de les améliorer ou même simplement de les expliquer.

Différentes améliorations peuvent être apportées à l'architecture fondamentale des systèmes de production pour rencontrer ces objections. Mais ce faisant, ils perdent de leur identité. Qualifier de système de production, tout système qui a recours, à un niveau ou à un autre, à des règles, est en effet abusif. A la limite, toutes les applications en I.A. sont nécessairement écrites dans un langage de programmation qui utilise des structures de type règle. Il y a donc lieu d'utiliser les termes avec prudence.

Un examen critique de la dernière simulation de notre jeu peut également s'avérer instructif. Il est certain que l'utilisation des règles représente un progrès considérable sur notre méthode «le meilleur d'abord»: à chaque étape, le choix du bloc à constituer n'est plus laissé à la rigidité mathématique de notre algorithme; d'autres configurations que «la meilleure» peuvent, a priori, être considérées. Et cette liberté de choix offerte par l'architecture du système, ne paraît pas avoir de limites. Il «suffit» d'ajouter suffisamment de règles pour tenir compte de toutes les situations particulières que l'on veut traiter spécifiquement sans avoir recours à la règle du meilleur. On ne peut pourtant pas s'empêcher d'avoir un certain goût de «trop peu» ou «trop simple, trop rigide» à la bouche. La manière dont on semble soi-même procéder lorsqu'on joue, paraît tellement éloignée de la formalisation proposée. Même si nous avons appris à nous méfier de l'introspection, il est difficile d'admettre que la fluidité de l'esprit humain, qui se manifeste dans le jeu «le compte est bon» par cette manière apparemment anarchique dont on envisage les blocs, soit un sous-produit du grand nombre de règles effectivement utilisées.

Cherchons par exemple à comparer la manière dont on procède pour résoudre le jeu

Cible: 259
Briques: 7 12 4 22 5

avec la démarche suivie par un système de production. Si nous étions obligés d'expliciter toutes nos tentatives, nos tâtonnements lorsque nous cherchons une solution, la description pourrait ressembler à ceci:

« La cible ne paraît pas trop élevée. Ca doit être possible de l'approcher par un simple produit de briques. 7 et 12? Non, trop petits! 7 et 22? Difficilement. 12 et 22? Oui, essayons. Leur produit vaut 264. La cible étant 259, il faut encore trouver 5 quelque part. Quelles sont les briques toujours disponibles? Merveilleux, il existe une brique 5! La solution est donc (12 × 22) − 5».

Que ferait par contre un système de production du type de celui que j'ai proposé? Après quelques manipulations initiales, il se concentrerait, comme nous le faisons, sur le choix d'un opérateur à appliquer. Pour ce faire, il procéderait de manière apparemment beaucoup plus systématique. Si aucune organisation des règles n'est prévue dans l'architecture, il devrait a priori les examiner toutes pour voir si elles sont applicables. Il chercherait, par exemple, une décomposition du type 16 × 16 (règle R8). La configuration serait donc essentiellement perçue à travers des règles données a priori. Le pouvoir structurant de la situation à laquelle on est confronté, serait quasiment inexistant. La base de connaissances impose une grille rigide à travers laquelle la configuration est perçue. La manière dont le milieu sollicite nos capacités de représentation est donc formalisée de manière fort stricte. Nous possédons des schémas que nous cherchons à ajuster sur la configuration. Un peu comme si, dans ces jeux d'enfants où il faut chercher à incruster ou à insérer différentes formes géométriques, dans des trous possédant des formes correspondantes, nous cherchions systématiquement, pour une figure géométrique donnée, à l'enfoncer dans tous les trous existants, sans même la regarder. On ne peut s'empêcher d'avoir l'impression que les choses se déroulent autrement. Toute la dynamique du processus semble liée au fait que les chiffres paraissent avoir entre eux un certain nombre d'affinités, fonction de la cible fournie. Ils s'attirent ou se repoussent, s'approchent et se comparent, éventuellement se marient. Les unions peuvent être éphémères et stériles, d'autres peuvent s'avérer plus fécondes. Ce processus tolère les accidents, les erreurs, les rivalités, les retours en arrière, les séductions, les mariages de raison... Représenter une telle fluidité devrait être possible.

Une autre source de rigidité est liée au caractère déterminé du processus. Confronté deux fois à une même configuration, le système de production livrera toujours la même solution, la seule indétermination étant liée à la manière aléatoire dont peuvent se résoudre certains conflits. Mais cette indétermination est visiblement marginale; elle n'est pas centrale dans l'architecture du système. Il s'agit d'un sous-produit d'une manière très particulière de résoudre les conflits. Or la diversité des réponses d'un individu à une même configuration est sûrement très caractéristique de notre manière de résoudre le problème. Les systèmes de production sont incapables de modéliser naturellement cette variabilité, particulièrement apparente dans des tâches du type «le compte est bon», où la connaissance a priori mise en œuvre est réduite, et où la logique du processus d'exploration paraît difficile à saisir.

Dans quelle mesure pourtant, ces limitations ne sont-elles pas plus liées à la nature des règles utilisées qu'à l'architecture des systèmes de production? Peut-être est-ce plus la finesse de ces règles qu'il importe de mettre en cause ? Certains systèmes du type systèmes classificateurs utilisent des règles fort simples qui permettent de transformer des informations élémentaires représentées comme des chaînes de longueur fixe. Ces règles peuvent se renforcer l'une l'autre, se combiner. Elles opèrent à un niveau de représentation tout différent, plus microscopique que le niveau choisi dans notre système de production. La faculté d'adaptation paraît impressionnante. Peut-être est-ce dans cette direction qu'il y a lieu de chercher des améliorations ?

Mais d'autres approches paraissent possibles. Certaines recherches actuelles en I.A. cherchent à représenter directement cette fluidité, cette « glissabilité » intellectuelle au moyen de mécanismes appropriés. Le chapitre suivant est consacré à une application de ce type d'approche à notre jeu de chiffres.

Chapitre 5
Utilisation des réseaux

Une architecture de système substantiellement différente de celles qui ont été examinées dans les chapitres précédents est présentée. Centrée sur la simulation de processus cognitifs généraux, elle représente les concepts utilisés dans une tâche donnée au moyen d'un réseau. L'accent est mis délibérément sur le caractère associatif de la pensée. Les activités à effectuer sont éclatées en une multitude de micro-tâches réalisées par différents agents. La plupart des mécanismes utilisés sont probabilistes. Un système de ce type est appliqué au jeu « le compte est bon ». Ses mérites et ses limites sont brièvement commentés.

LA SIMULATION DE PROCESSUS COGNITIFS

Les différentes méthodes présentées jusqu'à présent permettent toutes de trouver une solution s'il en existe une. Il est évident que la plupart des joueurs humains ne sont pas aussi brillants. Souvent en I.A., il y a lieu de distinguer les applications qui cherchent à automatiser de manière aussi efficace que possible des tâches réputées intelligentes, des applications dont l'ambition est de simuler pour ces tâches les démarches suivies par les humains. Il n'est pas toujours possible de servir ces deux maîtres à la fois. La distinction est fondamentale. Toute l'histoire de l'I.A. traduit du reste cette ambivalence. La discipline relève-t-elle plus de l'ingénierie que de la psychgologie? Les programmes d'échecs sont particulièrement illustratifs de cette dualité. Ils ne sont efficaces qu'aux prix de recherches très systématiques dans de vastes espaces d'états, alors que les spécialistes humains utilisent des stratégies tout à fait différentes. Nombre de systèmes baptisés un peu pompeusement d'intelligents emploient des méthodes de résolution de problèmes qui n'ont pas beaucoup de rapports avec ce que paraît faire l'esprit humain dans des conditions similaires. La commercialisation effrénée de ces logiciels ne doit pas nous abuser : les systèmes qualifiés d'«experts» n'encodent qu'une petite partie du savoir-faire des vrais experts. De tels systèmes tirent leur efficacité relative de la puissance de la machine utilisée et du caractère restreint du domaine dans lequel ils opèrent. S'il paraît évident que pour résoudre des problèmes simples, différentes stratégies sont possibles, lorsque le domaine abordé est aussi large que l'ensemble des situations que notre esprit est capable d'appréhender, l'évidence faiblit. Peut-être n'y a-t-il pas beaucoup de manières différentes de faire face à cette diversité ?

Je chercherai dans ce chapitre à isoler certaines caractéristiques fondamentales de la manière dont nous jouons au jeu «le compte est bon» et à voir dans quelle mesure elles peuvent être reproduites par un système artificiel. L'accent est maintenant mis résolument sur la simulation de nos processus mentaux et non plus uniquement sur la réalisation mécanique ou informatique d'une tâche intellectuelle. L'objectif est bien entendu de mettre en évidence des mécanismes, des organisations, des structures dont la généralité dépasse la tâche précise à laquelle on s'intéresse.

Le choix du jeu n'est peut-être pas aussi frivole que ce qu'il apparaît à première vue. Comme je l'ai déjà dit, en cherchant à simuler une capacité moyenne, à la portée de tous les esprits et non, comme pas mal de programmes en I.A., des performances exceptionnelles du type découvertes scientifiques ou résolution de problèmes complexes, nous parviendrons peut-être mieux à isoler les processus fondamentaux qui constituent les éléments de comportements plus sophistiqués ou plus élaborés. La manière dont notre esprit est amené, dans ce jeu, à jongler très rapidement avec des chiffres est peut-être, sinon représentative, du moins similaire à la manière dont il manipule des mots, des idées, voire dont il compose des œuvres artistiques.

La cohérence macroscopique de notre comportement qui nous amène souvent à le décrire sous forme de règles serait le produit d'une certaine forme d'organisation de mécanismes microscopiques (et la plupart du temps inconscients) sous-jacents. Cette hypothèse soutend les travaux poursuivis par Douglas Hofstadter (Hofstadter, 1985a). Je m'inspirerai beaucoup, dans ce chapitre, des éléments architecturaux qu'il a postulés pour rendre compte de ces phénomènes. De manière à contraster au maximum la démarche adoptée maintenant avec ce que j'ai décrit précédemment, il est bon d'insister sur les différences fondamentales. La pensée n'est plus considérée comme intimement liée à la faculté de raisonner. Les notions de vrai ou de faux, les capacités de déduction ne sont plus les ingrédients fondamentaux de l'intelligence. L'accent est mis sur la manière dont les situations sont perçues plus que sur les inférences que ces perceptions rendent possibles. La flexibilité n'est plus conçue comme le produit de l'entassement de règles de différents niveaux mais plutôt comme le résultat d'une certaine forme d'indétermination des mécanismes de base et d'une capacité élémentaire de glisser d'une idée à l'autre, de changer de point de vue.

Il n'est pas inutile de montrer, à partir de quelques exemples concrets, comment le jeu permet de mettre en évidence des processus, des principes dont la généralité dépasse largement la simple manipulation de nombres.

Le caractère contraignant de l'environnement

Supposez que nous soyons confrontés aux deux configurations suivantes.

Cible : 259
Briques : 25 10 9 7 13

Cible : 259
Briques : 5 8 21 7 1

Les deux premières briques de la première configuration provoquent manifestement une lecture de la cible sous la forme 250 + 9. La troisième brique renforce cette décomposition. La solution est quasi immédiate. Confrontés une nouvelle fois avec cette configuration, il est fortement probable que nous donnerons la même solution en suivant la même démarche (au moins au niveau conscient). Pourquoi ? Sûrement parce que la situation sollicite un certain nombre de connaissances, d'éléments de représentation, de concepts que nous avons a priori, et qu'une fois ces éléments sollicités, la construction d'une solution va presque de soi. De manière similaire, si je vous dis « J'ai vu dernièrement votre ami André. Il ne va pas très bien. Il est profondément déprimé. Il boit... », l'ambiguïté initiale de la phrase « il boit » ne pose aucun problème; le contexte a établi un certain nombre de pressions qui privilégient clairement une interprétation.

L'examen de la deuxième configuration, reprise ci-dessous, risque de vous rendre perplexe.

Cible : 259
Briques : 5 8 21 7 1

Peu de personnes voient directement la (ou les) solution(s). La situation n'a pas le même pouvoir structurant que précédemment. En fait, le problème admet essentiellement les 3 solutions $(7 \times 8 \times 5) - 21$, $((5 + 8 - 1) \times 21) + 7$ et $((5 + 7) \times 21) + 8 - 1$.

Il n'est pas sûr que, confrontés deux fois avec cette configuration (on nous lave partiellement le cerveau entretemps, bien sûr), nous donnions la même réponse, et encore moins que nous suivions la même démarche. Pourquoi? Peut-être parce que pour percevoir la cible en termes de blocs, une recherche est nécessaire, et que cette recherche comporte des éléments aléatoires ou du moins des éléments contingents de la situation qui sont non reproductibles. Supposez de même que vous entendiez dans une conversation «André boit». De deux choses l'une, ou le contexte est suffisamment pressant pour imposer une interprétation, soit une certaine ambiguïté subsiste (il fait très chaud aujourd'hui, par exemple). Dans ce cas-là, la compréhension n'est plus immédiate et nécessite une investigation supplémentaire.

Et toute une gamme de configurations intermédiaires existe. Les solutions immédiates, les perceptions claires, les interprétations univoques apparaissent donc en quelque sorte comme des cas particuliers. L'aléatoire, l'indéterminisme serait la règle en quelque sorte. Chercher à simuler cet effet plus ou moins structurant des stimulations peut nous apprendre beaucoup sur les mécanismes de contrôle fondamentaux utilisés par l'esprit humain.

Différents types de sollicitations

Parallèlement au caractère plus ou moins structurant d'une situation, le jeu permet également de mettre en évidence les différents *types* de contraintes, de pressions, induites dans la construction d'une représentation. Prenez par exemple la configuration suivante.

Cible : 87
Briques : 8 9 3 10 7

La réponse donnée généralement est (8 × 10) + 7. Pourquoi? Pour des raisons identiques à celles évoquées précédemment. La lecture des briques 8 et 10 provoque un éclatement de la cible en 80 et 7 et la dernière brique permet de conclure. L'interprétation est guidée par des similarités syntaxiques. Le fait que 8 soit le premier chiffre de 87 et que 7 soit le dernier est déterminant. Nous sommes sensibles à des identités de forme.

La construction de 87 en (8 × 10) + 7 n'est cependant pas la seule possible. En fait, quatre autres solutions existent! Un minimum de réflexion devrait vous permettre d'en trouver au moins une: 87 = (9 × 10) − 3. Les autres sont plus difficiles: (7 × 10) + 8 + 9; ((8 + 3) × 7) + 10; (9 × 7) + (8 × 3). Voir la cible 87 comme (9 × 10) − 3 est peut-être un peu moins immédiat que la voir comme (8 × 10) + 7. Cette réponse est du reste moins souvent donnée. La décomposition est sûrement liée à la perception de 87 comme proche de 90, suite à la lecture des briques 9 et 10. On commence ici à être plus sensible aux ordres de grandeur, à des proximités autres que syntaxiques, quoique l'idée d'utiliser 90 pour approcher 87 soit induite par les briques 9 et 10. La réponse ((8 + 3) × 7) + 10 pourrait également s'interpréter comme le résultat d'une conjonction de pressions essentiellement basées sur des similarités formelles (7... 87... 77) et de pressions plus subtiles liées aux ordres de grandeur. La réponse (9 × 7) + (8 × 3) paraît, elle, tout simplement géniale! Elle ne peut manifestement plus s'expliquer de manière syntaxique. Malheureusement, elle n'est presque jamais donnée par les sujets humains. Les configurations ci-dessous illustrent la manière dont une cible donnée (77) peut être perçue de manière de plus en plus profonde, suivant la nature des pressions induites par les briques.

Cible: 77
Briques: 7 11 21 13 15
Briques: 8 10 3 13 15
Briques: 7 9 2 13 14
Briques: 7 9 14 13 15
Briques: 7 5 6 13 15
Briques: 7 5 4 13 15
Briques: 8 9 5 13 15
Briques: 4 4 4 13 15

Passer d'une perception de 77 comme suite de 7 à des décompositions plus sophistiquées du type (8 × 9) + 5 ou (4 × 4 × 4) + 13 donne un peu l'impression d'éplucher un oignon! On a toujours l'impression d'être à la superficie des choses tout en les pénétrant de manière de plus en plus profonde. Si nous convenons d'appeler «signification» d'un nombre l'ensemble des liens qu'il entretient avec les autres, nous pourrions dire que nous découvrons d'autant plus la signification de la cible que les pressions sont moins syntaxiques.

L'étude des rapports qu'entretiennent la forme et le fond, le signifiant et le signifié, la syntaxe et la sémantique, est centrale en I.A. L'ordinateur ne peut en effet opérer que sur des signes. La seule manière d'avoir accès à un contenu est, pour lui, de le dériver, de le construire à partir d'autres formes. La différence essentielle entre forme et fond semble donc se ramener, dans cette perspective, au caractère plus ou moins élaboré des élaborations, des associations qui sont faites. Ce point est discuté en détail dans le chapitre 7.

Ordres de grandeur et approximations

Comparez attentivement votre manière de résoudre les deux problèmes suivants.

Cible : 25
Briques : 8 5 11 5 23

Cible : 234
Briques : 23 18 5 13 18

Les solutions sont respectivement 5×5 et 18×13. Dans le premier cas, voir que 25 est égal à 5×5 ne nécessite aucun calcul. On connaît le carré de 5. Le deuxième cas, apparemment similaire, met en œuvre une connaissance d'une autre nature. L'ordre de grandeur de 18×13 est connu, mais non le résultat précis du calcul (pour la majorité des gens). On sait que 18×13 doit se situer un peu au-delà de 200, c'est tout. On doit effectuer l'opération pour constater que la cible est atteinte. L'ordre de grandeur constitue un exemple particulier de connaissances incertaines.

Nous sommes amenés à utiliser de manière quotidienne ce type de connaissance. Continuellement nous effectuons des approximations: «Combien de temps me faut-il pour me rendre à ce rendez-vous?», «Combien va me coûter ma prochaine voiture?», «Combien de spaghetti vont manger les enfants?». Et les approximations numériques ne constituent qu'une petite partie de nos incertitudes. Affirmer, lorsqu'un enfant est couvert de boutons, «Je crois qu'il a la rougeole», dire «Les nuits sans nuage sont des nuits froides», ou «Bogotá est, je crois, la capitale de la Colombie», révèlent d'autres formes de doute également fort courantes. Que l'hésitation soit causée par le caractère douteux d'un symptôme, la nature changeante d'une association, ou le caractère hypothétique d'une assertion, son traitement est classiquement, comme je l'ai déjà mentionné, ramené à la définition d'un calcul des incertitudes approprié. On représentera la notion approximative que l'on a du produit 18 × 13 par une distribution de probabilités, par un sous-ensemble flou, par une mesure d'évidence. Le doute qui ternit certaines affirmations, certaines lois, est conçu comme une qualification, généralement quantifiée, de nos connaissances. Il est traîné, un peu comme un boulet, à travers les dérivations logiques qu'il affecte généralement peu. Son rôle paraît secondaire. Mon approche, ici, sera différente.

Il existe, clairement, différents types de doute qui obéissent à différentes logiques. Il s'agit plus que d'une simple coloration des connaissances. Les stratégies mises en œuvre dépendent de la nature des informations utilisées. Dans certains cas, des approximations du type «Tous les oiseaux volent» sont même sciemment utilisées, alors qu'on sait très bien que les autruches ne volent pas, que les oiseaux morts ne volent pas, que les oisillons ne volent pas, que les oiseaux en chocolat ne volent pas, etc. Une incohérence ultérieure éventuelle provoquera une révision de l'énoncé. Les énoncés douteux sont traités différemment suivant non seulement le degré d'incertitude, mais également la source d'incertitude.

Cohen a analysé la manière dont on pourrait, dans les systèmes de production classiques, intégrer de manière plus satisfaisante cette notion de doute (Cohen, 1985). Il propose d'associer aux règles, aux assertions, différents énoncés qui justifient, fondent, ou minent leur crédibilité. Ces énoncés accompagnent les règles dans les différentes dérivations et interagissent avec le traitement. La méthode se révèle malheureusement fort lourde.

Connaissances procédurales et déclaratives

Si nous ne connaissons pas a priori le produit de 18 et de 13, nous savons par contre comment le calculer. Ceci constitue clairement une connaissance au même titre que «5 × 5 = 25». De manière plus précise, nous savons comment dériver, à partir de certains faits élémentaires du type «3 × 8 = 24» et «3 × 10 = 30», le produit 18 × 13. L'algorithme est mémorisé, alors que pour 5 × 5 le résultat était mémorisé. On a coutume en I.A. de distinguer les **connaissances procédurales** (la capacité de calculer 18 × 13) des **connaissances déclara-**

tives (5 × 5 = 25). La maîtrise que l'on a d'une langue est illustrative de cette distinction. Expliquer à un étranger quand les adjectifs précèdent ou quand ils suivent les noms qu'ils qualifient n'est pas évident. Et pourtant, nous commettons rarement des erreurs d'inversion. Se rappeler les paroles d'une chanson sans la chanter peut également se révéler difficile dans certains cas. De nouveau, une reconstruction est chaque fois nécessaire. Ces connaissances sont procédurales. Par contre, donner la capitale d'un pays, l'auteur d'un livre ou sa date de naissance sollicite le retrait de données, d'associations stockées explicitement. La connaissance est déclarative.

Le plus souvent, le mode de stockage est bien entendu hybride. Les procédures mémorisées utilisent des informations enregistrées sous forme déclarative. Effectuer les opérations «2000 × 3», «12 × 3», «2729 × 3» nécessite chaque fois la connaissance explicite de 2 × 3 = 6, mais exige également la mise en œuvre d'un algorithme plus ou moins compliqué. Pouvoir faire appel à des informations compilées est souvent une garantie de rapidité. Un enfant qui calcule 211 × 3 n'utilisera peut-être pas le fait que 11 × 3 = 33. L'opération prendra immanquablement plus de temps.

L'importance relative de la cible et des briques

Suivant la connaissance que l'on a de l'arithmétique, les démarches suivies dans le jeu sont visiblement différentes. Face à la configuration suivante

Cible : 146
Briques : 7 12 2 18 5

certains sont sensibles à la proximité entre la cible et 144 qui est le carré de 12. D'autres, moins instruits peut-être des subtilités arithmétiques, se laissent plus «porter» par les briques et cherchent à les combiner de manière plus aléatoire. De façon un peu caricaturale, on peut distinguer les stratégies qui partent de la cible et cherchent à la décomposer d'une manière donnée, de celles qui partent des briques et cherchent à les assembler pour atteindre la cible. Dans le premier cas, les briques ne sont perçues que dans les rapports qu'elles entretiennent avec l'objectif que l'on s'est fixé. Voir 146 comme proche de 144, qui est lui-même le carré de 12, amène à percevoir les deux briques 7 et 5 comme deux morceaux qui font 12. On parle généralement dans ce cas, d'**approche descendante** («top-down»). On se fixe un objectif qu'on décompose progressivement en objectifs intermédiaires. La démarche, plus erratique, centrée sur l'examen de la configuration et les évocations qu'il provoque, indépendamment de tout a priori (autant que faire se peut), correspond à ce qu'on appelle une **approche ascendante** («bottom-up»). Les éléments de la situation déterminent les associations qui débouchent sur la réalisation de l'objectif. De nouveau, la plupart des démarches relèvent des deux approches. L'expérience perceptuelle est le résultat de l'influence combinée de nos connaissances a priori, de nos attentes, et d'une première interprétation, en quelque sorte autonome, des signaux afférents (Hoffman, 1986). Le même type de processus paraît ici à l'œuvre. Une architecture adéquate devrait permettre de représenter ces interactions. Suivant la présence de certains éléments de connaissance, ou suivant la nature des pressions exercées par les situations, le système se comporterait de manière essentiellement ascendante ou descendante.

LES MICROCOSMES

Pourquoi cet examen de processus utilisés au jeu «le compte est bon»? Pour plusieurs raisons, assurément. Comme je l'ai déjà dit, sûrement pour montrer que l'étude attentive d'un microcosme convenablement choisi permet souvent de mettre en évidence une diversité impressionnante de mécanismes. L'étude d'une seule cellule permet de retrouver l'entièreté du code génétique! Je crois qu'il est possible d'isoler, dans bon nombre de comportements, les ingrédients fondamentaux de l'intelligence. Marvin Minsky, un chercheur américain dont la pensée a fortement influencé le développement de l'I.A., et toute l'école du MIT, ont élaboré un monde de blocs pour étudier les systèmes artificiels intelligents. Il s'agit d'un microcosme composé de blocs de différentes tailles et différentes couleurs. Il a pu, à partir de cet univers fort simple, aborder une quantité vertigineuse de phénomènes d'ordres divers. La lecture de la «Société de l'Esprit» donnera une excellente idée, au lecteur intéressé, des conclusions obtenues (Minsky, 1985). Douglas Hofstadter a dit que la question centrale en I.A. est «Qu'est-ce qu'un 'a'?» signifiant par là que la simple capacité de reconnaître la lettre «a» sous ses différentes formes contient en elle-même toute la complexité des comportements intelligents (Hofstadter, 1985b). Le choix de problèmes artificiels présente en plus le mérite de permettre de mieux isoler les objets intéressants. Une étude de gaz parfaits, en quelque sorte.

Mais les commentaires précédents ont également d'autres raisons. Avant de chercher à simuler une tâche, il apparaît en effet judicieux de dégager les aspects auxquels on va s'attacher. S'imaginer pouvoir reproduire entièrement, sous toutes leurs facettes, tous les processus mentaux utilisés dans le jeu, est illusoire. Il importe donc de définir, a priori, les points de vue considérés comme intéressants, sans avoir peur des ombres. Mon énumération ci-dessus est essentiellement destinée à préciser ces aspects. Seules certaines caractéristiques seront étudiées ; les autres seront oubliées. Nos erreurs de calcul, lorsque nous multiplions deux nombres par exemple, ne seront pas simulées. Plutôt que chercher à reproduire le ou les algorithmes réellement utilisés pour effectuer des additions et des multiplications, je demanderai simplement à l'ordinateur de m'effectuer les calculs. Ces opérations seront donc réalisées sans erreur et très rapidement. Ce n'est sûrement pas ainsi que nous procédons, bien entendu. Lorsque l'enjeu ne me paraît pas central, je n'hésiterai donc pas à utiliser des moyens ad hoc pour progresser. Ceci rendra malheureusement les validations du modèle difficiles, seuls certains aspects de la tâche ayant été simulés.

Un autre objectif de ma présentation des différentes propriétés des processus mis en œuvre dans le jeu est de souligner la perspective adoptée dans les projets dont j'illustre ici l'architecture. L'accent n'est plus mis sur la façon dont l'esprit désamorce l'explosion combinatoire des configurations envisageables, par exemple. L'enjeu est différent. Comment perçoit-on une situation ? Quels sont les éléments saillants ? Comment est-il possible de changer de point de vue ? Pourquoi telle association et non telle autre ? Comment s'organisent les concepts utilisés ? Ces questions motivent les principaux éléments architecturaux que je vais maintenant présenter. Plus encore que de simuler un jeu de chiffres, l'objectif est d'étudier ces problèmes, d'éprouver des éléments de réponses, des hypothèses.

L'ARCHITECTURE UTILISEE

De manière à simuler au mieux les différents processus que je viens d'évoquer dans les paragraphes précédents, il importe de modifier fondamentalement les approches utilisées jusqu'à présent. Rappelez-vous : les configurations ont été conçues comme des états d'un système qu'il fallait examiner. Pour ce faire, différentes méthodes ont été proposées :
- des techniques « aveugles » qui nous faisaient parcourir systématiquement l'espace des états indépendamment de la cible ;

- des techniques qui permettaient d'examiner en priorité les états jugés les plus prometteurs;
- un système de production, enfin, qui rendait possible, au moyen d'un ensemble de règles, de guider, de manière relativement souple, les recherches.

L'approche que je vais adopter maintenant n'utilise plus cette métaphore du labyrinthe (le graphe des états) dans lequel il importe de trouver son chemin, soit en procédant systématiquement, soit en anticipant (le flair!) le mieux possible la cible, métaphore sous-jacente à ce que j'ai fait jusqu'à présent. Elle s'inspire, comme je l'ai déjà dit, d'architectures utilisées dans d'autres contextes et repose, entre autres, sur une analogie biologique. Le mécanisme général se veut similaire à celui utilisé par la cellule pour construire des molécules complexes. Le rapport n'étant peut-être pas immédiat, une brève description de ce mécanisme serait donc utile. Elle permettra de mieux saisir la philosophie des systèmes que je cherche à illustrer.

L'analogie biologique

Le corps extérieur d'une cellule, appelé cytoplasme, est, en fait, le siège d'une activité fébrile. De nouvelles molécules y sont continuellement en construction. Des entités chimiques sont partagées, recollées, combinées de différentes manières. Ces travaux d'assemblage sont exécutés par des agents appelés *enzymes*. Chaque enzyme a une mission particulière à remplir. Il se promène de manière erratique dans le cytoplasme jusqu'à ce qu'il rencontre la ou les entités sur lesquelles il peut agir. Il exécute alors la mission pour laquelle il a été créé. Ces enzymes se comptent par milliers et agissent en parallèle. Leurs actions sont diverses. Ils opèrent à différents niveaux et contribuent de manière locale au processus d'assemblage général. Les éléments complexes sont élaborés progressivement, leur construction se faisant par cascades d'activations. La cohérence globale du mécanisme n'est pas le fait d'un agent central qui supervise les opérations, mais le produit de l'organisation générale de ces micro-activités. Chaque enzyme a une action fort limitée. Il remplit sa fonction sans s'occuper du fonctionnement général. Seule la conjonction de milliers d'actions, apparemment erratiques, permet de produire un comportement efficace. Cette constatation est centrale. Elle sous-tend tout un nouveau mouvement en I.A., qui prend naissance dans les systèmes à réseaux qui font l'objet de ce chapitre et qui culmine dans les modèles connexionistes dont je parlerai plus loin.

La correspondance avec le jeu

L'espace de travail où les briques s'assembleront en blocs, où les blocs se combineront pour réaliser la cible, constituera le « cytoplasme » de notre nouveau système. Les molécules initiales seront les éléments de la configuration de départ : la cible et les cinq briques. Les enzymes seront des petites procédures, appelées **codelets**, qui manipuleront les molécules. Leur rôle variera, de la définition d'un nouveau bloc dans le cytoplasme à l'établissement de certains liens, en passant par l'examen des affinités que pourraient présenter deux briques. Chaque codelet sera caractérisé par un degré de priorité, qui déterminera sa probabilité d'exécution. Le système fonctionnera donc de manière partiellement aléatoire.

Mais comment garantir une certaine cohérence à l'ensemble ? Comment contrôler le fonctionnement général sans avoir recours à un « superviseur » quelconque ? Comment orienter les activités pour que l'objectif soit rempli ? Deux mécanismes différents seront essentiellement utilisés : (1) la production de codelets par les codelets, et (2) le réseau glissant.

Le premier mécanisme est celui qui a principalement été utilisé dans le projet Jumbo (Hofstadter, 1983). Jumbo est également une simulation de jeu. La règle est simple : à partir de plusieurs lettres tirées au hasard, vous devez constituer le plus long mot possible. Comme pour le jeu « le compte est bon », chaque lettre ne peut être employée qu'une seule fois. La simulation utilise la métaphore que je viens d'évoquer. Les lettres flottent au départ dans le cytoplasme et des « enzymes » chargés de constituer des diphtongues, d'associer voyelles et consonnes, de créer des syllabes, etc., cherchent à les assembler. La mission de chaque enzyme est précisément définie. On distingue donc l'enzyme « V-V » qui cherche à marier deux voyelles, comme « O » et « U », de l'enzyme « C-C » qui cherche à marier deux consonnes. Certains enzymes, pourtant, ont un rôle différent. Plutôt que coller, séparer, échanger, ils explorent. Leur rôle d'éclaireur se limite à sonder le terrain. « Où peut nous mener telle opération ? » se demandent-ils. Leur action est de créer, si le terrain se révèle favorable, de nouveaux codelets qui pourront poursuivre le chemin prometteur. Leur existence permet au système de voir où il va.

Parallèlement à ce mode de contrôle, un mécanisme différent sera postulé. Il repose sur une structure dont la généralité dépasse de loin le problème précis auquel nous nous intéressons. Dans les systèmes à réseau, cette structure, appelée un **réseau glissant**, a pour ambition de représenter les concepts utilisés dans une tâche donnée, et leurs relations. L'hypothèse est évidemment que les principes d'organisation de tels réseaux sont indépendants du domaine auquel on s'intéresse. Un réseau glissant donné schématise la partie de notre univers conceptuel général sollicitée dans un problème particulier.

La notion de «concept» est floue, difficile à définir. Son importance est pourtant centrale, sa représentation inévitable.

LA REPRESENTATION DES CONCEPTS

Les concepts paraissent s'évanouir chaque fois qu'on cherche à les saisir. Dès qu'on veut en isoler un, on se retrouve avec un véritable tissu dont toutes les mailles constituent, elles-mêmes, des concepts. Et si on s'interroge sur la nature des liens qu'entretient ce concept avec ses constituants, on trouve... de nouveaux concepts. Cette structure en tissu suggère une représentation par réseau, c'est-à-dire par un ensemble d'éléments reliés par des arêtes de différentes natures. Ces liens, constituant eux-mêmes des concepts, sont reliés à d'autres éléments. Le graphe ci-dessous illustre le type de réseau utilisé. Trois concepts et leurs liaisons ont été représentés.

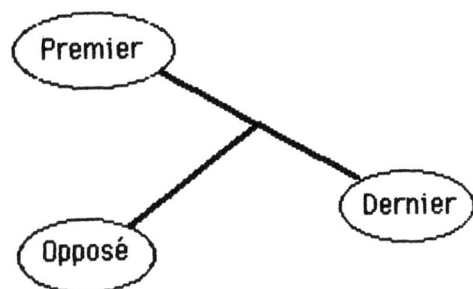

Fig. 12. Structure de base d'un réseau glissant.

Un concept n'est pas à proprement parler un nœud dans cette représentation mais une sous-structure, le nuage ou le halo de nœuds et de liens qui entourent un nœud donné. Il ne peut pas impunément être isolé de ses voisins, de ses connotations. Son essence est liée à ses différents rapports, à son environnement. Imaginer ce que pourrait être, par exemple, « le jazz de la littérature » ou « l'humour en musique » est illustratif à cet égard : certains concepts paraissent pouvoir s'exporter lorsque leur tissu de relations est préservé.

Une manière de sonder l'essence des choses est de les priver de certains de leurs attributs qui paraissent constituer leur identité. Imaginez *un Hitler qui ne soit pas né en Autriche*, par exemple. Cette modification altère-t-elle de manière fondamentale l'identité du personnage ? Imaginez maintenant que quelqu'un, que vous considérez comme fiable, vous apprenne qu'*il n'a pas été élu chancelier en 1933* comme vous le croyiez, *mais en 1937*. Cette information est-elle plus susceptible que la précédente de modifier de manière profonde votre représentation d'Hitler ? Supposez qu'on y ajoute qu'*il n'a pas envahi la Pologne en 1939* et qu'*il n'a jamais persécuté les juifs*. Petit à petit, le tissu qui définit le personnage paraît se détricoter. Et si vous apprenez, en plus, qu'*il n'a jamais été chef de l'Etat allemand, et n'a pas participé à la deuxième guerre mondiale*, vous aurez l'impression qu'on l'a privé de ses attributs caractéristiques et qu'il est devenu tout à fait fantomatique.

Une autre manière d'aborder les choses est de modifier progressivement les concepts jusqu'à ce qu'ils perdent leur nature. Vous avez prêté votre table à un ami qui, l'ayant légèrement griffée, a remis une couche de vernis. S'agit-il toujours de votre table ? Supposez maintenant qu'il ait remplacé un pied de cette table. Deux pieds. Toute la planche du dessus... Petit à petit (ou brusquement ?), vous avez l'impression qu'il ne s'agit plus du même objet. Et les exemples jusqu'à présent sont simples. Comment qualifier ces ensembles qui changent de manière perpétuelle ? Etes-vous toujours vous-même, après avoir lu cette phrase ?

Le chemin emprunté nous conduit inexorablement vers des questions philosophiques fondamentales, débattues depuis des siècles. Il est temps de revenir à des considérations plus pragmatiques. L'objectif était simplement d'illustrer la nature polymorphe et multiple des concepts : une toile de connotations, en quelque sorte. La structure choisie pour les représenter encode de manière explicite ce réseau. L'existence de liens, de similarités paraît essentielle. La plasticité intellectuelle, la faculté de l'esprit de sauter d'une idée à l'autre, de déformer, de changer de point de vue, de glisser progressivement d'une vision à l'autre, de créer même, paraît une manifestation de ces proximités conceptuelles. C'est du moins ce qui est postulé dans les modèles que j'illustre ici.

Le réseau glissant

Pourtant, même une structure aussi générale qu'un réseau paraît bien rigide pour expliquer l'élasticité avec laquelle nous utilisons les concepts. La description donnée jusqu'à présent est manifestement insuffisante. La structure doit pouvoir s'animer d'une manière ou d'une autre, doit pouvoir répondre aux différentes stimulations.

Je supposerai que chaque élément du réseau, encore appelé **nœud** ou **sommet**, est caractérisé par une certaine **activation**. Le degré de cette activation peut varier au cours du temps. Il représente l'intérêt présenté par le nœud à un moment donné, et se transmet le long des arêtes qui innervent le réseau. La quantité d'activation véhiculée par une arête est variable. Rappelez-vous que j'avais convenu d'associer un concept à chaque lien. Donc chaque lien a une étiquette, en quelque sorte. Si ce concept-étiquette est actif, le lien est largement ouvert et laisse passer un maximum d'activation. Dans l'exemple donné précédemment, l'activation de «Premier» se transmettra à «Dernier» si «Opposé» est lui-même fort actif. Formulé différemment ceci donne : lorsqu'on est sensible à la notion d'«Opposé», «Premier» et «Dernier» sont proches et l'un peut éventuellement être vu comme une variante de l'autre. La capacité de produire des variantes mentales de situations ou d'événements vécus est sûrement centrale. L'ambition du réseau est de fournir une représentation qui permette ces glissements conceptuels : les concepts se composent d'éléments bloqués et d'éléments moins bien fixés qui peuvent être déplacés et remplacés assez facilement.

Suivant la répartition générale de l'activation dans le réseau, le système se focalisera sur tel ou tel aspect de la situation. Il glissera d'une perception à une autre avec la diffusion de ces activations. Ce réseau est appelé un réseau glissant.

Jetons un coup d'œil sur ce qu'il pourrait contenir dans la région où sont représentés les premiers nombres entiers (voir la fig. 13).

Cette structure est utilisée pour modéliser la pensée analogique. Elle correspond vaguement à ce qu'on appelle communément en I.A. un réseau sémantique. Ici, cependant, les nœuds sont caractérisés par un niveau d'activation qui varie en cours de traitement.

Comment peut-on contrôler un processus au moyen de ce réseau, comme j'ai prétendu pouvoir le faire ? D'une manière relativement naturelle. Le milieu stimule en activant certains nœuds — le réseau répond en façonnant les perceptions et en libérant des codelets qui

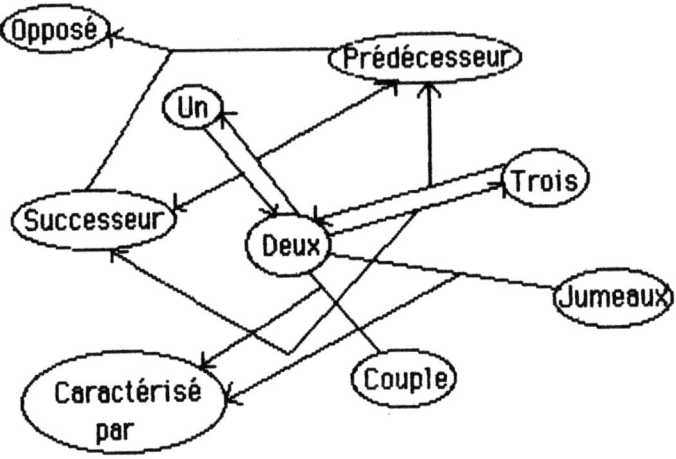

Fig. 13. Une partie d'un réseau glissant.

changeront diverses propriétés de ce milieu : la boucle milieu-réseau-milieu-réseau... est ainsi fermée. La diffusion de l'activation transmise provoque une certaine forme de structuration du stimulus en dégageant, en fonction du contexte, les éléments saillants. Ceci induit une modification de la manière dont la situation est perçue par le système et généralement une réaction : des codelets qui traduisent une certaine forme de sensibilité à certains aspects de la situation sont libérés. Dans le jeu « le compte est bon », la présence simultanée dans une configuration d'une cible égale à 10 et d'une brique égale à 5 cause la recherche d'une décomposition du type « 2 × 5 » par exemple.

L'architecture proposée est donc composée d'un cytoplasme et d'un réseau glissant, qui communiquent et interagissent au moyen de codelets. De leurs interactions doivent résulter des types de comportements fort souples susceptibles de simuler notre plasticité intellectuelle.

Il est temps maintenant de chercher à examiner ce à quoi le réseau et le cytoplasme pourraient correspondre plus précisément dans un programme capable de jouer au jeu « le compte est bon ».

Un réseau permanent pour le jeu « le compte est bon »

Comme je l'ai déjà signalé, la manière dont nous voyons les configurations est intrinsèquement liée à notre connaissance de l'arithmétique. Nous ne percevons du monde que ce que nous portons déjà en nous, prétendait Bergson. Les briques ne peuvent fonder certaines décompositions de la cible qu'à travers nos connaissances du calcul. Voir 445 comme 440 + 5, suite à la lecture des briques 22 et 20, est lié à notre connaissance du fait que 22 × 20 = 440. Jouer au jeu des chiffres nécessite clairement l'utilisation d'informations de différentes natures, comme déjà mentionné : connaissances des ordres de grandeur, connaissances des résultats des opérations arithmétiques élémentaires, connaissances de la manière d'effectuer les opérations plus compliquées. Résoudre un problème nécessite de combiner judicieusement ces connaissances pour produire une chaîne d'opérations. Il suffit de trouver le chaînage adéquat ! L'approche classique consiste à représenter l'enchaînement des calculs comme le produit d'une stratégie explicite d'exploration d'un espace d'états. Cette exploration met généralement en œuvre des heuristiques plus ou moins élaborées. Mais je préfère voir dans cette activité le sous-produit de l'activation d'un réseau dont le but, la cible dans notre cas, ne constitue qu'un des éléments. Mais que doit contenir ce réseau dans le problème qui nous intéresse ?

Sûrement des information élémentaires sur les petits nombres et les relations qui les lient. Savoir que 7 est la somme de 5 et 2 n'est pas le résultat d'un calcul. Il s'agit manifestement d'un fait stocké de manière explicite, suite probablement à nos expériences enfantines. Un peu comme «la main a cinq doigts». Mais les nombres plus élevés ? 258 devra-t-il être représenté par un nœud du réseau ? Et 144, qui est sûrement plus particulier ? Je conviendrai de distinguer trois types de nombres qui auront leur place dans le réseau :
- *les petits nombres,* d'abord, comme je l'ai déjà dit;
- *des nombres «phares»,* c'est-à-dire des points de repère, ensuite; ils jalonnent l'espace 1 à 500 comme des graduations sur un thermomètre;
- *des nombres* que je qualifierai de *prestigieux,* enfin; ils correspondent à ces valeurs qui occupent une place privilégiée dans nos esprits pour des raisons diverses et souvent personnelles.

Les *petits nombres* représentent ce que notre expérience concrète nous a appris sur les chiffres. Les *nombres «phares»* constituent une représentation de la notion d'«ordre de grandeur». Ils se verront attacher certaines décompositions standards et quelquefois approximatives; 250, par exemple, sera considéré comme le produit de 25 et de 10 ou comme une valeur de l'ordre de 15 × 15 (on *sait* qu'en multipliant deux nombre proches de 15 on a des chances d'obtenir un résultat proche de 250). Le stockage de ce type de connaissance permettra, lorsqu'une cible proche de 250 est lue, de suggérer une décomposition éventuelle du type 25 × 10 ou 15 × 15. Les *nombres prestigieux* se justifient autrement. Certaines réponses données au jeu « le compte est bon » suggèrent que les joueurs sont quelquefois sensibles à des structures pour des raisons plus personnelles. Un programmeur face à 128 et à 8 cherche immédiatement un 16. Les mathématiciens, devant un 122 et un 11, pensent instantanément à une décomposition en (11 × 11) + 1. Les nombres prestigieux représenteront ce type de connaissance. Je conviendrai de les limiter au maximum. La performance qui m'intéresse est celle du joueur moyen, non celle d'un prodige de l'arithmétique.

Mais où s'arrêter dans cette représentation explicite? Ne voit-on pas immédiatement que 100 + 7 = 107, que 8 × 111 = 888 et que 3 × 21 = 63? Toutes ces informations doivent-elles également être stockées dans le réseau? Sûrement pas! Un examen un peu plus attentif montre que, contrairement aux opérations élémentaires, ces dernières ont un caractère plus fabriqué. Voir que 100 + 7 = 107 est une élaboration sur le thème 0 + 7 = 7, et 8 × 111 = 888 est essentiellement 8 × 1 = 8 plus une reconstruction. 3 × 21 s'analyse de la même manière.

Je ne représenterai donc que des résultats élémentaires dans le réseau, des résultats qui déterminent immédiatement des perceptions, qui collectent des évidences. L'extrait suivant devrait permettre de se faire une idée de son contenu.

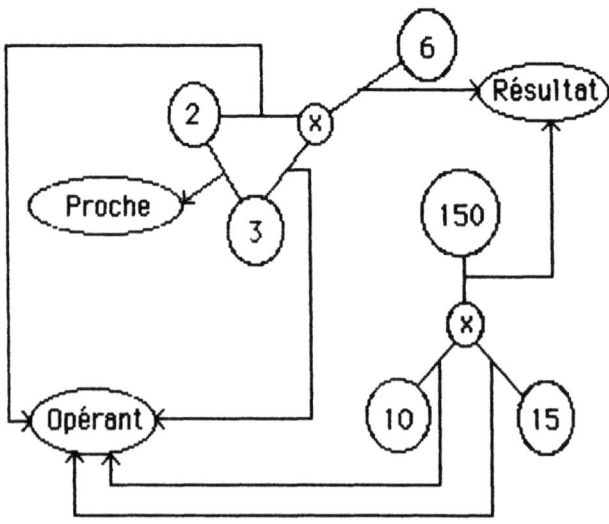

Fig. 14. Extrait du réseau utilisé pour le jeu.

Les nombres 2, 3 et 6, par exemple, sont liés via un nœud « multiplication ». Ceci schématise notre connaissance de « 2 × 3 = 6 ». Le fait que dans cette opération, 6 soit le résultat et que 2 et 3 soient les opérants est également représenté dans le réseau. Le même genre de décomposition est proposé pour 150.

Comme mentionné précédemment, les nœuds et les liens de ce réseau sont supposés permanents : pas d'apparitions ou de disparitions en cours de traitement. Seule la circulation d'activation donne vie à la structure. Elle reflète les différentes inflexions des processus mentaux mis en œuvre. Le réseau détermine la manière dont la résolution du problème se déroule à travers l'activation de codelets. Lorsque certains nœuds sont suffisamment activés, ils libèrent en effet certaines procédures qui éventuellement seront exécutées ultérieurement.

La structure mathématique utilisée ici est visiblement fort générale. Elle permet de formaliser une grande diversité de situations. Parmi les nombreux avantages qu'elle présente, mentionnons par exemple sa capacité de représenter de manière uniforme différents types de connaissance, différents concepts, et par conséquent de s'appliquer à différents domaines. *Le stockage explicite des connotations* est sûrement une des principales qualités également. Une notion en appelle une autre, un nombre évoque une opération. L'indépendance vis-à-vis du problème étudié mérite aussi d'être soulignée. Il serait relativement inconfortable de devoir continuellement modifier les représentations utilisées au gré des problèmes posés. Notre connaissance de l'arithmétique est éventuellement sollicitée de différentes manières, mais sûrement pas reconfigurée chaque fois.

LE CYTOPLASME

Indépendamment du répertoire des connaissances permanentes utilisées dans le jeu, il y a lieu de définir une zone, un endroit, où les essais de construction, les tentatives vont réellement pouvoir s'élaborer. Il apparaît en effet nécessaire, avec le modèle utilisé, de dissocier la mémoire de travail du réseau permanent de connaissances. Certains cherchent quelquefois à dresser un parallèle avec les notions controversées de mémoire à long terme et de mémoire à court terme. La métaphore cellulaire me paraît ici plus instructive. La mémoire de travail où s'opèrent les différentes activités de construction sera donc appelée le **cytoplasme**. Je supposerai qu'il est, également, configuré en réseau. Cette hypothèse n'est pas gratuite. Le fait de partager la même structure que le réseau permanent présente un intérêt évident.

Les communications entre les deux modules se ramènent essentiellement à des exportations de structure. On pourrait même fort bien imaginer une certaine forme d'apprentissage, par rétroaction du cytoplasme sur le réseau permanent. Un autre avantage est le nivellement, dans le cytoplasme, des différences de représentation entre les connaissances procédurales et déclaratives. En cours d'exécution d'une tâche, la mise en œuvre d'une connaissance procédurale (on multiplie 12 par 22, par exemple) débouche, en effet, dans la mémoire de travail sur une structure identique à celle utilisée dans le réseau permanent pour stocker les connaissances déclaratives (un nœud 264 est créé et lié, via un nœud «x», aux deux nombres 12 et 22).

Au début du jeu, après lecture de la configuration initiale, des nœuds correspondant à la cible et aux briques sont créés dans le cytoplasme. Le réseau permanent cherche alors à y imprimer sa structure. Ici cependant, les nœuds et leurs liens peuvent apparaître ou disparaître au cours du processus. Le cytoplasme peut donc être perçu comme un tissu en perpétuelle activité qui s'accroît lorsque des blocs sont construits et se rétracte lorsqu'ils sont supprimés.

Les nœuds seront caractérisés par leur type. Il conviendra, en effet, de distinguer la cible, les briques, les blocs, les cibles intermédiaires, et les opérations. Certains seront liés à des éléments correspondants dans le réseau permanent qu'ils activeront. La nature du lien et l'importance de l'activation dépendront des types. La manière dont une cible sollicite un nœud doit être différente de la manière dont une brique ou un bloc le sollicite.

Voici ce à quoi pourrait ressembler le cytoplasme à un moment donné du traitement.

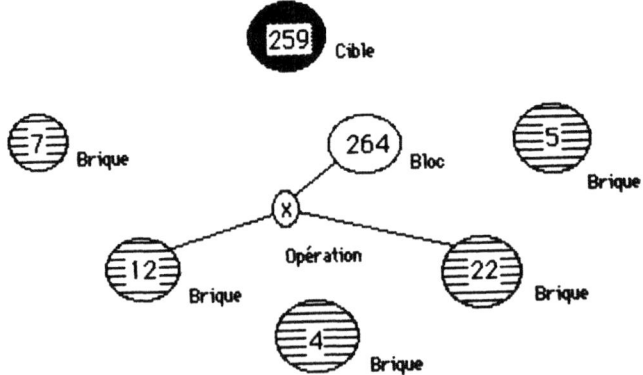

Fig. 15. Une configuration possible du cytoplasme.

UNE SOCIETE DE MICRO-TACHES

Qui va effectuer le travail ? Les deux structures présentes ci-dessus doivent, en effet, disposer de certains moyens pour pouvoir communiquer. Premièrement, l'environnement doit solliciter nos connaissances, nos représentations. Et réciproquement, nos perceptions doivent être modulées par le contexte, par ce que l'on connaît, par ce qu'on attend. Comme déjà dit, les exécutants seront des petites procédures appelées codelets et comparées à des enzymes. Caractérisé par une tâche précise à remplir et par une priorité, chaque codelet sera produit par le réseau permanent, le cytoplasme ou par d'autres codelets. Il importe cependant de distinguer clairement sa création de son activation. Les codelets sont, avant d'être activés, déposés dans un «porte-codelets» où ils attendent d'être exécutés. Le choix dans ce porte-codelets se fait en fonction des priorités. Contrairement à la stratégie de résolution de conflits quelquefois utilisée dans les systèmes de production, le choix ne se ramène pas à la détermination du codelet le plus prioritaire. Le tirage est aléatoire, chaque élément ayant une probabilité d'être exécuté proportionnelle à sa priorité. Qu'est-ce que cela signifie ? Entre autres, qu'un codelet hautement prioritaire risque éventuellement de ne pas être choisi s'il est entouré d'un grand nombre d'autres de priorité inférieure. Supposez, par exemple, que sa priorité soit de 20, et qu'il y ait 20 autres codelets de priorité 4. Il aura seulement une chance sur cinq d'être tiré. En termes de traitement, cela signifie que plusieurs pistes peuvent être explorées simultanément : une nouvelle idée n'efface pas nécessairement les autres. Le fait d'avoir entrevu une agrégation qui paraît prometteuse n'empêche pas d'explorer éventuellement d'autres voies. Cette possibilité de parallélisme est très caractéristique des architectures illustrées dans ce paragraphe. Un algorithme comme «le meilleur d'abord», par exemple, obéit à une philosophie tout à fait différente.

Mais comment éviter que le système ne se disperse, qu'il ne se perde dans trop d'impasses ? Deux réponses sont données. Premièrement, une réponse quelque peu négative : l'architecture proposée n'offre aucune garantie absolue contre ce risque. Le système peut effectivement emprunter des voies sans issue. Heureusement ! N'est-ce pas caractéristique de notre manière de résoudre des problèmes ? Il importe simplement de prévoir un mécanisme qui permette de faire marche arrière. Certains codelets pourront défaire le travail fait par d'autres. Mais un autre moyen de minimiser les fausses routes existe également. Le système a une certaine capacité d'anticiper les conséquences de ses actes, de prévoir. Des codelets ont en effet des missions purement exploratoires. Leur activité se ramène à examiner l'intérêt de certaines modifications potentielles. Si le changement envisagé se révèle prometteur, ils chargent sur le porte-codelets les agents capables de les réaliser.

Les codelets que nous allons utiliser pour simuler le jeu doivent donc être capables de construire, de modifier, et de détruire des blocs, mais également d'examiner si certaines constructions sont possibles, voire intéressantes. En principe, leurs actions resteront microscopiques. Elles correspondront toujours à des opérations physiques simples et naturelles. Différents codelets seront prévus pour lire la cible, les briques, créer des nœuds dans le cytoplasme, chercher à lier des éléments du cytoplasme avec des nœuds du réseau permanent, activer ces nœuds, évaluer la faisabilité de certaines opérations, constituer de nouveaux blocs, les détruire, etc. En voici quelques exemples.

Lecture-de-la-cible

Actions : (1) Lecture de la cible
(2) chargement sur le porte-codelets du codelet « *Création-d-un-nœud* ».

Création-d-un-nœud

Actions : (1) Création d'un nœud dans le cytoplasme.
(2) Chargement du codelet « *Liaison-avec-le-réseau-permanent* ».
(3) Chargement du codelet « *Comparaison-à-la-cible* » si le nœud est une brique ou un bloc.

Liaison-avec-le-réseau-permanent

Actions : (1) Détermination d'un nœud correspondant (le plus proche en quelque sorte) dans le réseau permanent et création d'un lien.
(2) Chargement du codelet « *Activation-dans-le-réseau-permanent* »

Examen-d-une-multiplication

Actions : (1) Vérification, à partir de trois nombres donnés en paramètres (ex : 8 2 4) représentant une multiplication (8 = 2 × 4), de l'utilité éventuelle d'effectuer cette opération dans le cytoplasme.
(2) Chargement éventuel du codelet «*Construction-d-un-bloc-x*».

Construction-d-un-bloc-x

Actions : (1) Construction dans le cytoplasme des nœuds correspondant au produit de 2 nombres donnés en paramètres et à l'opérateur «x» correspondant.
(2) Chargement du codelet «*Comparaison-à-la-cible*».

Avant de conclure ce chapitre, examinons la manière dont un système de ce type pourrait effectivement résoudre un problème particulier.

L'ANALYSE D'UN EXEMPLE

Supposez que la configuration proposée soit
Cible : 114
Briques : 11 20 7 1 6

Voyez-vous une solution ? Voici la manière dont le système procéderait pour résoudre ce problème. Comparer sa démarche avec la vôtre peut sûrement être fort instructif. Il importe cependant de ne pas perdre de vue le caractère arbitraire de certains choix que j'ai dû faire : les nombres privilégiés définis dans le réseau permanent, les seuils d'activation considérés comme critiques, les proximités a priori des différents concepts représentés, les priorités données aux codelets... Ces choix déterminent des styles cognitifs en quelque sorte. Il est peu probable que le système ait exactement votre style. Son évaluation, par simple comparaison, est donc délicate. La critique devrait essentiellement porter sur sa capacité de simuler de manière satisfaisante les différents aspects des processus mentaux utilisés. Les caractéristiques qui me paraissent importantes ont été présentées en début de chapitre. Elles pourraient aider à constituer des étalons de mesure.

Le système décrit ci-dessus ayant effectivement été réalisé (comme d'autres systèmes présentés précédemment, du reste), je lui ai soumis la configuration (Defays, 1987). Il m'a répondu comme suit.

Nœud « cyto-cible » créé
Nœud « cyto-brique n° 1 » créé
Nœud « cyto-brique n° 2 » créé
Nœud « cyto-brique n° 3 » créé
Nœud « cyto-brique n° 5 » créé
Nœud « cyto-brique n° 4 » créé
Nœud « 20 × 6 » créé
Nœud « cyto-bloc 120 » créé
Nœud « 114 + 6 » créé
Nœud « cyto-cible 6 » créé
Nœud « 6 + 1 » créé
Nœud « cyto-cible 1 » créé

Solution: - *L'opération « 114 + 6 » a été appliquée à la cible dérivée 6 et au bloc 120 pour obtenir la cible 114.*
- *L'opération « 6 + 1 » a été appliquée aux briques 1 et 7 pour obtenir la cible dérivée 6.*
- *L'opération « 20 × 6 » a été appliquée aux briques 20 et 6 pour obtenir le bloc 120.*

Voici en fait l'essentiel de ce qu'il a fait.

Le traitement commence par la lecture de la cible. Un nœud est créé dans le cytoplasme et le message « Nœud 'cyto-cible' créé » est imprimé. Le nœud du réseau permanent le plus proche de 114, dans ce cas-ci 100, est activé. Le traitement se poursuit par la lecture des briques 1 à 5. Elles ne sont pas nécessairement examinées dans l'ordre. Dans la simulation que je considère, le nœud du cytoplasme correspondant à la brique 5 est créé avant celui correspondant à la brique 4. Chaque fois qu'une brique est lue, un codelet chargé de la comparer avec la cible est accroché dans le porte-codelets. La comparaison, qui est en fait une opération fort générale, peut éventuellement déboucher sur le chargement de nouveaux codelets. De nouveau, comme après la lecture de 114, des nœuds du réseau permanent correspondant aux briques lues, sont activés. Cette activation se diffuse périodiquement. Lorsque toutes les briques ont été lues, le réseau permanent ressemble à ceci.

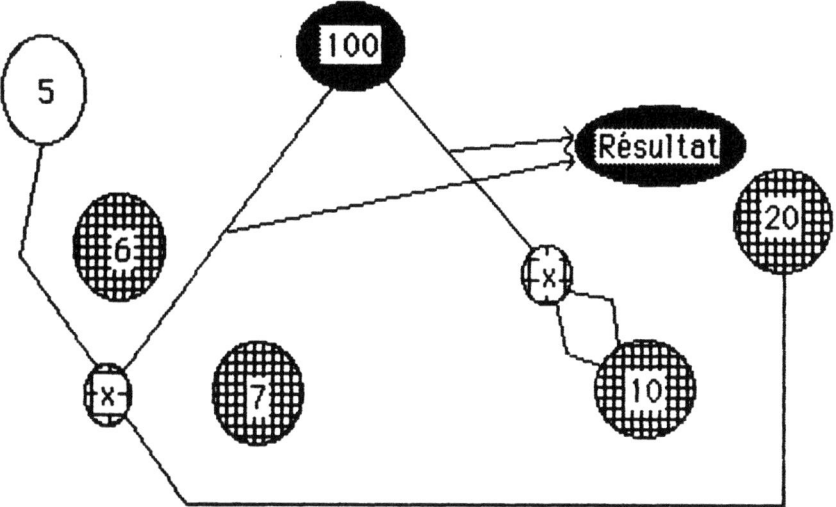

Fig. 16. Configuration du réseau en début de traitement.

Dans ce graphique, seuls les nœuds dont l'activité dépasse un certain seuil ont été représentés. La finesse de la trame est proportionnelle à l'intensité de l'activation. Remarquez que quand cette «photo» a été prise, la quatrième brique (1) n'avait pas encore activé le nœud correspondant du réseau permanent.

Les activations du nœud 100 provoquées par la cible 114, et des nœuds 10, 20 et 5 (faible) causées par les briques 11, 20 et 6, sont transmises aux nœuds 10 × 10 et 5 × 20. Les codelets correspondants sont chargés dans le porte-codelets. Leur rôle est d'examiner si ces agrégations sont possibles d'une manière ou d'une autre. Pour l'opération 5 × 20 par exemple, le codelet cherche dans le cytoplasme des nœuds proches de 5 et de 20; s'il en trouve, il examine si leur produit permet d'approcher la cible de manière significative. Tous ces codelets sont en compétition.

Dans la simulation considérée, l'opération 5 × 20 est tentée en premier et le système cherche à construire un bloc correspondant (6 × 20 dans ce cas). Voici comment est configuré le cytoplasme après cette construction.

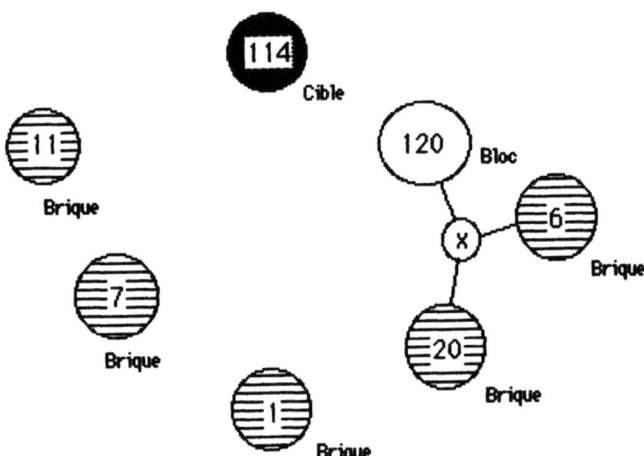

Fig. 17. Configuration du cytoplasme en début de traitement.

Après création d'un bloc, le logiciel cherche toujours à le comparer avec la cible. La similarité entre 120 et 114 n'échappe pas à sa perspicacité. Il cherche alors, via le déclenchement d'un certain nombre de codelets, à définir la cible dérivée 6. Le nœud correspondant est réactivé dans le réseau permanent. Voici la situation du réseau permanent après la création de cette nouvelle cible.

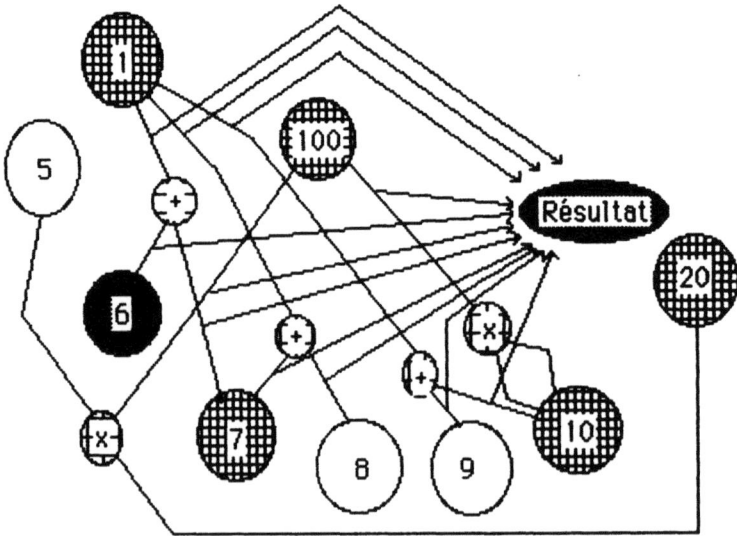

Fig. 18. Configuration du réseau en fin de traitement.

La proximité entre la brique 7 et la cible est notée. Cette constatation débouche sur une nouvelle décomposition en 6 + 1. Comme 1 est une brique, le système reconnaît qu'il a obtenu une solution. Il l'imprime et s'arrête. Le cytoplasme, à la fin du traitement, ressemble à ceci. Dans cette figure, comme dans le réseau permanent du reste, les additions et les soustractions sont représentées de la même manière : la décomposition de la cible dérivée 6 en « 7 − 1 » se représente par la structure « 7 = 6 + 1 ».

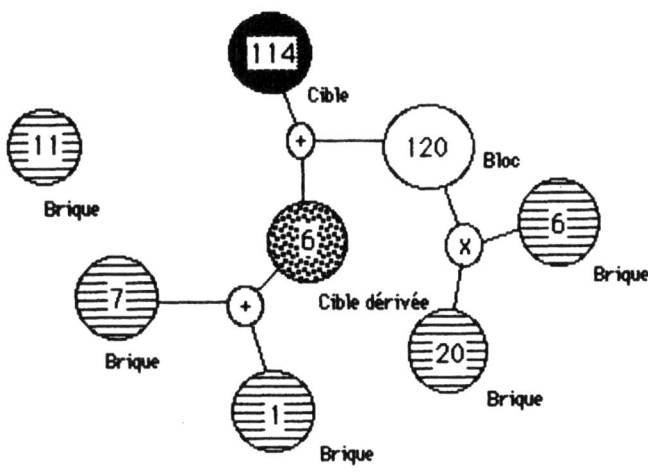

Fig. 19. Configuration du cytoplasme en fin de traitement.

Remarquez qu'une solution plus simple existait : 114 = (20 − 1) × 6. Le système, tel qu'il est construit, n'est pas capable de trouver cette réponse, ou du moins ne pourrait la trouver qu'exceptionnellement. Ceci est réconfortant. Parmi les nombreux sujets que j'ai interrogés, aucun ne m'a donné cette réponse. Qu'aurait fait John von Neumann, un des fondateurs de l'informatique mais aussi calculateur prodige ?

CONCLUSION

Cette dernière simulation paraît plus satisfaisante que les précédentes, du moins à l'échelle des critères que je me suis fixée. Pourtant des ombres subsistent. Le caractère permanent du réseau utilisé pour stocker les connaissances, par exemple, ne peut être qu'une approximation. Comment amener notre système à apprendre ? Est-il concevable de prétendre imiter certains mécanismes mentaux sans intégrer une forme quelconque d'apprentissage ? Notre capacité d'améliorer nos performances au cours du temps, particulièrement lors de répétitions de tâches, paraît tellement fondamentale qu'il peut paraître illusoire de vouloir simuler des comportements en en faisant abstraction. Je reviendrai dans un chapitre ultérieur sur cette objection.

Mentionnons également une autre objection, couramment formulée. Ramener le fonctionnement de l'esprit à du traitement d'informations, comme je viens de le faire, est une réduction inacceptable pour certains. La vie intellectuelle ne peut être étudiée indépendamment des autres comportements. L'esprit sans le corps ne peut être qu'une caricature. En psychologie, toute l'école piagétienne cherche à comprendre le savoir à partir de la manière dont il s'est construit, dont il a été acquis, dont il interagit avec nos expériences concrètes. Les activités cognitives sont vues comme le prolongement des activités assimilatrices qui caractérisent le développement et le fonctionnement des êtres vivants. La philosophie de l'approche adoptée ici est différente. Plutôt que chercher à comprendre l'intelligence en l'observant à différents niveaux d'élaboration, ou en l'étudiant comme une réponse (parmi d'autres) donnée par un organisme à certaines sollicitations, elle est appréhendée à travers sa complexité structurelle et fonctionnelle. Comment s'organise-t-elle ? Comment s'administre-t-elle ? Son niveau de sophistication contraint de manière drastique les architectures cognitives possibles. Il devrait donc être possible de mieux la comprendre par des simulations de plus en plus complètes, de plus en plus fidèles. De manière plus fondamentale, l'intelligence est presque considérée comme une sorte d'accident, comme le produit d'un appareillage complexe, plus que comme le résultat d'une adaptation. L'évolution nous a doté d'un cerveau qui s'est avéré être une fabuleuse machine à calculer dont nous tirons parti.

Pour comprendre la manière dont ce cerveau produit des comportements adaptés, il importe d'abord d'isoler les atomes, les éléments constitutifs de l'intelligence. La notion de *concept* paraît un excellent candidat. Avant de s'interroger sur la manière dont les concepts s'acquièrent, il n'est peut-être pas inutile d'en sonder la nature. Dans cette perspective, ne pas intégrer un mécanisme quelconque d'apprentissage dans le modèle n'est plus conçu comme une mutilation, mais plutôt comme une simplification nécessaire. Qui dit concept, dit généralement symbole. Comprendre l'I.A. et ses écoles sans s'interroger profondément sur les symboles est simplement impossible. L'utilisation des systèmes à réseau, dont une des ambitions est la recherche d'une représentation adéquate des concepts et des catégories, est sûrement une excellente introduction à un examen plus approfondi de ce sujet. Cet examen est un prérequis à toute discussion ultérieure de la nature et de la spécificité de l'I.A. dans l'ensemble des disciplines qui cherchent à mieux comprendre le cerveau, l'esprit, et leurs rapports.

Chapitre 6
Symboles et connexions

La représentation symbolique des concepts est remise en question. Une nouvelle famille de modèles est introduite : les systèmes connexionnistes. Comme les systèmes présentés au chapitre précédent, ils utilisent des activations dans des réseaux pour représenter les processus intellectuels. La présentation d'un exemple canonique permet de se familiariser avec leur architecture et leurs principes de fonctionnement. Leurs propriétés sont commentées. Une application à une version simplifiée du jeu « le compte est bon » est proposée.

SYMBOLES ET NIVEAUX DE REPRESENTATION

Il est souvent très commode de pouvoir disposer de raccourcis pour évoquer des objets, des événements, des concepts. Le rouge est couramment associé à l'interdit, la violence, l'insurrection; le blanc est synonyme de pureté; la colombe symbolise la paix; la croix, la souffrance. Ces conventions sont utilisées quotidiennement. Leur puissance est sûrement liée à leur simplicité: tout un monde est concentré dans un signe. Une description est du reste d'autant plus forte qu'elle est courte et évocatrice, un énoncé plus signifiant qu'il est libellé avec peu de mots.

Quand un signe renvoie à autre chose, on dit qu'il symbolise. Au cœur de cette notion: la correspondance, la représentation. La simulation sur ordinateur de conduites intelligentes paraît impossible sans symboles. Toutes les descriptions que nous sommes capables de donner de nos comportements semblent se ramener à des descriptions symboliques. Le langage est une merveilleuse machine à les combiner. Nous évoluons dans des univers physiques, sociaux, mentaux où nous cherchons à communiquer. Il apparaît difficile et fastidieux, chaque fois que l'on veut attirer l'attention d'un interlocuteur sur une chose déterminée, de la pointer avec le doigt! Le «truc» utilisé est de lui substituer un mot, une expression, un dessin, un signe. Cette «chosification» paraît tellement ancrée dans nos comportements que certains n'hésitent pas à caractériser la pensée comme la capacité de manipuler des symboles: les phénomènes cognitifs sont susceptibles d'être informatisés parce que la pensée se ramène au traitement d'informations et que les informations peuvent se représenter au moyen d'ensembles structurés de symboles; la dynamique du traitement de ces symboles constitue l'activité intellectuelle (Newell, 1980, par exemple). Remarquez que les manipulations symboliques opérées sont souvent similaires à celles que l'on applique aux objets physiques. Déduire de «tous les A sont B et aucun C n'est B» que «aucun A n'est C», par exemple, nécessite, chez beaucoup, une construction mentale semblable à celle que l'on ferait sur une feuille de papier pour résoudre le problème. On trace le cercle des A, qui est compris dans le cercle des B; le cercle des C est disjoint des deux autres, d'où la conclusion.

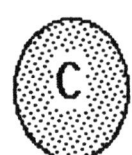

Une des sources de puissance de la pensée est sûrement de traiter les objets mentaux comme les objets physiques. Ceci permet de leur appliquer les transformations qui se sont avérées efficaces dans le monde physique.

Mais que sont exactement ces symboles? N'est-ce pas en partie une fumée produite par la combustion d'entités plus élémentaires? Constituent-ils bien les briques élémentaires du «Lego» de l'esprit? Ces questions ne reçoivent pas une réponse unanime. Généralement, un symbole en I.A. est un nom de structure. La chaîne de caractères

«DEUX», par exemple, désigne un nœud dans un réseau. Pour qu'on puisse parler de symbole, ce nom doit bien entendu renvoyer à autre chose. Le mot «POMME», par exemple, désignera une entité dont le programme sait qu'elle peut se combiner avec le verbe «MANGER». Il en tirera sa «signification». Pour qu'un symbole signifie quelque chose, il doit être lié de manière aussi fine que possible à d'autres entités qui sont nécessairement symboliques. Cette incapacité de la machine à se libérer de l'univers des signes a conduit certains à lui dénier toute capacité de pensée. Une machine ne pourrait, par définition, avoir accès aux significations. Une personne, par contre, grâce à ses organes des sens, est en contact plus étroit, plus direct avec le monde physique. Je reviendrai plus loin sur cette critique. Souvent, les relations qu'un symbole entretient avec les autres se ramènent à des règles syntaxiques qui régissent sa manipulation. Un nom de personne est caractérisé par le fait qu'il ne peut être que le sujet de certains verbes («manger», «penser», «dormir», «écrire»), un nombre par les opérateurs qui peuvent agir sur lui, etc.

Mais d'autres modes de représentations existent. Dans les systèmes à réseau, par exemple, les nœuds du réseau ont un rôle moins passif. Il s'agit de structures actives qui reçoivent des messages de leurs voisins ou de la mémoire de travail, et qui répondent en se modifiant ou en envoyant de nouveaux messages (libération de codelets, dans certains cas). Les symboles correspondent plus à des petits processus autonomes ayant une vie propre qu'à des formes passives manipulées par un agent central. Leur signification réside non seulement dans leur capacité de représenter ce qui existe dans le monde extérieur, mais encore, et peut-être surtout, dans le rôle qu'ils occupent dans la structure générale et dans leur aptitude à représenter ce qui est possible, c'est-à-dire, ce qui est compatible avec les contraintes induites par les situations. La signification d'un énoncé n'est plus liée uniquement aux rapports entre son contenu et un monde réel extérieur quelconque, mais également au fait qu'il suggère un scénario que peuvent jouer nos représentations symboliques.

Donnons un exemple. Lorsque j'étais aux Etats-Unis, je me souviens que la première fois que j'ai vu le prix de l'essence en dollars par gallon, j'ai été obligé, pour donner du sens à cette information, de la traduire en francs par litre. La signification ne pouvait naître que d'une correspondance avec un univers familier, d'une référence à quelque chose de connu. Après un certain temps pourtant, j'ai commencé, presqu'à mon insu, à comparer les prix (en dollars) à différentes pompes. A telle station, l'essence me paraissait fort cher, par exemple, et cette fois, sans qu'aucune transposition de prix (en francs par litre) ne soit nécessaire. Un peu plus tard, je me suis surpris à évaluer grossièrement le coût d'un trajet donné, en combinant le prix du gallon d'essence en dollars à d'autres données (consommation de la voiture, longueur du trajet), de nouveau sans référence aux unités qui m'étaient les plus familières. Petit à petit, l'utilisation de dollars et de gallons est devenue naturelle. L'établissement d'un rapport avec les francs et les litres devenait d'autant moins nécessaire que j'étais capable d'utiliser l'information originale dans différents contextes. L'information tirait sa signification de son rôle, de sa place dans mes réflexions.

Dans les systèmes à réseau, l'esprit devient un bouillon où collaborent ou s'affrontent différents agents. La pensée n'est plus la capacité de manipuler des symboles mais un épiphénomène causé par le fonctionnement collectif d'entités actives.

Parallèlement au débat sur le caractère actif/passif des symboles et sur leur place et leur rôle dans les processus cognitifs, il existe une controverse sur leur nature ultime. Qu'ils soient la manifestation macroscopique d'activités microscopiques sous-jacentes ne paraît pas poser de problèmes. Il est difficile d'imaginer qu'à chaque symbole corresponde un neurone du cerveau. Leur activation paraît donc nécessiter le recrutement d'un grand nombre de cellules nerveuses. Par contre, que la manière dont ils se structurent, se transforment, et se manipulent puisse se comprendre sans recours à un niveau plus détaillé, ne fait pas l'unanimité. J'ai déjà ébauché cette discussion dans la présentation des systèmes à réseau. L'alternative à la position classique est la suivante. Les symboles ne peuvent en aucun cas être considérés comme des jetons obéissant à des lois propres ou comme des objets susceptibles d'un calcul. Chercher à comprendre la manière dont les corps chimiques se combinent sans faire référence à leur structure interne s'est révélé vain. De même, l'étude des symboles ne peut se faire sans examiner ce qui se passe à des niveaux inférieurs.

Cette hypothèse inspire particulièrement toute une famille de modèles qualifiés de **connexionnistes**. Elle mérite un examen attentif.

« L'HOMME NEURONAL »

Ces modèles utilisent également une métaphore : le cerveau. Le cortex cérébral se caractérise par sa grande unité morphologique. Sur toute son étendue, il paraît composé des mêmes éléments cellulaires.

Ces éléments, appelés neurones, sont caractérisés par leur corps cellulaire, le soma, et par deux types d'expansion distincts: l'axone, toujours unique, et les dendrites, en général multiples et ramifiées.

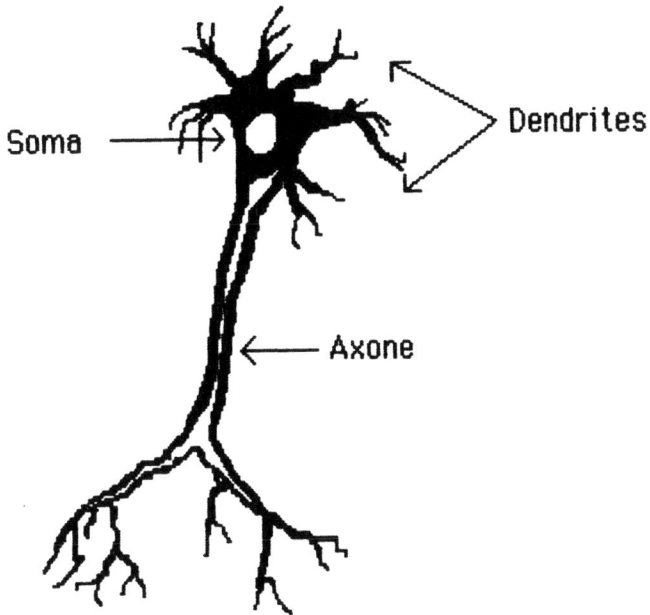

Fig. 20. Un neurone.

Les neurones s'unissent par ces prolongements pour constituer le tissu nerveux. De manière plus précise, l'axone d'un neurone donné est lié aux dendrites d'autres neurones, auxquelles il transmet de l'excitation. Les contacts se font à travers des points d'articulation qui sont en fait des fentes de quelques dizaines de nanomètres (10^{-9} mètre), appelés synapses. Le cerveau apparaît ainsi comme un monstrueux réseau constitué d'au moins 30 milliards de neurones et de 10^{14} à 10^{15} synapses. Les communications dans ce réseau s'effectuent heureusement par un système uniforme d'impulsions électriques. Chaque neurone génère spontanément des rafales d'impulsions nerveuses par un processus chimique. Les signaux électriques ainsi produits envahissent le réseau complexe de câbles et de connexions qui relient les neurones. La propagation se fait toujours dans le même sens: des dendrites au soma, et du soma vers les terminaisons de l'axone. Les dendrites, c'est-à-dire les points d'entrée, recueillent les signaux envoyés par les neurones contigus pour les transmettre au soma qui décide, en fonction du niveau total de ces activations afférentes, s'il y a lieu de «faire suivre». Lorsque les excitations sont suffisantes, l'axone, à travers ses terminaisons, transmet un signal aux dendrites avec lesquelles il est en relation. Le passage se fait via des substances chimiques appelées neurotransmetteurs. L'excitation se manifeste par une modification du rythme des rafales d'impulsions spontanément générées par les neurones. Cette représentation du cortex comme un réseau d'entités élémentaires interconnectées qui s'excitent ou s'inhibent a inspiré l'architecture des modèles connexionnistes que je vais maintenant présenter.

UNE REPRESENTATION CONNEXIONNISTE DES CONCEPTS

Avant de proposer une version connexionniste du jeu «le compte est bon», il n'est pas inutile de présenter brièvement une application canonique de ce type d'approche. Cette classe de modèles a en effet été essentiellement utilisée en reconnaissance de formes, tâche pour laquelle les systèmes d'I.A. plus classiques se sont toujours révélés relativement faibles.

Supposez que nous cherchions à représenter différentes pièces d'une maison : la chambre à coucher, la salle de bains, la cuisine, le salon, et le bureau. Une façon classique de procéder est de décrire ces pièces par ce qui les caractérise : leur dimension et ce qu'elles contiennent. Un salon est généralement plus grand qu'une salle de bains, contient souvent un divan, des fauteuils, une petite table, etc. La description se fait via ce qu'on appelle un **cadre** ou un **prototype**. Cette structure, qui s'est en fait révélée très générale, a été et est toujours employée de manière intensive en I.A. Disons simplement qu'il s'agit d'un cadre de référence censé représenter une classe d'objets, un ensemble stéréotypé d'événements, un concept. On peut s'imaginer cette structure comme une commode constituée d'un certain nombre de tiroirs, généralement appelés **cases**. Cette commode est caractérisée par un nom et la nature de ses tiroirs. Chaque tiroir contient un nombre, un objet, ou éventuellement une nouvelle commode. On peut donc emboîter les structures. Ceci est important. Cette représentation suggère en effet que les concepts peuvent être en quelque sorte comprimés par les contextes dans lesquels on veut les faire entrer : la salle de bains à l'échelle d'une maison rentre dans un tiroir... Elle repose sur l'idée que le monde est constitué de sous-systèmes dont chacun peut servir de référence à d'autres.

Voici une représentation d'une salle de bains par un cadre.

CADRE   *SALLE-DE-BAINS*
Spécialisation-de : PIECE
Baignoire : {*valeurs possibles : oui, non; par défaut, oui*}
W-C : {*valeurs possibles : oui, non*}
Evier : {*nombre entier; par défaut 1*}
Recouvrement-du-sol : {*valeurs possibles : carrelage, linoléum...*}
Dimension : {*valeurs possibles : petite, grande; par défaut, petite*}

J'ai supposé que PIECE était également un cadre. «Spécialisation-de», «Baignoire», «W-C»... constituent les cases.

Les «connexionnistes» (Rumelhart, Smolensky, McClelland, Hinton, 1986) proposent une toute autre manière de représenter les choses. Dans le cas qui nous intéresse, Rumelhart et al procèdent comme suit. Quarante éléments constitutifs des pièces que l'on cherche à décrire sont considérés. Ces éléments sont soit des objets du type *lit, téléphone, divan, évier, baignoire, tentures, ...*, soit des qualifications comme *très grande, grande, moyenne, petite*. A partir de ces unités élémentaires, ils constituent un réseau, un seul pour toutes les pièces! Ce réseau est, bien entendu, composé de nœuds et de liens. Les nœuds représentent les unités élémentaires, et les liens, leur parenté. A chaque lien est associé un nombre, appelé **poids**, qui chiffre sa capacité de transmettre les excitations. Un poids élevé correspond à une forte association entre deux nœuds; lorsqu'un élément est fortement activé, il transmet beaucoup de son excitation à l'autre. Nous sommes déjà familiarisés avec ce mécanisme, puisqu'il est utilisé dans les réseaux glissants. Ici cependant des poids négatifs sont également possibles. Ils correspondent à des effets inhibants : une forte excitation d'un côté tend à diminuer le niveau d'excitation de l'autre. Dans le réseau utilisé, le lien entre «réfrigérateur» et «cuisinière» a un poids élevé. Ceci traduit l'idée qu'une pièce avec un réfrigérateur contient souvent une cuisinière et vice versa. Par contre, «baignoire» et «télévision» sont liés de manière négative. On ne regarde pas encore couramment la télévision en prenant son bain!

Voici un extrait du réseau utilisé par Rumelhart et al. Seuls les liens dont le poids, en valeur absolue, dépasse un certain seuil, ont été représentés. Suivant qu'ils sont excitants ou inhibants, ils se terminent par des flèches ou des ronds.

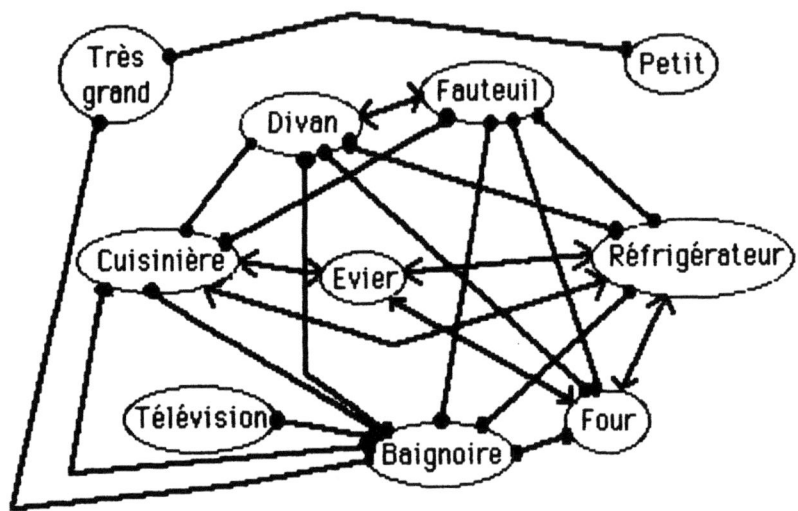

Fig. 21. Représentation connexionniste d'une pièce.

Comment ont-ils construit ce réseau ? Les poids ont été déterminés en demandant à des sujets de caractériser chaque type de pièce par un sous-ensemble des 40 descripteurs retenus. Lorsque deux qualifications apparaissaient simultanément ou étaient simultanément absentes dans les descriptions, elles ont été liées dans le réseau de manière positive. Si, par contre, la présence de l'une coïncidait avec l'absence de l'autre, un poids négatif a été utilisé. L'absence de lien correspond à l'indépendance des apparitions des éléments dans les descriptions; la présence de l'un ne nous dit rien sur la présence éventuelle de l'autre. Les nombres effectivement retenus sont en fait des moyennes sur tous les sujets et toutes les pièces.

Les principes de fonctionnement

Comme dans les réseaux glissants, chaque nœud est caractérisé à tout moment par un niveau d'activation. Convenons de noter $a_i(t)$ ce niveau à l'instant t pour le nœud i. Au temps t+1, ce niveau risque pourtant de changer. Pourquoi ? Les nœuds contigus vont chercher à augmenter ou à diminuer cette activation suivant le type de relation (excitatrice ou inhibitrice) qui les lie à i. Leur contribution totale c_i (t) est souvent prise égale à

$$c_i (t) = \sum_{(j)} w_{ij} \times a_j(t)$$

La quantité d'activation transmise par le nœud j au nœud i est donc le produit de l'activation a_j (t) de j à l'instant t et du poids w_{ij} du lien qui le lie à i. Tous les nœuds sont supposés agir de manière additive. Le niveau d'activation à l'instant t+1 est alors une fonction du niveau d'activation à l'instant t, de la contribution totale c_i (t) des nœuds contigus et des excitations extérieures éventuelles.

Si les a_i (t) varient entre 0 et 1, on utilise quelquefois la relation suivante.

$$a_i (t+1) = a_i (t) + \begin{cases} (1 - a_i (t)) (c_i (t) + e_i (t)), \text{ si } c_i (t) + e_i (t) > 0 \\ c_i (t) + e_i (t), \text{ sinon} \end{cases}$$

en notant e_i (t) une excitation extérieure éventuelle du nœud i à l'instant t. Il n'est pas rare de supposer que les voisins n'ont un effet que pour autant que leurs contributions soient supérieures à un seuil donné. Le nœud est, en quelque sorte, indifférent à des petites perturbations. Certains réseaux utilisent également des mécanismes d'extinction selon lesquels les nœuds perdent progressivement de leur activité au cours du temps (Rumelhart, Hinton, McClelland, 1986).

Cherchons maintenant à animer notre structure. Convenons par exemple d'amener le niveau d'activation du nœud «four» au niveau maximum et de l'y maintenir. Que va-t-il se passer ? Nous nous attendons, bien entendu, à ce que les nœuds liés positivement à «four» commencent à s'activer alors que ceux qu'il inhibe restent sagement à O. Mais beaucoup d'éléments n'ont pas de liens directs avec lui. Leur niveau d'activation sera fonction de leurs rapports avec leurs voisins. Dans la première simulation effectuée par Rumelhart et al, l'activation de «four» (et subsidiairement de «plafond» pour induire l'idée de pièce) se communique d'abord à «tasse de café» puis à «évier» et «réfrigérateur». Le système en infère ensuite (en activant les nœuds correspondants) que la pièce est petite et qu'elle comporte un grille-pain, un placard, une horloge, des murs, etc. La configuration finale, où sont activées les entités généralement présentes dans une cuisine, en constitue une représentation connexionniste. Les différents niveaux d'activation correspondent généralement à la saillance des caractéristiques. Le nœud «téléphone» est, par exemple, après quelques itérations, moins excité que «évier», un téléphone se trouvant moins souvent dans une cuisine qu'un évier.

Un concept est donc représenté par une distribution d'activation dans un réseau. Il est remarquable de pouvoir utiliser un même réseau pour symboliser différentes pièces. Activons, comme nous l'avons fait précédemment, les nœuds «divan» et «plafond». Vont s'allumer les unités correspondant à «fauteuil», «âtre», «télévision», «bibliothèque», et «tentures». Le salon se construit sous nos yeux! Le graphique ci-dessous schématise une partie des configurations obtenues suite à ces deux simulations, après quelques itérations. Les nœuds ombrés sont ceux qui ont été activés.

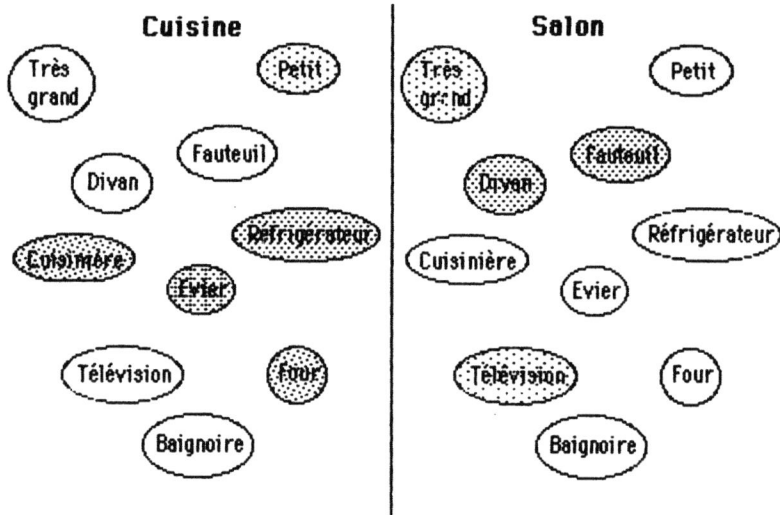

Fig. 22. Représentations connexionnistes d'une cuisine et d'un salon.

Les autres pièces peuvent se représenter de manière similaire en stimulant les nœuds «baignoire», «bureau», ou «lit». Chaque fois le système évolue, à partir d'une sollicitation initiale, vers un état stable qui correspond à une pièce. Ceci est surprenant. A partir de 40 descripteurs, chacun ne prenant, supposons-le, que deux valeurs distinctes, le nombre de configurations possibles est, déjà, 2^{40}. Rien que les compter vous prendrait environ 200.000 ans! Et pourtant le système ne s'y perd pas. Certaines configurations ont, en effet, un rôle tout à fait spécifique. Elles sont attractives. Imaginez une surface sablonneuse dans laquelle vous avez creusé un certain nombre de trous de profondeurs différentes. Lancez une bille et observez ce qui se passe. Elle ne s'arrête pas n'importe où, mais tombera probablement dans le trou le plus proche.

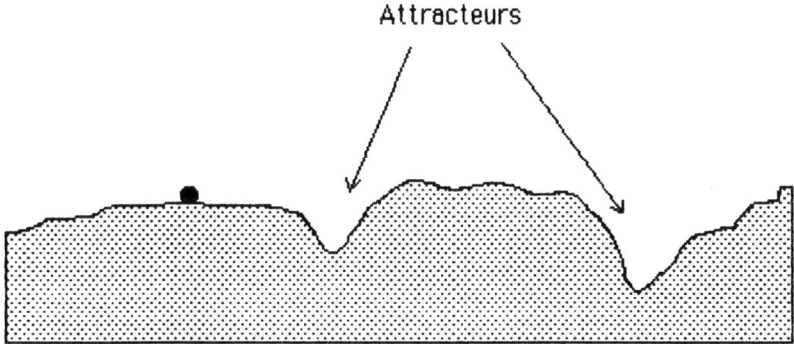

Notre système se comporte de manière similaire. Les trous sont les configurations stables, les «attracteurs»; ils représentent les cinq pièces qui nous intéressent; le lancer est l'activation initiale que nous donnons au réseau.

L'attrait des représentations connexionnistes

Les représentations connexionnistes possèdent des propriétés fort séduisantes. Une des caractéristiques de notre mémoire est, par exemple, de pouvoir accéder à des informations à partir d'une description partielle de leur contenu. Si je vous dis, «un fruit vert ou rouge, rond, et dur», vous penserez sûrement à une pomme; une description du type «offert par Adam à Eve» aurait créé la même image. Quelques propriétés d'une entité suffisent pour l'évoquer. Dans la plupart des systèmes informatiques, le mécanisme est différent. Avant d'utiliser une donnée, vous devez spécifier la case de la mémoire dans laquelle elle est stockée, un peu comme pour le courrier. Il faut être fort optimiste pour adresser une lettre au «professeur de français dont la chatte vient d'avoir trois petits et qui habite à l'entrée d'Arlon en venant de Luxembourg». Les facteurs préfèrent les adresses plus neutres... Les systèmes connexionnistes sont manifestement plus débrouillards que les systèmes postaux. Activer «divan» ou «fauteuil» ou «âtre» et «peinture» suffit à animer une structure. Certains éléments sont, bien entendu, plus ambigus. Stimuler « rideau » n'est pas suffisant pour amener le réseau à basculer dans une interprétation précise. Nous avons lancé notre bille entre deux trous, et elle est sur un petit plateau. Si, par contre, des éléments légèrement « contradictoires » (c'est-à-dire, dans ce cas, évoquant des pièces différentes), du type « lit » et « divan », sont excités de manière continue, le réseau n'explosera pas. Il créera une configuration hybride, une chambre à coucher un peu folle : elle sera grande, avec un âtre, une télévision, et des rideaux. Cette plasticité de la structure est remarquable. L'utilisation de cadres résisterait très mal à ces tractions en sens divers, sauf définition d'un mécanisme ad hoc pour en tenir compte, bien entendu.

Comme les cadres, les représentations connexionnistes peuvent s'organiser de manière hiérarchique. Des objets comme un lit et une lampe de chevet, par exemple, ont toujours tendance à apparaître simultanément. On peut distinguer différents niveaux de structure. L'ensemble est constitué de morceaux qui, eux-mêmes, sont composés d'unités plus élémentaires. Le réseau choisi ne permet cependant pas d'illustrer de manière fort spectaculaire cette propriété. Les éléments constitutifs sont visiblement trop agrégés. Une télévision, un fauteuil devraient être décrits en termes de micro-caractéristiques pour permettre une mise en évidence plus claire de ces phénomènes. Dans les modèles utilisés généralement, les nœuds peuvent représenter des caractéristiques acoustiques lorsqu'il s'agit de comprendre le langage parlé, ou des morceaux de lignes, des segments de droite, lorsqu'on simule la lecture de lettres, de mots. Les concepts de phonème, lettre, mot apparaissent alors comme des structures intermédiaires produites par des associations à des niveaux inférieurs.

La capacité de ces réseaux de produire spontanément des généralisations peut également être mentionnée. Si une unité trop générale pour évoquer clairement un concept précis est stimulée, tout ce que les concepts concernés ont en commun sera naturellement activé. Les nœuds « grand » et « plafond » déclencheront la construction d'une pièce imaginaire avec murs, fenêtres, porte, carpette, et livres peut-être. Et ceci est un produit direct de l'architecture du système ! Obtenir le même effet avec des modes de représentation plus rigides nécessiterait, de nouveau, le développement de mécanismes appropriés.

Des spécifications partiellement incorrectes ne posent pas, non plus, de problèmes insurmontables. Introduire un élément inattendu, voire incorrect, dans une description, n'a rien de catastrophique. Un téléphone dans une salle de bains ne la transforme pas en bureau. Cette souplesse d'adaptation est tout à fait spécifique. Les performances se dégradent fort lentement avec le bruit, les perturbations, les sollicitations parasites qui accompagnent quelquefois les stimuli.

De plus, le système paraît obéir à un effet de masse. Le monde scientifique a cherché pendant des années à mettre en rapport certaines gammes de comportements avec certaines régions du cerveau. Tel type de lésion locale n'est-elle pas responsable de telle déficience ? N'est-il pas possible de modifier de manière drastique le comportement d'un rat dans un labyrinthe en agissant sur une micro-région donnée de son cerveau ? Une des conclusions les plus spectaculaires (qui, depuis, a été un peu nuancée) auxquelles les recherches, entreprises au début du siècle par le neurologue K. Lashley, ont permis d'aboutir est la suivante : la détérioration d'une performance est fonction de l'étendue de la lésion, comme si la capacité correspondante était distribuée dans tout le cerveau et non localisée dans un endroit précis (Gabriel, Sparenborg, Stolar, 1986). Un effet de masse similaire est observable dans les systèmes connexionnistes. Une représentation étant le produit de la collaboration d'un grand nombre d'entités, une perturbation locale affecte le comportement global de manière proportionnelle à son étendue. Il s'agit clairement d'un produit du caractère distribué du traitement.

Contrairement aux modèles classiques, les architectures connexionnistes n'exigent pas deux types de mémoire distincts. La connaissance ne doit pas être stockée dans une mémoire à long terme, puis recopiée dans une mémoire de travail pour pouvoir être utilisée. Elle se trouve simplement dans le réseau des connexions. La solliciter se ramène à activer de manière appropriée le réseau. Cette différence est fondamentale et a de nombreuses implications. La manipulation simultanée de plusieurs copies d'un même concept ou le partage d'unités peut causer problème, par exemple. Comment représenter simultanément deux chambres à coucher au moyen d'un seul réseau ? Mentionnons également que dans cette nouvelle perspective, l'apprentissage est l'ajustement des poids des liens, ou parfois l'acquisition de nouveaux liens, mais non la construction de nouvelles règles ou heuristiques comme dans les approches plus symboliques. Le système doit pouvoir remarquer quand deux unités sont simultanément actives ou inactives et ajuster ses connexions en conséquence. Pour ce faire, différents types de mécanisme ont été envisagés (McClelland, Rumelhart, Hinton, 1986). Certains de ceux-ci sont examinés dans la partie consacrée à l'apprentissage.

Ces quelques considérations devraient vous avoir convaincu du caractère tout à fait différent de la philosophie sous-jacente à l'approche connexionniste. Les symboles, pour revenir à une discussion précédente, n'apparaissent plus du tout comme des entités rigides. Ils émergent plutôt d'une activité à des niveaux inférieurs. Il s'agit de propriétés d'un réseau tout entier d'éléments microscopiques, et non d'entités explicites. Le recours à ce niveau d'explication paraît indispensable si on veut correctement saisir leur fluidité. Les représentations classiques du type cadre ne paraissent susceptibles d'en constituer une bonne approximation que lorsque les couplages dans le réseau sont très forts. Dans ce cas, l'ensemble des états stables du système est limité; les attracteurs sont peu nombreux et puissants. Peut-être est-ce souvent le cas.

La hiérarchie des niveaux de représentation, le caractère sophistiqué des mécanismes d'inférence, l'optimalité des méthodes de recherche et de sélection dans de vastes ensembles de possibilités ne paraissent donc pas toujours suffisants pour rendre compte de la plasticité et de la rapidité de certains processus intellectuels. Les modèles connexionnistes ne pallient que partiellement cette insuffisance. Très séduisants pour les applications qui relèvent de la reconnaissance de formes, ils semblent moins adaptés à la simulation de processus séquentiels plus lents. De manière un peu schématique, ils permettent d'expliquer élégamment la manière dont nous construisons une interprétation suite à une conjonction de pressions externes. En effet, les systèmes décrits jusqu'à présent se contentent, suite à des sollicitations, de s'installer dans un état stable dont ils ne bougent plus. Si la conduite que l'on cherche à simuler se caractérise par un cheminement intellectuel long et fastidieux, des mécanismes supplémentaires doivent manifestement être invoqués. Ce n'est pas par hasard que ces modèles ont été essentiellement appliqués à des tâches du type reconnaissance de la parole, reconnaissance de lettres.

UN MODELE CONNEXIONNISTE DU JEU «LE COMPTE EST BON»

Comme je l'ai déjà mentionné dans les paragraphes précédents, le jeu «le compte est bon» peut être considéré comme relevant partiellement de la reconnaissance de formes. A ce titre, il est donc susceptible d'une approche connexionniste. Certaines perceptions immédiates, comme $2 \times 5 = 10$, peuvent sûrement se représenter de manière convaincante au moyen d'une structure comme ci-dessous.

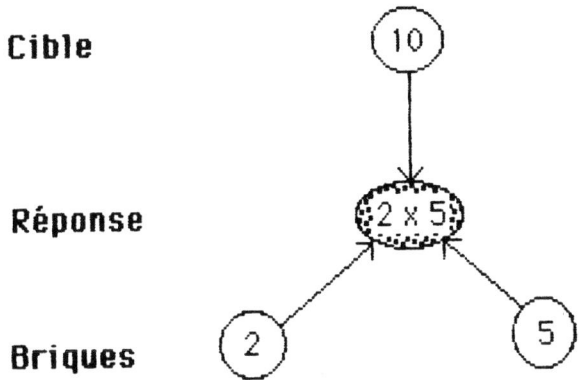

Fig. 23. Mini-réseau sensible à la décomposition 2 × 5 = 10.

L'activation simultanée de 2, 5 et 10 provoque la réponse «2 × 5». C'est essentiellement ce mode de représentation que je vais utiliser dans le modèle. N'avoir recours qu'à la diffusion d'activations dans un réseau pour expliquer l'entièreté des phénomènes observés dans le jeu, sans invoquer d'autres structures comme des codelets, un cytoplasme, des règles, n'est pas chose simple. Pour donner une idée de l'ordre de complexité du problème, je vais proposer un modèle d'une version du jeu fort dépouillée. Le but est moins de trouver une représentation psychologiquement valide que d'illustrer l'utilisation de l'approche connexionniste à un processus mental long, qui exige une démarche principalement séquentielle. Le modèle présenté est, en fait, fort peu plausible.

Supposons que les configurations soumises ne comportent qu'une cible et deux briques comprises entre 1 et 5, et que la seule opération permise soit l'addition. Le jeu se ramène donc uniquement à voir si la cible est égale à une des deux briques ou à leur somme. Ces restrictions dénaturent complètement le jeu. Elles ne sont pourtant nécessaires que pour simplifier l'exposé, le modèle proposé s'accommodant en fait de la version la plus générale du jeu, au prix malheureusement d'une complexification impressionnante.

Spécifier un modèle connexionniste revient à définir
(1) un ensemble d'unités, parmi lesquelles on distingue généralement des entrées, des sorties, et des unités intermédiaires, qualifiées de «cachées»;
(2) des liens entre ces éléments et des poids associés;
(3) des règles qui gouvernent la diffusion des activations dans le réseau.

Nos unités d'entrée seront au nombre de 15 : cinq détecteurs pour la première brique, correspondant aux cinq valeurs qu'elle peut prendre, cinq pour la seconde brique, et cinq pour la cible. Les nouvelles spécifications du jeu permettent seulement seize réponses différentes :

Réponse	Signification
1	La cible est égale à une brique, qui vaut 1.
2	La cible est égale à une brique, qui vaut 2.
...	....
5	La cible est égale à une brique, qui vaut 5.
1 + 1	La cible est égale à la somme des deux briques qui valent toutes les deux 1.
1 + 2	La cible est égale à la somme de la première brique qui vaut 1 et de la deuxième qui vaut 2.
2 + 1	La cible est égale à la somme de la première brique qui vaut 2 et de la deuxième qui vaut 1.
...	....
2 + 3	La cible est égale à la somme de la première brique qui vaut 2 et de la deuxième qui vaut 3.
3 + 2	La cible est égale à la somme de la première brique qui vaut 3 et de la deuxième qui vaut 2.
Pas de réponse	La cible n'est égale à aucune brique, ni à leur somme.

La manière dont les réponses ont été codées est, bien entendu, arbitraire. Une autre caractérisation exigerait des connexions et des nœuds différents de ceux que j'ai choisis. Chacune des réponses possibles sera représentée par une unité. On devra donc en considérer seize. Aucune unité cachée n'est nécessaire dans le modèle naïf que je propose.

Les liens se définissent de manière naturelle. Il suffit de relier les réponses aux valeurs d'entrée susceptibles de les évoquer. Le graphique ci-dessous représente toutes les connexions nécessaires.

Toutes les réponses s'inhibent l'une l'autre. Ceci a été représenté de manière collective au moyen d'une boucle en-dessous de l'ensemble des réponses.

Le poids des arêtes et le mécanisme d'activation se définissent également de manière naturelle. Il suffit d'activer une réponse lorsque la cible *et* les briques correspondantes sont présentes dans la configuration. Pour ce faire, il importe de moduler correctement le seuil de sensibilité des nœuds et le poids des liens. Les nœuds réponse ne s'activent donc que pour autant que la somme des excitations afférentes

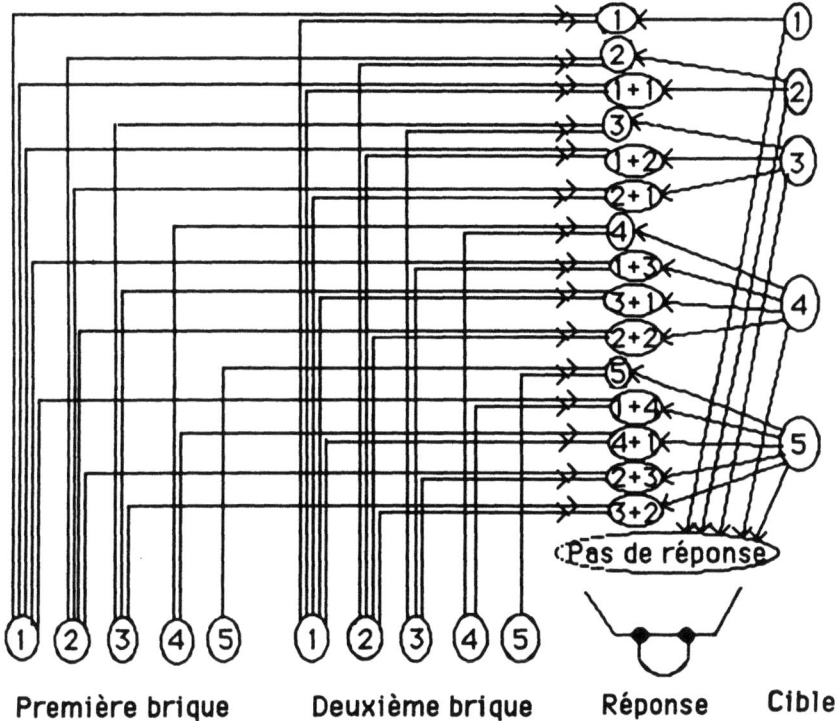

Fig. 24. Un réseau connexionniste pour le jeu «le compte est bon».

soit supérieure à un seuil judicieusement calculé. Le seul cas problématique est celui où la cible est égale à une des briques (au moins). Trois configurations distinctes sont en effet susceptibles de créer cette situation. Considérez les 4 cas suivants, par exemple.

Cible : 4
Briques : 4 1

Cible : 4
Briques : 2 4

Cible : 4
Briques : 4 4

Cible : 3
Briques : 4 4

Les trois premières configurations doivent déclencher la réponse «4» mais pas la dernière. Pour tenir compte de cela, le lien cible-réponse aura un poids beaucoup plus élevé que le lien cible-brique. Le seuil de déclenchement de la réponse sera tel que le nœud ne pourra s'activer que lorsque la cible et au moins une brique, seront présentes dans la configuration.

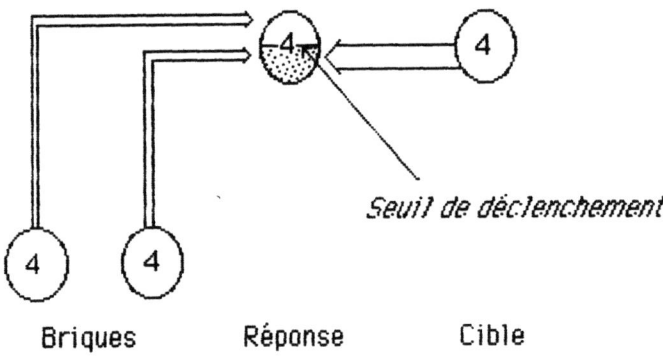

Des extensions possibles du modèle

Rendre le modèle sensible aux similarités briques - cible, et non seulement aux égalités, n'est pas un problème. Il suffit d'ajouter des liens, des unités cible vers les réponses correspondant à des valeurs similaires, et d'ajuster les poids de manière à rendre ces connexions moins fortes que celles qui correspondent à des égalités. De même, la considération de briques et d'opérations supplémentaires est tout à fait possible, en ajoutant des unités d'entrée et de sortie, et en les reliant en conséquence.

Le véritable problème posé par l'architecture naïve proposée est la démultiplication des nœuds à prendre en considération. J'ai été, en effet, obligé d'en définir pour toutes les réponses possibles, c'est-à-dire, pour toutes les combinaisons de briques possibles ! Dans la version élémentaire du jeu utilisée, version qui ne tolère en fait que trois types de réponse («Cible égale à la première brique», «Cible égale à la deuxième brique», «Cible égale à la somme des briques»), une trentaine de nœuds différents ont dû être distingués, alors que toutes les valeurs étaient contraintes à ne varier qu'entre 1 et 5. L'extension à trois briques varient entre 1 et 25 et à une cible variant entre 1 et 250 nécessiterait déjà la définition de plusieurs milliers d'unités, même en n'admettant que les additions. Pourtant cette version ne tolère que huit types différents de réponse !

Il existe une manière de simplifier le modèle, lorsque le nombre de briques augmente : le système doit pouvoir se solliciter lui-même, lorsque la réponse à donner nécessite le chaînage de plusieurs opérations. Une première activation du réseau débouche, par exemple, sur la création d'un bloc censé approcher la cible. L'unité qui le représente agit alors comme une nouvelle entrée dans le système, et une nouvelle activation est effectuée. Cette capacité de simuler une sollicitation extérieure en s'auto-stimulant devrait sûrement être un ingrédient central de toute modélisation de processus cognitifs séquentiels et complexes.

Le câblage explicite dans le réseau de toutes les réponses possibles paraît abusif. Il revient à supposer que s'il existe une solution, celle-ci sera obligatoirement donnée !

Pour rendre compte de manière convaincante des caractéristiques des processus mentaux mis en œuvre dans le jeu, des modifications substantielles devraient manifestement être apportées au modèle. Il importerait de distinguer les opérations dont nous connaissons instantanément la réponse de celles que nous devons laborieusement effectuer, de privilégier certaines décompositions particulièrement attirantes, d'avoir la possibilité de faire marche arrière. La formulation que je viens de proposer ne peut en aucun cas être considérée comme une modélisation psychologiquement valide. Il apparaît même prématuré de proposer une version connexionniste de ce type de processus mental, sans une connaissance approfondie de la nature des mécanismes mis en œuvre. Cette objection ne met pas en cause la puissance de ces modèles. Elle nuance cependant leur intérêt dans l'étude de processus dont la nature semble mal connue.

LES TROIS NIVEAUX D'EXPLICATION

David Marr, un chercheur anglais mort prématurément, a distingué trois niveaux de théorie différents et complémentaires (Marr, 1982). Le premier, baptisé en anglais de « computational level », concerne l'étude de la nature des phénomènes que l'on cherche à modéliser. Le deuxième, qualifié d'« algorithmique », est relatif aux représentations, aux transformations, et aux algorithmes à utiliser. Les principes de mise en œuvre sur un matériel déterminé constituent le troisième niveau. L'approche connexionniste attaque essentiellement les problèmes au niveau deux. Les questions auxquelles on cherche à répondre concernent les représentations, les processus. Dans certains cas, cependant, étudier le « comment faire ? » (niveau 2) sans avoir élucidé complètement le « que faire ? » (niveau 1) peut paraître délicat si pas vain. Le jeu « le compte est bon » est sûrement exemplaire à cet égard. Il est difficile de tenter une simulation sans une interrogation préalable sur la nature du processus mental. Qu'est-ce qui se passe ? Quelle est la logique (au sens large) sous-jacente ? Quelles sont les connaissances, les concepts utilisés ? Qu'est-ce qu'un concept ?

Pour illustrer les distinctions entre les différents niveaux, Marr donne l'exemple de la vision à trois dimensions et de l'effet stéréoscopique. Il est inutile de chercher à comprendre comment la vision binoculaire crée la sensation de relief si on n'a pas préalablement étudié la nature de la stéréoscopie. Quel est l'effet à obtenir, quelles sont, dans les images obtenues au moyen de deux récepteurs, les informations à comparer ? Quelles relations lient les positions des objets dans ces images et leur distance aux récepteurs ? Une théorie mathématique est un prérequis à une compréhension des processus mis en œuvre.

La définition d'une théorie de la performance, premier niveau d'explication utile d'après Marr, n'est malheureusement pas toujours facile, ni peut-être possible. On peut imaginer que dans certains cas, un problème est résolu via l'interaction d'un grand nombre de processus élémentaires et que cette description est la plus simple possible. Mais comment savoir si une tâche, une performance admet bien une description de niveau 1 ? Ne pas arriver à en définir une ne signifie pas nécessairement qu'il n'en existe pas. Les problèmes abordés en I.A. sont en général fort complexes et les éléments théoriques dont on dispose, relativement pauvres. Etre obligé de simuler un certain nombre de processus de surface, de mécanismes paraît inévitable. Il s'agit d'un travail d'exploration préliminaire en quelque sorte. Le caractère un peu échevelé de certains programmes peut donc s'interpréter de deux manières différentes. On peut y voir le signe d'une impossibilité de définir une théorie cohérente de la compétence (le niveau 1 n'existe pas), ou l'interpréter comme le résultat d'une formalisation prématurée (le niveau 1 existe mais ne peut pas encore être étudié correctement). Le caractère complexe des tâches simulées entretient cette ambiguïté. Marr soutient du reste qu'il n'est pas sage de s'attaquer d'emblée à des problèmes que l'homme lui-même résout avec peine. « Lorsque nous effectuons des calculs mentaux », dit-il, « j'ai la conviction qu'il y a quelque chose que nous faisons correctement, mais que ce n'est sûrement pas de l'arithmétique ». « Commençons par isoler des problèmes que nous résolvons sans difficulté et étudions leur nature avant d'aborder des tâches plus complexes» ajoute-t-il.

Son point de vue ne fait cependant pas l'unanimité. Les interactions entre les différents niveaux de théorie sont, par exemple, évidentes. Comme je l'ai déjà dit, chercher à reproduire est une manière féconde d'approcher les phénomènes. Ce n'est pas uniquement pour des questions de complexité que la plupart des travaux d'I.A. portent essentiellement sur le «comment?». L'audace de ceux qui les ont entrepris s'enracine dans la conviction que les principes d'organisation, la logique des stratégies ne peuvent réellement s'étudier qu'à travers leur mise en œuvre. Les contraintes qu'elles imposent permettent de restreindre la classe des modèles possibles.

La critique formulée à l'encontre de l'étude prématurée des mécanismes, et plus spécifiquement ici à l'encontre de l'approche connexionniste doit donc être nuancée. Elle concerne, à des degrés divers, tous les modes de simulation de phénomènes complexes. Ce qui caractérise plus intimement le connexionnisme est le grain des représentations utilisées. Sa finesse contraste singulièrement avec la grossièreté de notre connaissance de ce qui se passe. On ne peut s'empêcher de penser qu'un niveau intermédiaire est nécessaire, sinon indispensable. Ce niveau devrait permettre de préciser le vocabulaire à utiliser pour décrire les phénomènes, de défricher le terrain...

PARTIE 2
L'INTELLIGENCE ARTIFICIELLE

Chapitre 7
Les machines peuvent-elles penser?

La possibilité d'une intelligence artificielle est débattue. Un test proposé par Alan Turing pour détecter la présence ou l'absence de « pensée » dans une machine est présenté et commenté. L'expérience de la « chambre chinoise » permet d'illustrer une objection souvent formulée à l'encontre de ce test et de son caractère formel. Le chapitre se termine par une discussion du rapport qu'entretiennent la forme et le contenu.

UN EMBRYON D'INTELLIGENCE

Les sentiers que nous avons suivis jusqu'à présent nous mènent inexorablement vers une question centrale, inévitable, et passionnante : les machines peuvent-elles penser?

Cette interrogation est parfois réputée dépourvue de sens. « Que signifie penser? » dit-on sentencieusement. Les termes, il est vrai, ne sont pas dénués d'ambiguïté. Pourtant, malgré le caractère un peu vague de la question, les considérations émises dans les analyses précédentes paraissent apporter des éléments de réponses. Certaines tâches, encore strictement réservées aux êtres humains il y a quelques dizaines d'années, peuvent maintenant être exécutées sans problème sur ordinateur. Même si les démarches suivies par un ordinateur et une personne ne sont pas parfaitement identiques, comme ces tâches étaient réputées nécessiter de l'intelligence, il est difficile de ne pas tirer la conclusion qui s'impose : il est déjà possible, actuellement, de faire naître sur machine des comportements qui exigent un embryon d'intelligence.

Même cette affirmation, d'apparence assez anodine pourtant, est encore loin de faire l'unanimité. Si on admet sans problème que certains comportements humains sont des comportements intelligents, si on reconnaît à certains animaux la capacité de résoudre des problèmes, on dénie farouchement, par contre, de baptiser intelligente toute performance réalisée par une machine. Le fait même d'automatiser une conduite paraît, au contraire, constituer une preuve de son caractère *non*-intelligent! Le jeu « le compte est bon », tel qu'il est simulé par les différents modèles, n'impliquerait aucune forme d'intelligence. L'essence même de l'esprit se trouverait, pour certains, dans ce qui n'est pas programmable. Il y a quelque chose de paradoxal, il est vrai, dans l'idée de vouloir reproduire au moyen de machines réputées non flexibles, dépourvues de désirs, d'émotions, des comportements dont l'essence semble liée à leur souplesse, leur faculté d'adaptation, leur diversité de formes. Vu sous cet angle, programmer des conduites intelligentes peut presque paraître contradictoire. J'espère avoir montré dans les paragraphes précédents que ce paradoxe est lié à une confusion des niveaux de comparaison. La logique implacable de la machine n'exclut pas la construction de logiciels fort souples dont la plasticité a des relents plus humains. En fait, le caractère mécanique des ordinateurs, la rigueur des lois de l'électronique est à rapprocher de l'intransigeance des lois biochimiques qui régissent le fonctionnement des éléments microscopiques du cerveau. On ne peut pas calculer à n'importe quelle vitesse, on ne peut mémoriser qu'un nombre limité d'éléments. Le système nerveux lui aussi obéit à des principes stricts. Le comportement oscillant des neurones suit les lois de la thermodynamique. Des rafales d'impulsions ne sont déclenchées que lorsque certains potentiels dépassent des seuils d'ignition précis. Les conversions de différences de concentration chimique en potentiel électrique s'expliquent en termes physico-chimiques rigoureux. On peut, du reste, stimuler artificiellement certains neurones et provoquer ainsi mécaniquement des expériences psychiques. La contradiction entre un comportement flexible et un substrat gouverné par des lois rigides n'est donc peut-être qu'apparente.

Il n'existe en principe aucune raison, a priori, de limiter l'intelligence aux espèces vivantes. Depuis des centaines d'années, l'être humain s'ingénie à multiplier sa puissance dans le domaine de la force, de la perception, à démultiplier ses capacités de travail et ceci non sans succès. Comment ne pas imaginer, dès lors, qu'il lui soit également possible d'amplifier la puissance de son cerveau? Certains se plaisent à voir dans ce cerveau un transformateur d'informations. Il faut admettre que nos ordinateurs, à l'heure actuelle, remplissent la même fonction — bien sûr de manière manifestement différente. Il est amusant de constater, du reste, que pour avancer nos véhicules ne courent pas et que nos avions ne battent pas des ailes. La production sur machine d'activités intellectuelles peut donc très bien s'imaginer sans une connaissance précise du fonctionnement du cerveau.

La véritable question est de savoir jusqu'où on ira. Pourra-t-on reproduire l'entièreté des activités de l'esprit? Cette question divise les spécialistes de l'I.A. en deux écoles. Les maximalistes ne voient pas de raison intrinsèque qui puisse empêcher un jour une machine de simuler parfaitement l'esprit humain, si ce n'est la complexité de la construction; un peu comme une transmutation de métaux, l'entreprise serait a priori possible mais trop difficile à réaliser pratiquement. Les autres, plus modestes ou moins audacieux, sont persuadés que l'ordinateur peut réaliser des tâches qui nécessitent de l'intelligence, qu'il s'agit d'un outil précieux, mais refusent d'admettre qu'il puisse avoir des «pensées», des «sentiments humains».

LE TEST DE TURING

Avant d'aborder cette question plus en détail, il serait utile de chercher à définir un critère, si possible opérationnel, qui nous permette de décider quand une machine commence vraiment à penser. Il existe un tel nombre de définitions de l'intelligence qu'il importe ici de préciser ce à quoi on fait référence. Si on veut pouvoir réfuter des objections du type «Votre machine ne peut pas vraiment penser parce qu'elle est incapable de danser correctement sur un air de musique», une définition claire est utile. En 1950 déjà, Alan Turing, un des fondateurs de l'I.A., abordait ce problème comme suit. Dans un article prophétique et provocant, publié dans la revue «Mind», il proposait de remplacer la question «Les machines peuvent-elles penser?», par un test (Turing, 1950, dans Hofstadter & Dennett, 1981). Ce test, connu depuis sous le nom de **test de Turing**, utilisait un jeu, appelé jeu d'imitation, que je décris ci-dessous.

Trois personnes sont situées dans deux pièces différentes: un homme A, une femme B et un interrogateur C dont le sexe importe peu. C se trouve dans une pièce différente de celle où se trouvent A et B.

Le but du jeu, pour C, est de deviner uniquement en posant des questions, le sexe de ses deux interlocuteurs. C les connaît, au début, sous les noms X et Y; il ou elle doit pouvoir, à la fin du jeu, être capable d'identifier leur sexe respectif. De manière à ne pas trop simplifier la vie de l'interrogateur, le jeu prévoit que A pourra essayer d'induire C en erreur (en ne disant pas la vérité), alors que B, par contre, cherchera à l'aider. Turing pose alors la question suivante : « Que se passerait-il si une machine se trouvait à la place de A ? C se tromperait-il aussi souvent que lorsque A est un être humain ? ». Cette question remplace, pour lui, la première interrogation : « Les machines peuvent-elles penser ? ».

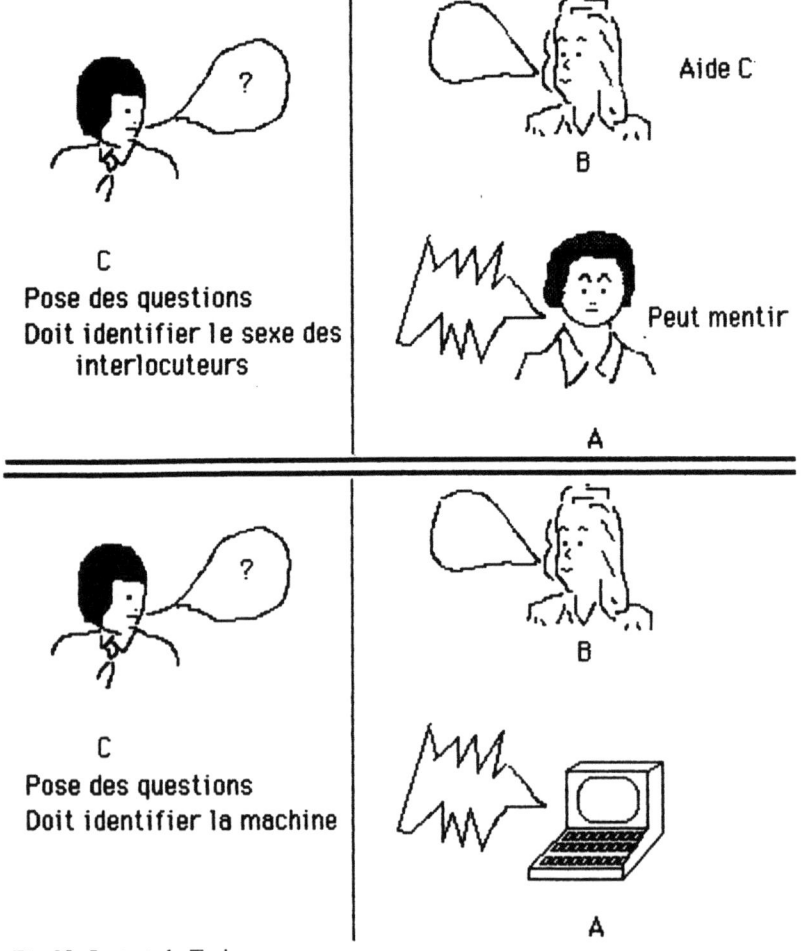

Fig. 25. Le test de Turing.

Après avoir exposé la nature de son texte, Turing poursuit en présentant un petit dialogue hypothétique.

C: *Pourriez-vous m'écrire un sonnet sur le pont de Forth? (Pont qui enjambe la Firth of Forth en Ecosse)*
X: *Je passe. Je n'ai jamais pu écrire des poèmes.*
C: *Que vaut la somme de 34957 et 70764?*
X: *(après une pause d'environ 30 secondes): 105621.*
C: *Jouez-vous aux échecs?*
X: *Oui.*
C: *Mon roi, la seule pièce que j'aie, est sur la case e8. Vos seules pièces, le roi et une tour, sont respectivement en e6 et a1. C'est à vous de jouer. Que faites-vous?*
X: *(après une pause de 15 secondes): Ta8 échec et mat.*

Ce dialogue illustre bien la puissance du test proposé. Un jeu de questions-réponses permet de sonder fort profondément un esprit. Les lenteurs, les erreurs, les refus sont des sources d'informations précieuses. Seule une lecture attentive vous permettra de voir que la réponse donnée au problème arithmétique, par exemple, est en réalité fausse! Est-ce une erreur humaine, une erreur d'exécution, ou une facétie de la machine?

Généralement, une version simplifiée du test est considérée. L'exercice se ramène à une tentative d'identification (personne ou machine) d'un seul interlocuteur (au lieu de deux) à travers un simple échange de questions et de réponses.

Sous des dehors un peu naïfs, le test présente des qualités indéniables. Il est, en effet, généralement fort difficile, lorsqu'on cherche à apprécier l'existence d'une certaine forme de compétence, de ne pas se laisser abuser par des signes extérieurs, des manifestations de surface. Attribuer une conscience à un interlocuteur, par exemple, ne paraît possible que s'il présente un degré de similarité physique suffisant avec nous. Comme le dit Henri Atlan «l'expérience immédiate de la peau, du corps, et des mots, pré-scientifique ou post-scientifique, motivée par un souci d'éthique du comportement plutôt que de connaissance objective, nous fait placer projet, intention, créativité — en même temps que liberté et responsabilité d'ailleurs — à l'intérieur d'une même peau, qui enveloppe un corps, qui ressemble au mien» (Atlan, 1986). La notion de douleur paraît intimement liée à la manière de la manifester. Imaginez votre réaction si les moules, au moment où vous les jetez dans une casserole, se mettaient à crier. L'ordinateur, sous ses dehors de machine à laver, est pour certains au moins, un pauvre candidat au titre de penseur. Lui attribuer une intelligence nécessite une bonne dose d'imagination. Faut-il attendre que nos robots soient couverts de peau synthétique pour être sensibles aux similarités de comportements qu'ils partagent avec nous? Turing, en proposant un dialogue aveugle, distingue très clairement les caractéristiques mentales du phénomène auquel il s'intéresse, de l'apparence physique de l'interlocuteur.

Un autre mérite de l'évaluation proposée est de définir le domaine d'intérêt. L'adresse physique, l'expression corporelle, par exemple, sont clairement exclues du test. De plus, la frontière entre intelligence humaine et intelligence artificielle est délibérément floue. Il se peut que la machine soit dépistée beaucoup plus souvent, ou légèrement plus souvent qu'un interlocuteur humain. La réponse à la question initiale «Les machines peuvent-elles penser?» n'est pas simplement oui ou non. En 1950, Turing pensait que dans 50 ans, les machines ne pourraient être identifiées que dans environ 70 % des cas après 5 minutes d'interrogation. Il n'a malheureusement pas vécu suffisamment longtemps pour voir si ses suppositions allaient se réaliser. Il est mort quatre années plus tard à l'âge de 41 ans, probablement suite à un suicide.

LA CHAMBRE CHINOISE

Le test, malgré son intérêt et ses qualités, est loin de faire l'unanimité. De manière à mettre en évidence son caractère «fallacieux», le philosophe américain John Searle propose de considérer l'expérience suivante (Searle, 1981).

Supposez que je sois enfermé dans une pièce. A côté de moi se trouvent plusieurs documents rédigés en chinois. Je ne parle malheureusement pas cette langue et la lis encore moins. Ces écrits sont donc incompréhensibles. Soudain, on me fait parvenir un nouvel ensemble de feuillets, toujours en chinois, mais accompagnés cette fois d'un mode d'emploi écrit en français. Les instructions me permettent d'établir certains rapports entre les deux ensembles de documents dont je dispose. J'ai appris, par après, que les premiers documents contenaient les informations nécessaires (la base de connaissances, si vous voulez) à la compréhension d'une histoire racontée dans le second ensemble de feuillets. La manière d'utiliser les connaissances pour comprendre l'histoire (le programme, en quelque sorte) constituait l'objet du mode d'emploi. L'expérimentateur, parce que je suis en fait le sujet d'une expérience, cherche alors à s'assurer que j'ai compris, grâce au programme, l'histoire qu'il m'a communiquée. Pour ce faire, il me transmet un jeu de questions en chinois et un nouveau mode d'emploi qui doit me permettre de répondre. Plus précisément, ce mode d'emploi m'explique comment je dois exploiter les deux premiers ensembles de documents pour dessiner des groupes de traits (des caractères chinois, à mon insu) susceptibles de constituer des réponses cohérentes aux questions posées. Pour Searle, je me trouve dans une situation similaire à celle d'une machine dans un test de Turing. Peut-on pourtant affirmer, demande-t-il, comme on le fait pour ce test, que la pertinence de mes réponses est une indication suffisante de ma maîtrise du chinois? Je peux très bien répondre sans avoir rien compris à l'histoire communiquée. De l'extérieur, ma conaissance du chinois paraîtra parfaite, alors que je n'entends rien à cette langue. Il suffit d'opérer les bonnes substitutions formelles. Je remplace des signes par des autres sans comprendre ce qu'ils signifient. On peut donc très bien imaginer qu'une machine réussisse le test de Turing en simulant un comportement humain, mais sans avoir accès aux significations.

Par son **expérience de la chambre chinoise**, Searle cherche à mettre en évidence les différences qui peuvent exister entre une simulation qui reproduit certaines caractéristiques «syntaxiques» du phénomène étudié et le phénomène lui-même. On peut très bien imaginer qu'à un certain niveau de description, une cuisinière à gaz et une cuisinière électrique aient des comportements strictement identiques: elles réagissent de la même manière aux mêmes ensembles de commande. Il n'empêche qu'elles obéissent à des principes de fonctionnement différents. Deux systèmes qui répondent de manière identique à des sollicitations identiques ne fonctionnent donc pas nécessairement de la même manière. Les traitements internes peuvent être radicalement différents. Le test de Turing n'est donc pas valide, conclut Searle.

Que faut-il penser de cette objection? Deux types d'arguments viennent à l'esprit.

Premièrement, Searle paraît sous-estimer la capacité inquisitrice du test de Turing. Reprenons l'exemple du jeu «le compte est bon». Dans ce cadre restreint, le test se ramènerait à soumettre à un interlocuteur inconnu, personne ou machine, différentes configurations du jeu. Sur base des réponses données, des erreurs, des hésitations, des délais observés, nous devrions nous prononcer sur son identité. Même dans un contexte aussi particulier, les comportements humains paraissent tellement caractéristiques, les aptitudes à mettre en œuvre tellement variées, qu'il est difficile d'imaginer qu'un système informatique puisse nous abuser sans partager un grand nombre de principes de fonctionnement avec l'esprit humain. Que dire alors du test de Turing dans toute sa généralité ? Tous les sujets peuvent être abordés. La forme d'expression, le style, les intérêts, les connaissances sont autant d'indications précieuses et tellement parlantes. Imaginez le dialogue suivant.

L'interrogateur :   *Ne croyez-vous pas que l'être humain risque un jour d'être exploité par les machines ?*

L'interrogé :   *Vous plaisantez ? On risque éventuellement d'en devenir esclaves. Mais les machines n'y seront pour rien.*

L'interrogateur :   *Si on parvenait un jour, par accident, à construire une machine plus intelligente que nous, elle pourrait mieux que nous comprendre la manière dont nous fonctionnons et par conséquent nous manipuler.*

L'interrogé :   *Vous aimez la science fiction ?*

L'interrogateur :   *Beaucoup. On pourrait en faire un roman. « L'homme nu » ferait un excellent titre. Ou peut-être « Le robot pensant ». Lequel préféreriez-vous ?*

L'interrogé :   *« L'homme nu » me rappelle Desmond Morris. Quant au robot pensant, c'est désolant. Vous devriez changer votre livre de chevet. Je suggérerais plutôt « Quand la machine s'éveillera ».*

Il est difficile d'imaginer que l'interrogé soit dépourvu d'humeur, de sentiment, d'humour.

La sous-estimation de la puissance du test de Turing n'est pourtant pas l'objection la plus souvent rencontrée à l'argumentation utilisée par Searle. La critique la plus fréquente et peut-être la plus fondamentale est la suivante. Induire de la réussite du test de la chambre chinoise que le sujet parle chinois n'est pas conforme à ce qui fut proposé par Turing. La seule conclusion valide à tirer est : *le système entier,* constitué du sujet, des documents en chinois, et des modes d'emploi en français, parle chinois. Choisir une personne pour effectuer les opérations élémentaires, couramment réalisées par l'unité centrale d'un ordinateur, est équivoque : ce faisant, on attire exagérément l'attention sur une partie du système qui joue un rôle spécifique et peut-être pas aussi fondamental que ne le suggère la description donnée par Searle. De plus, pour que le système réussisse le test de Turing *en temps réel*, ce rôle ne peut en aucun cas être rempli par une personne. Le nombre d'opérations à effectuer est telle que répondre à une seule question pourrait prendre des semaines, voire des années. Cette confusion des niveaux de complexité dénature complètement l'expérience. Supposez par exemple, comme suggéré par Hofstadter (Hofstadter & Dennett, 1981), que nous modifions certains paramètres. La pièce initiale est remplacée par une boîte qui a la dimension d'une boîte crânienne. Les symboles sur papier qui encodent les connaissances sont, eux, remplacés par des configurations de neurones; quant aux opérations de substitution réalisées par un sujet humain, on leur substitue des transferts d'excitations effectuées par un minuscule petit démon qui opère extrêmement vite. Les manipulations sont donc toujours uniquement formelles. Suivant les caractéristiques syntaxiques des messages d'entrée, des opérations physiques sont effectuées. Peut-on toujours dire que notre système ne comprend rien au chinois ? L'argumentation de Searle paraît vicieuse parce qu'elle confère un pouvoir magique au cerveau humain : une certaine forme d'intentionnalité, une capacité de donner de la signification, qui seraient le produit d'on ne sait quelle caractéristique du tissu nerveux.

Sa position transparaît peut-être encore plus clairement dans la reformulation suivante :

1 *Les programmes sont purement formels (c'est-à-dire,* syntaxiques*);*
2 *La syntaxe en elle-même n'est ni équivalente, ni suffisante à la sémantique;*
3 *L'esprit manipule des significations (c'est-à-dire des entités* sémantiques*).*

Pour bien comprendre la distinction syntaxe-sémantique utilisée par Searle, vous devez vous imaginer face à deux phrases écrites en deux langues différentes : une que vous ne connaissez absolument pas, l'autre en français. Vous serez immanquablement sensible à la syntaxe (la forme extérieure) des deux phrases, mais seule celle rédigée en français aura pour vous une signification. La **syntaxe** est liée aux propriétés formelles de la phrase : le nombre de mots, leur longueur, leur place, etc. ; la **sémantique** est liée à sa capacité d'évoquer des concepts familiers, d'établir des rapports.

La conclusion que Searle tire de sa reformulation en trois points est immédiate. Avoir un programme n'est ni équivalent ni suffisant pour avoir un esprit. Cette nouvelle présentation de son argumentation a le mérite de dégager très clairement les points de désaccord. Les propositions 1 et 3 ne posent pas de problèmes. La deuxième, par contre, ne peut être épousée par ceux qui sont convaincus de la possibilité d'une intelligence artificielle du type de celle dont j'ai parlé jusqu'à présent.

FORME ET CONTENU

Pour comprendre plus clairement la nature du désaccord, il est utile de se demander comment l'esprit peut, lui, avoir accès aux significations. En quoi le rapport cerveau-esprit est-il différent du rapport ordinateur-logiciel ? La réponse donnée est généralement la suivante. Le cerveau ne peut créer un espace mental signifiant (tirer sa puissance causale, diront certains) que grâce à ses caractéristiques neurobiologiques : les propriétés électrochimiques des neurones, les synapses et les molécules serrures, les neurotransmetteurs... Tout système capable de créer l'esprit devra donc posséder cette puissance causale du cerveau. Les micro-circuits, les puces en silicone ne sont pas des candidats crédibles.

Cette réponse est étrange. Elle semble mettre l'accent sur la nature du substrat invisible plus que sur sa performance observable. Mais est-il bien possible de séparer les deux ? Comment être convaincu qu'un système possède les caractéristiques neurobiologiques considérées comme indispensables si ce n'est par des similarités formelles ? Je m'explique. Imaginez que deux systèmes soient différents au niveau atomique, par exemple, mais soient similaires au niveau neurobiologique considéré précédemment. L'un des deux systèmes est composé de neurones normaux, l'autre de neurones artificiels mais qui fonctionnent identiquement aux neurones normaux. Les éléments considérés comme indispensables, quoique de composition différente, se comportent de la même manière. N'est-ce pas suffisant pour garantir des performances identiques ? Et si c'est le cas, n'est-ce pas admettre que seules importent les propriétés syntaxiques (formelles ou comportementales, si vous préférez) du système ?

La deuxième assertion de Searle paraît donc difficile à défendre. La spécificité du rapport cerveau-esprit doit être cherchée au niveau des *propriétés* du tissu nerveux, qui sont a priori reproductibles. Seule la syntaxe — le comportement visible — est cruciale. Mais à quoi correspond alors la sémantique mentionnée dans cette deuxième assertion ? A une forme sophistiquée de syntaxe, répond Hofstadter, un éloquent avocat de la position que je viens de présenter (Hofstadter,

1985b). Le contenu, dit-il, naît quand les formes externes sont perçues par un dispositif complexe, capable d'établir des distinctions subtiles, des abstractions, et surtout des liaisons avec d'autres concepts. Et pour illustrer cette affirmation, il propose de considérer l'exemple suivant. Supposez que l'on livre, à une machine hypothétique, la phrase M suivante :

« *Marie était malade hier* »

Différents niveaux de traitement «syntaxique» sont imaginables. La machine pourrait nous répondre

1. *M contient 20 lettres.*

Cette réponse paraît manifestement le résultat d'un traitement fort superficiel. Elle nous incite peu à croire que la phrase a été comprise. Considérez maintenant la gamme des réponses suivantes.

2. *M contient 4 mots.*
3. *M contient un nom propre, un verbe, un adjectif et un adverbe.*
4. *M contient un nom de personne, le verbe «être» conjugué, un adjectif décrivant un état de santé, et un adverbe de temps, dans cet ordre.*
5. *Le sujet de M est un pointeur vers une personne nommée Marie, le prédicat est l'imputation à cette personne d'un état malade le jour précédant celui où la phrase a été énoncée.*
6. *M affirme que la santé de la personne nommée Marie n'était pas bonne le jour avant aujourd'hui.*
7. *M dit que Marie était malade hier.*
8. *Marie était malade hier.*

On ne peut s'empêcher d'avoir l'impression que la compréhension est d'autant plus grande que le traitement de M se complexifie. Les termes semblent tirer leur signification des rapports qu'ils entretiennent avec d'autres et de l'utilisation qui en est faite. Ne pourrait-on pas dire qu'une machine capable de donner ces 8 réponses commence progressivement à comprendre la phrase M, même si c'est de manière rudimentaire? Les traitements formels suffisent à créer les significations. L'exemple donné ci-dessus n'est pas sans rapport avec certaines remarques que j'ai formulées lors de l'examen du jeu «le compte est bon». J'avais signalé comment, petit à petit, en réponse à des pressions exercées par les configurations, nous pénétrions au cœur de la signification des nombres. On devenait de plus en plus sensible à leurs différentes relations.

D'autres contributions au débat

L'I.A. n'est pas la seule discipline à s'intéresser aux rapports qu'entretiennent la forme et le fond. Les artistes en sont friands également. Les grandes œuvres sont souvent celles où le sujet représenté et le style utilisé s'épousent de manière harmonieuse. «Guernica» de Picasso ne serait pas aussi poignant si la forme de la peinture ne rappelait pas la violence de la scène. Certains poètes comme Guillaume Apollinaire ne se sont pas limités au style comme moyen de suggestion. L'écriture et la présentation du poème sur la page ont également été utilisées, comme dans le dessin ci-dessous.

P

PN

PEND

PENDU

PENDUL

PENDULE

Fig. 26. Une présentation suggestive.

L'école surréaliste est peut-être celle où cette étude a été la plus poussée. Les rapports sont délibérément contradictoires et provocants. Examinez par exemple les peintures de René Magritte. Sans parler de la musique, où le compositeur ne dispose que de formes pour créer son univers...

Le chercheur en I.A. n'est donc pas trop isolé dans sa recherche. Il réemprunte des sentiers séculaires avec de nouveaux et puissants moyens d'investigation. L'ordinateur est visiblement un outil privilégié pour étudier ces liens subtils.

Chapitre 8
Des fondements possibles

Trois postulats susceptibles de fonder l'affirmation «les machines peuvent penser» sont examinés. Le premier, qualifié de biologique, repose sur les similarités entre le cerveau et l'ordinateur; les deux appareils fonctionneraient en mode binaire. Le postulat psychologique, par contre, présuppose l'existence d'un univers mental reproductible au moyen de logiciels adéquats. Le troisième, enfin, postule la possibilité de formaliser tous les comportements intelligents. La pertinence de ces trois présupposés est discutée.

LES POSTULATS

Armé d'un test qui permet d'apprécier dans quelle mesure une machine peut être considérée comme intelligente, je peux revenir à la question que j'avais posée initialement: les machines peuvent-elles penser? Lorsqu'on cherche à examiner ce qui peut justifier la réponse affirmative donnée à cette question, il est commode, comme l'a proposé le philosophe américain Hubert Dreyfus, de distinguer différents types de postulats qui puissent fonder cette confiance (Dreyfus, 1983). La conviction fondamentale est évidemment que l'intelligence n'est pas une propriété spécifique des espèces vivantes mais plutôt le produit d'une machinerie d'un grand niveau de complexité. Mais en quoi les ordinateurs et leurs logiciels constituent-ils des substituts crédibles au cerveau et à l'esprit ? Trois types de postulats — les présupposés biologique, psychologique, et épistémologique — peuvent être invoqués.

LE PRESUPPOSE BIOLOGIQUE

Ce présupposé s'inspire essentiellement de similarités de fonctionnement entre le cerveau et l'ordinateur. Certaines caractéristiques des salves de signaux électriques émises par les neurones, appréhendables en termes de tout ou rien (modulation ou non modulation d'une impulsion), ont amené à dresser un parallèle avec le fonctionnement dichotomique de l'élément binaire autour duquel s'organise l'ordinateur. Puisque les deux appareillages paraissent avoir des principes de stockage de l'information et une logique de fonctionnement similaires, il était permis d'espérer que les performances réalisées soient comparables. Tel quel, ce postulat ne semble pas résister à une analyse un peu fouillée. Le codage topologique des connexions neuronales, par exemple, ne paraît être qu'un des modes de codage utilisés par le cerveau. Un codage chimique, fonction de la nature du neurotransmetteur mis en œuvre dans le transport de l'influx nerveux, doit également être considéré (Changeux, 1983). Le neurone n'est, d'ailleurs, peut-être pas la seule unité fonctionnelle du cerveau. Les cellules dites «gliales», par exemple, distinctes des neurones et généralement réputées jouer un simple rôle de soutien et d'alimentation dans le cerveau, pourraient avoir, selon certains, un rôle plus spécifique au niveau de la mémorisation.

Indépendamment des modalités de codage, il importe également de souligner les différences fondamentales au niveau des principes de fonctionnement. Ainsi, le cerveau opère en parallèle, alors que nos ordinateurs actuels travaillent essentiellement en séquence. Cette différence, qui peut paraître mineure dans la mesure où il est tout à fait possible de simuler le parallélisme sur un ordinateur classique, rend cependant particulièrement ardu de reproduire des comportements qui nécessitent une forte dose de parallélisme. Ce n'est pas par hasard que le cerveau se montre plus performant que l'ordinateur dans ce genre de tâche. Il est amusant de constater que si un ordinateur devait exécuter, en série bien entendu, toutes les opérations réalisées en parallèle dans le cerveau, il lui faudrait éventuellement plusieurs années, voire plusieurs siècles, pour effectuer ce qui se passe en une seconde dans le cerveau. Par contre, alors que la durée d'une opération élémentaire (transmission d'une impulsion nerveuse) se mesure en nanosecondes (10^{-9}) sur l'ordinateur, le neurone opère en des temps de l'ordre du millième de seconde. Il est donc un million de fois plus lent. Cette lenteur relative du cerveau pourrait largement être compensée par un « parallélisme massif » (au niveau des neurones, bien entendu).

Une opération qui nous semble élémentaire, du type reconnaissance d'un visage ou d'un mot, peut être réalisée par le cerveau en des temps qui avoisinent le dixième de seconde. Le processus doit donc se réaliser en une centaine d'étapes neuronales consécutives, chaque étape étant bien entendu composée d'un très grand nombre d'opérations parallèles. Nos algorithmes actuels sont loin du compte.

Le perceptron

Le mouvement connexionniste constitue une réponse à ce dernier problème. L'architecture utilisée se veut plus proche de celle du cerveau, le parallélisme étant exploité. Un des ancêtres les plus illustres de cette famille de modèles est le **perceptron** proposé par le chercheur américain Rosenblatt, fin des années 50 (voir par exemple Rumelhart & Zipser, 1986). Sa conception s'inspire explicitement du neurone. Il s'agit d'un dispositif qui, dans sa forme la plus simple, fonctionne comme suit. Il reçoit des excitations venant de différentes sources (des unités d'entrée, pour reprendre la terminologie utilisée précédemment), en fait une somme pondérée, puis répond positivement ou négativement suivant que cette somme est supérieure ou inférieure à un seuil donné. De manière plus concrète, on peut imaginer, par exemple, que les différentes excitations afférentes sont liées à l'intensité lumineuse avec laquelle certains points de la « rétine » sont éclairés à partir d'un objet donné. La réponse du perceptron doit être positive ou négative suivant que l'objet est d'un certain type ou non.

Donnons un exemple de mode de fonctionnement possible. Le perceptron qui m'intéresse ici doit pouvoir reconnaître une lettre « x » à un endroit donné de la « rétine ».

Il se structure naturellement comme un réseau à deux niveaux. Une unité d'entrée i reçoit une activation a_i; cette activation est transmise à une unité de sortie via un lien de poids w_i. Je supposerai que les entrées sont associées à un certain nombre de points situés sur la rétine; si un point est noir et si ce point doit être noir lorsque l'objet à reconnaître est un « x », a_i prendra la valeur 0; par contre, si le point

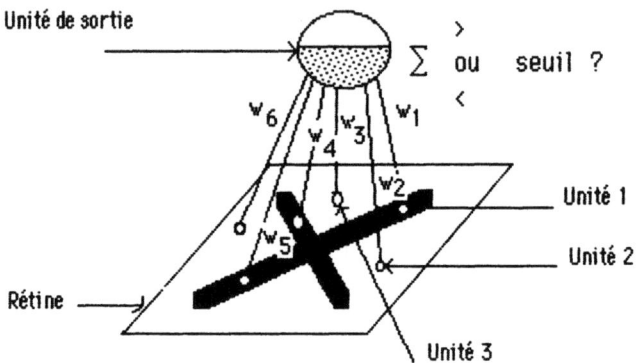

Fig. 27. Un perceptron.

est noir alors qu'il ne devrait pas l'être, a_i prendra la valeur -1. De même pour un point blanc : si ce point est blanc et s'il le reste lorsqu'un «x» est projeté, a_i vaudra 0; dans le cas contraire, a_i vaudra -1. Si tous les w_i valent 1 et si le seuil est -1, le perceptron répondra positivement chaque fois qu'il sera confronté à l'objet à identifier.

L'espoir secret était d'être capable, en interconnectant un nombre suffisant d'éléments simples de ce type, de reproduire les performances du cerveau. On a réussi à montrer que les perceptrons étaient capables d'apprendre à reconnaître des formes en modifiant progressivement les poids w_i. Je reviendrai sur cette propriété. Il était donc permis d'imaginer des systèmes qui se configurent spontanément en fonction des tâches à réaliser, les rétroactions du milieu (voir chapitre 12) guidant le système dans ses apprentissages. Malheureusement, une étude mathématique des perceptrons a mis en évidence leurs limites, du moins dans leur version la plus simple (Minsky & Papert, 1969). On peut, par exemple, voir relativement aisément qu'avec les principes de fonctionnement que je viens de présenter, un perceptron est incapable, dans les 4 figures suivantes, de distinguer celles qui sont constituées d'un seul point (les figures B et C), des autres (A et D).

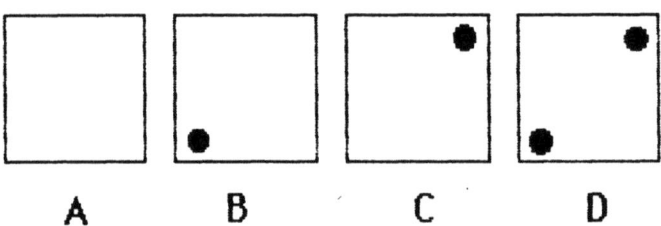

En effet, si la figure B doit être reconnue par le système mais pas la figure A, l'apparition du point dans le coin inférieur gauche du cadre doit contribuer à augmenter la somme pondérée des excitations qui arrivent à l'unité de sortie. Cette somme doit en effet, pour B, être supérieure au seuil fixé (puisque B est reconnu) et, pour A, être inférieure (puisque A n'est pas reconnu). Une même argumentation montrera que l'apparition du point dans le coin supérieur droit du cadre doit également contribuer à augmenter la somme pondérée des excitations afférentes. Dans la figure D, par conséquent, l'apparition simultanée des deux points (qui contribuent tous deux de manière positive) ne peut donc que provoquer des excitations dont la somme sera supérieure à celles obtenues avec les figures B et C (pour lesquelles les sommes étaient déjà supérieures au seuil). La figure D sera donc reconnue, ce qu'il fallait éviter. Les perceptrons sont amenés à prendre une décision uniquement à partir de constatations locales (qu'ils pondèrent et qu'ils somment). Cette manière d'opérer limite leur capacité.

Mais les perceptrons ne constituent qu'une classe particulière de l'ensemble des modèles connexionnistes dont j'ai parlé au chapitre 6. Et ces modèles ne sont plus sujets aux mêmes critiques. Comme les perceptrons, ils s'inspirent partiellement du système nerveux : parallélisme massif des opérations, grand nombre d'interconnexions, communications par excitations ou inhibitions, caractère distribué du contrôle, dégradation progressive et non brutale du système lorsqu'il est agressé. Par contre, l'effet sur le comportement d'actions chimiques globales, les différenciations suivant la nature des neurotransmetteurs utilisés, les transmissions de signaux par rafales, n'ont pas encore été intégrés. Peut-on affirmer que la similarité plus grande que les modèles récents présentent avec le système nerveux les autorise, plus que les modèles symboliques classiques, à se réclamer du postulat biologique ? Dans un sens oui. Il faut pourtant remarquer que ces modèles sont généralement *simulés* sur des ordinateurs classiques. Le postulat biologique doit donc être reformulé : l'intelligence artificielle paraît possible parce que le fonctionnement du cerveau est *simulable* sur ordinateur. Ce présupposé n'est cependant jamais invoqué. Le caractère fragmentaire des connaissances actuelles sur le fonctionnement du cerveau et les approximations dans la simulation des propriétés connues, invitent à la réserve. Les omissions, les schématisations sont, peut-être, trop importantes pour espérer reproduire, uniquement à partir des similarités des architectures de base, des comportements qui paraissent spécifiquement humains. La conviction que l'entreprise est possible doit, alors, trouver sa justification à un autre niveau.

Il est du reste troublant de constater que les unités élémentaires utilisées dans les modèles connexionnistes représentent souvent des concepts ou des micro-caractéristiques qui peuvent difficilement correspondre à un seul neurone du cerveau. On se situe manifestement à un autre niveau de description. L'analogie cérébrale qui fonde ces modèles semble fragile. On ne modélise pas un réseau de neurones mais un réseau de symboles, c'est-à-dire, d'états, de configurations du cerveau. Il apparaît délicat, pour justifier une architecture à un niveau donné, d'invoquer une similarité avec un niveau inférieur. Je reviendrai plus tard sur cette apparente contradiction.

Il apparaît donc difficile de tirer parti des similarités matérielles entre le cerveau et l'ordinateur actuel pour justifier la possibilité d'une intelligence artificielle.

LE PRESUPPOSE PSYCHOLOGIQUE

Alors que le présupposé précédent ne compte plus beaucoup d'adeptes actuellement, il est certain que la plupart des chercheurs en I.A. qui éprouvent le besoin de justifier le bien-fondé de leur mode d'approche de l'intelligence évoquent le présupposé psychologique. Ce présupposé postule l'existence d'un niveau mental spécifique, c'est-à-dire, d'un réseau d'entités descriptibles sans référence au cerveau. Il y aurait alors possibilité d'opérer une correspondance entre les symboles manipulés par la pensée et les objets que pourrait manipuler un ordinateur. Le postulat se retrouve, en fait, dans beaucoup d'assertions sur l'intelligence. En parler en termes de traitement de l'information est un exemple.

Postuler l'existence d'un niveau intermédiaire spécifique, distinct du niveau élémentaire et qui puisse s'appréhender indépendamment de lui, a de nombreux équivalents dans les autres sciences. La physique et la chimie appréhendent visiblement les phénomènes naturels à des niveaux différents. Les connaissances neurologiques actuelles ne paraissent, d'ailleurs, pas limiter de manière drastique les types d'opérations cognitives possibles. Le cerveau est un dispositif complexe, une monstrueuse machine à calculer qui rend possible une grande variété de démarches mentales apparemment différentes.

De manière plus formelle, on peut schématiser comme suit la correspondance postulée.

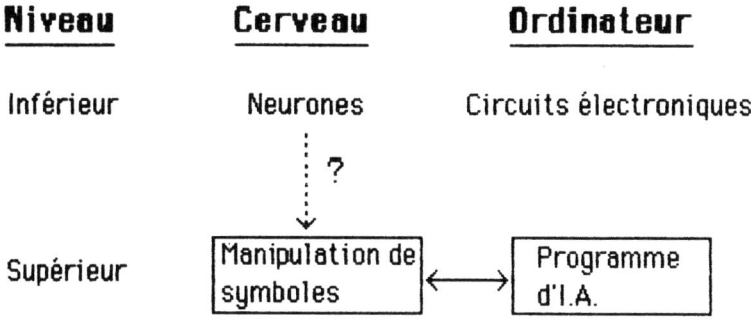

Fig. 28. Le présupposé psychologique.

Il y aurait donc moyen d'étudier le cerveau à un niveau supérieur sans faire référence à sa structure physique. Remarquez qu'une partie des discussions que nous avons eues sur la nature des symboles se ramène à une mise en cause du niveau communément utilisé en I.A. Insister sur la pertinence d'un niveau d'analyse sous-symbolique revient à affirmer que les programmes d'I.A. devraient se situer quelque part entre le niveau inférieur et le niveau supérieur.

Dans l'exemple du jeu « le compte est bon », le présupposé psychologique signifie ceci. Il y a moyen de comprendre et d'expliquer les processus mentaux observés chez les êtres humains uniquement à partir de notions du type nombres, opérations, objectifs. Aucun recours à la biochimie du cerveau, aux propriétés physiques des réseaux neurologiques ne paraît nécessaire pour rendre compte des phénomènes. Plus précisément, les activités nerveuses de base ne modulent le comportement qu'à travers le niveau symbolique et mental qui les chapeaute.

La version connexionniste du présupposé psychologique

Le postulat psychologique possède une version connexionniste différente. J'ai signalé dans les paragraphes précédents que les unités élémentaires utilisées dans les modèles connexionnistes ne correspondaient généralement pas à des neurones, mais à des configurations de neurones. Souvent, le niveau simulé n'est donc pas le système nerveux, comme pourrait le laisser croire une partie de l'argumentation utilisée pour justifier cette famille de modèles, mais un niveau supérieur. Cette ambivalence peut en fait être clarifiée en postulant une nouvelle forme de correspondance. Le chercheur américain Paul Smolensky propose d'interpréter comme suit les rapports entre le cerveau, l'esprit, et les modèles connexionnistes (Smolensky, 1986).

Cerveau Interprétation neurologique	Modèle connexionniste	Esprit Interprétation cognitive
neurone	**unité**	concept-hypothèse
rafale d'activations	**activation**	degré de confiance, d'intérêt
diffusion de la dépolarisation	**diffusion de l'activation**	inférence
contact synaptique excitation/inhibition	**connexions, poids + ou −**	relations conceptuelles
addition des dépolarisations	**somme des entrées**	accumulation de confiance
seuil de déclenchement	**seuil d'activation**	filtrage, élimination de ce qui est sans intérêt
limites dynamiques	**activations maxima limitées**	capacité limitée de traitement

Dans ce tableau, la colonne centrale présente différentes caractéristiques des modèles connexionnistes. Les colonnes contiguës contiennent ce à quoi elles correspondent dans le système nerveux et dans l'univers mental. Les deux correspondances sont bien entendu indépendantes. Répétons-le, un concept ne peut en aucun cas être assimilé à un neurone. On ne peut donc pas passer, dans ce tableau, directement de la colonne 1 à la colonne 3.

Le modèle connexionniste apparaît donc susceptible de deux interprétations possibles. Il peut simuler des phénomènes neurologiques ou bien des phénomènes cognitifs. Cette schématisation a évidemment un corollaire immédiat : les descriptions neuronales et cognitives ont une même structure mathématique sous-jacente. Ce postulat, parce qu'il s'agit manifestement de quelque chose qui n'est pas rigoureusement démontré, est donc sensiblement différent du précédent. Ici, la connaissance du système nerveux est importante puisque le niveau mental possède une structure similaire. Cette identité n'est pas nécessaire dans l'approche classique.

Le présupposé psychologique: mythes et réalités

Ce postulat, dans la version originale, soulève différents types de problèmes. Nous sommes tous convaincus de l'existence de différents niveaux d'analyse, encore faut-il trouver le niveau adéquat au type d'explication que l'on cherche. Prédire le temps en invoquant uniquement des cyclones, des anticyclones, et des masses nuageuses a manifestement ses limites; de même, vouloir appréhender les lois chimiques en caractérisant les corps par leur couleur, leur texture, et leur dureté, sans avoir recours à leur structure atomique, s'est révélé stérile pendant des siècles. Comme je l'ai déjà mentionné, le niveau de l'approche la plus fréquemment utilisée en I.A. ne fait plus l'unanimité. On utilise traditionnellement une certaine algèbre des symboles sur laquelle certains commencent à s'interroger. Les conduites se ramènent à des jeux d'instructions, les informations manipulées à des listes structurées. Un concept comme «salle de bains», par exemple, sera représenté par un cadre, c'est-à-dire, rappelons-le, un ensemble structuré d'informations, les informations pouvant être elles-mêmes des libellés, des procédures, ou d'autres cadres. Ce mode de représentation n'est pas neutre. Il postule en soi un certain nombre de propriétés de l'objet, en exclut d'autres, et conditionne les opérations envisageables. L'image mentale, si elle existe, est peut-être d'une nature toute différente. On peut se demander si, en fait, on ne modélise pas une certaine émergence du phénomène.

Indépendamment de cette critique, d'autres objections ont également été soulevées à l'encontre de ce postulat. Toute une famille de ces objections, mettant en cause la possibilité d'une définition formalisée de l'intelligence, se retrouve en fait dans l'argumentation suivante de Karl Popper (citée et développée par Ladrière, dans l'Encyclopaedia Universalis, 1971):

«Quand on explique que la machine peut accomplir telle opération, apparemment propre à l'esprit humain, ou bien on énonce une affirmation gratuite, ou bien on doit donner une définition précise de cette opération; mais une telle définition est déjà un schéma de programme. L'affirmation selon laquelle un tel programme peut être mis en œuvre par une machine est alors presque tautologique. Ce qu'on nous indique par conséquent, c'est que la correspondance entre la pensée et la machine vaut très exactement pour les opérations susceptibles d'être décrites avec précision. Le problème est de savoir si toutes les opérations de la pensée peuvent être décrites, c'est-à-dire, exprimées dans un langage possédant un sens, et si oui, dans un langage précis pouvant être traduit en algorithmes.»

L'idée qu'il existe éventuellement des comportements qui échappent à la juridiction des algorithmes se retrouve par exemple dans certaines distinctions entre les différents types de savoir (Buck, 1986). Le savoir symbolique, susceptible de représentations formelles, ne serait pas le seul à devoir être pris en considération dans l'étude de l'intelligence. Le problème avec ce genre de critique est qu'elle est en quelque sorte infalsifiable puisque, par essence, les comportements ou les connaissances en question sont indescriptibles. On ne peut, par définition, décrire précisément un comportement qui ne puisse être programmé.

S'il paraît possible d'imaginer que l'intelligence est une propriété du logiciel, pouvant par conséquent apparaître sur d'autres supports que le cerveau, il est tout de même permis de se demander si nos ordinateurs actuels représentent bien le substrat adéquat. Ce point sera évoqué dans le paragraphe suivant.

Il est également permis de s'interroger sur la nature de ce logiciel ou de ce niveau mental. Supposez que, frappés par les similarités fondamentales de nos comportements, nous cherchions à établir une correspondance entre nos structures mentales respectives. Le fait que nous puissions échanger des informations, que nous ayions souvent l'impression de nous comprendre, présuppose en effet une certaine forme de relations entre nos esprits. Vouloir établir cette correspondance au niveau neuronal paraît dépourvu de sens. L'établir au niveau des mots est déjà plus convaincant mais manifestement insuffisant. Nos communications ne sont pas toutes verbales. Quel est alors le niveau adéquat? Il existe, affirme Minsky, une société d'agents constituant l'esprit, et qui échangent des messages entre eux à l'intérieur d'une structure qui rappelle celle d'une société. Il serait donc possible de dresser une carte de l'esprit susceptible de représenter les éléments constitutifs de l'intelligence. C'est en fait à ce travail que s'emploie la plupart des chercheurs en I.A. Ils cherchent à comprendre comment s'organisent les modes de représentation et comment s'activent les symboles, et ils le font sans s'interroger sur la nature de la correspondance entre l'activité neuronale de base et l'activation des symboles. Ils s'astreignent donc obligatoirement à une activité de reconstruction, de reproduction, plus qu'à un décodage du fonctionnement cérébral. Rien cependant n'autorise à croire, a priori, que la reconstruction éventuelle correspondra parfaitement à la réalité. Conscients de ce problème, certains justifient alors leur approche au moyen d'un troisième postulat.

LE PRESUPPOSE EPISTEMOLOGIQUE

Ce présupposé, visiblement le moins puissant des trois, postule que tout comportement peut recevoir une expression formelle. Il ne s'agit donc plus de chercher à simuler un niveau mental hypothétique, mais plutôt de construire un système, fonctionnant de manière éventuellement différente du cerveau, qui puisse en reproduire les performances.

En reprenant l'exemple du jeu «le compte est bon», il y aurait moyen de simuler parfaitement les comportements observés, mais peut-être en suivant d'autres chemins que ceux empruntés par l'esprit humain. Le système serait capable, comme l'être humain, d'hésiter, de se tromper, d'imaginer des réponses nouvelles, d'être sensible aux évidences, mais en procédant de manière éventuellement originale. Les programmes d'échecs actuels et certains systèmes capables de dialoguer en français ou en anglais courant constituent sûrement de bons exemples de cette possibilité. Ils fonctionnent de manière substantiellement différente des sujets humains. Les programmes d'échecs tirent leur efficacité de leur capacité d'extrapoler et d'examiner à une grande profondeur tous les coups possibles à partir d'une configuration donnée. Les experts paraissent utiliser des stratégies fondamentalement différentes. Il n'empêche que leurs performances peuvent être comparables. L'analyse du langage opérée par certains systèmes qui simulent des entretiens semble obéir à une logique qui nous est totalement étrangère également. La similitude avec l'expression humaine est pourtant quelquefois troublante.

Les objections

Comme pour les deux autres présupposés, les objections ne manquent pas. Certains, par exemple, prennent prétexte du célèbre théorème de Gödel sur le caractère nécessairement incomplet de certains systèmes formels, pour affirmer qu'il existe, par essence, des domaines qui sont hors de portée des algorithmes: «le vrai dépasse le démontrable». Dans le même ordre d'idées, Turing a clairement mis en évidence les limites de ce que l'on peut attendre de certaines procédures en montrant que certains problèmes ne peuvent pas être résolus par des algorithmes.

Supposez, par exemple, que vous vouliez vous assurer qu'un programme d'ordinateur, lorsqu'on lui soumet des données, s'arrêtera après un certain temps. Il peut, en effet, être intéressant de savoir qu'on ne va pas s'embarquer dans une recherche infinie. Au même titre qu'il est impossible de compter tous les nombres réels (on en oubliera toujours), on peut montrer qu'une telle procédure générale ne peut mathématiquement pas exister. Le programme testeur, capable de déterminer si un programme donné aboutira ou non, n'existe pas et n'existera jamais. Ce résultat signifie clairement que certains faits sont hors de portée de nos ordinateurs. Turing, qui l'a établi en 1936, était pourtant un partisan farouche de l'I.A. Certains ont cependant pris argument de son théorème pour mettre en exergue les limites des approches formelles et pour nier la possibilité d'une intelligence artificielle. Des territoires ne pourraient, par essence, être violés par la machine. Encore faudrait-il être sûr que l'esprit humain ne connaît pas le même genre de limitation.

Une deuxième objection souvent rencontrée, et déjà largement commentée concerne le problème de la signification. Comment imaginer qu'une machine capable uniquement de manipuler des signes puisse avoir, comme l'esprit humain, accès aux significations?

On peut également se demander si tout système analogique (système qui représente les informations dans sa structure physique — variation de tension, augmentation de la résistance, etc. — et non de manière numérique) est nécessairement simulable sur un ordinateur digital. Et même si cela s'avère possible, il faut encore s'interroger sur l'utilité de l'approche dans la compréhension de ce qui se passe dans le cerveau, le système utilisé dans la simulation n'ayant éventuellement plus grand chose à voir avec la procédure utilisée en réalité.

Ainsi, par exemple, il semble sinon établi du moins probable que le système visuel ait recours à des transformations de Fourier dans le traitement des informations lumineuses (Kent, 1981). Il s'agit d'une transformation mathématique qui permet d'extraire dans un signal donné l'amplitude des oscillations périodiques qui le constituent. Il est évident que ces transformations sont exécutées par un dispositif analogique spécialisé et ne sont pas le résultat de calculs numériques d'intégrales. La description symbolique du processus introduit une confusion de niveau : la logique du fonctionnement neuronal est identifiée à la rationalité des dérivations à un autre niveau. On a suggéré, également, que le calcul d'une distance dans le champ visuel se fait en utilisant un processus analogique qui s'apparente plus à une mesure directe à partir d'un étalon de mesure qu'à des calculs mentaux conscients à partir du théorème de Pythagore.

Comme je l'ai déjà mentionné à la fin du chapitre 4 lorsque j'ai discuté de la pertinence psychologique des systèmes à règles de production, il est difficile d'imaginer, étant donné la diversité des utilisations possibles de l'information, mais également la complexité des paramètres à prendre en compte, qu'il n'existe pas un niveau auquel l'information collectée est manipulée à des fins d'exploitation, autrement que par des dispositifs analogiques ad hoc. N'est-il pas alors permis d'espérer qu'il y ait une manière de formaliser ces manipulations d'informations ? Et si cette possibilité existe, peut-on imaginer qu'elle ne soit pas unique ? Plusieurs systèmes d'architectures différentes pourraient-ils tous simuler parfaitement la monstrueuse gamme de comportements dont est capable l'esprit humain ? La réponse donnée à cette interrogation par Turing, à travers la définition de son test, est très claire. Toutes les machines capables d'un comportement suffisamment sophistiqué pour nous abuser lors d'un entretien doivent nécessairement obéir aux mêmes principes de fonctionnement. Il s'agit ici bien entendu, faut-il le mentionner, d'un pari et non plus d'un résultat mathématique.

UNE MACHINE NE PEUT FAIRE QUE CE QU'ON LUI DIT DE FAIRE

La discussion de ces postulats peut vous paraître académique. J'ai cherché à montrer dans les premiers chapitres comment certaines caractéristiques de nos comportements, a priori peu susceptibles d'automatisaton, pouvaient néanmoins être simulées au moyen d'architectures adéquates. La discussion qui a suivi, sur la possibilité théorique de créer une intelligence artificielle, semble suggérer qu'il n'y a aucune raison de restreindre la gamme des conduites simulables. Il n'en demeure pas moins difficile d'imaginer comment on peut amener des ordinateurs à être créatifs, à apprendre de nouveaux concepts, à se perfectionner spontanément. Ces facultés font pourtant partie intégrante de nos comportements. Leur examen ne peut être différé plus longtemps. Lady Lovelace, la fille de lord Byron et l'assistant du non moins fameux mathématicien Charles Babbage, fondateur infortuné de l'informatique, disait déjà, il y a plus de cent ans, qu'une machine ne pouvait faire que ce qu'on lui disait de faire. Elle écrivait :

« La Machine Analytique [machine qui préfigurait nos ordinateurs] n'a pas la prétention de créer quoi que ce soit. Elle peut faire uniquement ce qu'on lui commande d'exécuter. » Bien que l'approche de la créativité et de l'apprentissage artificiels en soient encore à leurs balbutiements, il n'est pas inutile d'illustrer la manière dont ces problèmes sont actuellement abordés en I.A.

PARTIE 3

LA CREATIVITE ARTIFICIELLE

Chapitre 9
La mécanisation de la créativité

Des machines intelligentes mais non créatives sont difficilement concevables. Pourtant, il y a toujours lieu d'être circonspect lorsqu'on vous dit qu'un ordinateur est créatif. L'originalité de la production est souvent attribuable à des artifices qui n'ont pas grand chose à voir avec la créativité humaine. Ce chapitre attire l'attention sur ce phénomène à partir de l'examen de quelques logiciels capables de composer des poèmes (« Singe »), de dialoguer (« Eliza »), de raconter des histoires (« Tale-Spin »). La machine est pourtant capable de générer des résultats inattendus, comme illustré par un algorithme mathématique tout simple, et la créativité n'a rien de magique comme semble le montrer un nouveau jeu de chiffres.

RIMBAUD ET LES MATHEMATICIENS

Deux nombres a et b supérieurs à 1, ont été tirés de manière aléatoire. Leur somme $a+b$ a été communiquée à un mathématicien S et leur produit $a \times b$ à un mathématicien P. S dit à P: «Tu ne peux pas savoir ce que vaut ma somme». P réfléchit un instant puis répond: «Tu ne peux pas savoir ce que vaut mon produit». S lui rétorque alors: «Je connais ton produit». P peut conclure: «Je connais a et b».

Que valent les nombres *a* et *b* pour que ce dialogue ait un sens ? De manière surprenante, l'information donnée paraît suffisante pour déterminer leur valeur. La résolution de ce problème n'est cependant pas triviale. Elle n'exige aucune connaissance mathématique particulière, simplement une bonne capacité de déduire d'une assertion donnée ses conséquences logiques. Il ne paraît pas nécessaire de faire preuve de créativité pour donner la réponse. La situation décrite impose des contraintes qui réduisent de manière drastique l'ensemble des solutions possibles. Il suffit de les expliciter et d'isoler la solution au moyen, par exemple, d'une simple énumération sélective. Imaginer qu'une machine puisse répondre à ce genre de questions paraît permis; le parcours à suivre est ardu mais fléché.

Relisez maintenant «Le Dormeur du Val» d'Arthur Rimbaud et posez-vous la même question. Ceci aurait-il pu être produit par un ordinateur ?

> *C'est un trou de verdure où chante une rivière,*
> *Accrochant follement aux herbes des haillons*
> *D'argent; où le soleil, de la montagne fière,*
> *Luit: c'est un petit val qui mousse de rayons.*
>
> *Un soldat jeune, bouche ouverte, tête nue,*
> *Et la nuque baignant dans le frais cresson bleu,*
> *Dort; il est étendu dans l'herbe, sous la nue,*
> *Pâle dans son lit vert où la lumière pleut.*
>
> *Les pieds dans les glaïeuls, il dort. Souriant comme*
> *Sourirait un enfant malade, il fait un somme :*
> *Nature, berce-le chaudement : il a froid.*
>
> *Les parfums ne font pas frissonner sa narine*
> *Il dort dans le soleil, la main sur sa poitrine,*
> *Tranquille. Il a deux trous rouges au côté droit.*

La question posée paraît sacrilège ou insultante. Les deux tâches, la résolution du problème arithmétique et la composition du poème, sont pourtant des tâches de haut niveau qui nécessitent la mise en œuvre de capacités intellectuelles pointues. Dans le premier exemple donné, la démarche à suivre, relativement sophistiquée, est prévisible et reproductible. La réponse est une conséquence des données contenues dans le problème. Depuis qu'il est possible d'automatiser les déductions logiques, la résolution de ce genre de problème n'est plus impossible à programmer. Le poème de Rimbaud semble obéir à d'autres lois. La performance est imprévisible, inattendue, peu contrainte par le monde extérieur. La production est originale, générée de manière un peu mystérieuse par une machinerie dont on ne peut saisir la logique. Il est fortement tentant d'invoquer la magie de l'inspiration.

La composition automatique de poèmes

La machine est-elle inévitablement condamnée à n'exécuter que des tâches qui relèvent de la déduction logique, de l'inférence ?

Avant d'aborder cette question, examinons par amusement ce que pourrait produire un ordinateur auquel on a cherché à apprendre à écrire des poèmes. Robert French, chercheur à l'université de Michigan, a écrit par exemple un logiciel appelé «Singe» (French, 1987). Ce programme tire son curieux patronyme de la fameuse allégorie du singe dactylographe qui, face à une machine à écrire, compose, en tapant de manière aléatoire sur les touches du clavier, un texte qui a un sens... Cette image, depuis lors, évoque la possibilité de produire par hasard un résultat qui ait une réelle signification. La métaphore n'est pas utilisée gratuitement. Le programme procède d'une manière qui rappelle un peu le singe de l'allégorie. Il produit des textes aléatoirement ! Le principe de fonctionnement est simple. A partir d'un texte d'origine, le programme calcule la fréquence d'apparition de tous les caractères. Prenez par exemple la première proposition du premier vers du «Dormeur du Val» :

C'est un trou de verdure.

A partir de cette phrase, on peut calculer la distribution suivante.

Caractère	*Fréquence d'apparition en %*
c	4
d	8
e	16
n	4
o	4
r	12
s	4
t	8
u	12
v	4
'	4
.	4
blanc	16

Le «4» en face du «c» signifie, par exemple, que sur les 25 caractères qui constituent la proposition «C'est un trou de verdure.», 1 est un «c» (1 sur 25 = 4 %).

Maintenant, le générateur peut produire un texte. Il tire une première lettre au hasard, en se servant de la distribution calculée ci-dessus. La probabilité de tirer un «e» est donc supérieure (quatre fois plus grande) à celle de tirer un «o». Il est bon, pour donner un soupçon de sens à cet exercice, d'imaginer que le texte source est un peu plus substantiel que l'exemple que j'ai pris. On pourrait supposer que le programme ait calculé sa distribution à partir de toutes les œuvres de Rimbaud. La deuxième lettre est choisie de manière identique à la première et ainsi de suite. Comme vous le soupçonnez sûrement, le résultat produit ressemblera assez peu à du français. Pour arriver à un résultat plus lisible, une méthode plus élaborée s'impose. Ne tenir compte que de la fréquence des lettres est insuffisant. Elles ne se succèdent pas dans un ordre quelconque! Un «d» est rarement suivi d'un «j». Relevons donc, pour chaque lettre, les fréquences avec lesquelles elles sont suivies par les autres. Dans notre exemple, ce recensement conduirait au résultat suivant.

Caractère initial	*Caractère consécutif*	*Fréquence d'apparition conditionnelle en %*
c	'	100
'	e	100
e	s	25
e	r	25
e	.	25
e	blanc	25
...	...	...

Ce tableau doit se lire comme suit. Le caractère «c» dans la phrase source est toujours suivi du caractère «'». La fréquence d'apparition conditionnelle de «'» après «c» est donc de 100 %; «e», par contre, est suivi dans 25 % des cas par «s», dans 25 % des cas par «r», dans 25 % des cas par «.», et enfin dans les 25 derniers pourcents des cas par un espace blanc. L'information utilisée est ici un peu plus riche. Notre texte a une chance de ressembler un peu plus à du français.

L'algorithme de génération doit être modifié comme suit. Une première lettre qui joue le rôle de graine est choisie parmi les caractères présents dans le texte source. Supposons que ce soit un «e». La deuxième lettre est tirée aléatoirement parmi les successeurs observés de «e». Ils ont été recensés dans notre tableau, avec leur fréquence d'apparition conditionnelle. Nous choisirons donc soit un «s», soit un «r», soit un «.», soit un espace blanc, chacun avec une probabilité de 0.25, puisque leur fréquence d'apparition conditionnelle est la même. Une fois la deuxième lettre obtenue, la troisième est choisie au hasard parmi ses successeurs en utilisant toujours la table, les probabilités de tirage des différents caractères étant égales aux fréquences conditionnelles. Et ainsi de suite. Le texte obtenu est dit d'**ordre un**. Les briques à partir desquelles nous produisons les phrases sont constituées d'*un seul caractère*. Rien ne nous empêche de créer des textes d'ordre deux. Pour ce faire, il suffit de remplacer dans notre table les caratères par des *suites de deux caractères* et de répertorier la manière dont elles s'enchaînent. Je conviendrai de dire que deux suites se suivent lorsqu'elles ont un caractère en commun. Dans le mot «verdure», «ve» est suivi par «er», qui est suivi par «rd», etc.

Appliquée à notre phrase source, la méthode donnerait la table

Caractères initiaux	*Caractères consécutifs*	*Fréquence d'apparition en %*
c'	'e	100
'e	es	100
es	st	100
st	t blanc	100
...	...	...

La phrase initiale n'est malheureusement pas suffisamment longue pour fournir des distributions intéressantes.

L'algorithme de génération reste le même qu'auparavant. Une graîne est choisie et les suites de caractères sont tirées de manière aléatoire conformément aux distributions conditionnelles spécifiées dans la table.

Il n'y a aucune raison de s'arrêter aux textes d'ordre deux. Pourquoi ne pas considérer des suites de 3, 4, 5 caractères ou plus? Ceci est parfaitement possible. On constate, du reste, que l'aspect français du texte s'améliore avec l'ordre. Les trois échantillons suivants sont respectivement d'ordre 1, 2 et 3. Le texte source est constitué d'une dizaine de lignes tirées d'«Exercices de Style» de Raymond Queneau.

Ordre 1
   « La entand'ar bon dentienc memed'u le rdevempapeu... »

Ordre 2
   « *Pationg qui du des expre surson failleter lui d'un endont...* »
Ordre 3
   « *Midi du presse jetendait de ruban. Cet individu par...* »

Il est difficile de ne pas résister à l'envie de donner « Le Dormeur du Val » en pâture à ce programme. Mieux, marions Rimbaud et Baudelaire, en livrant à « Singe » « Le Dormeur du Val », et « L'Ennemi » de Baudelaire, par exemple. Voici le texte de ce deuxième poème.

> *Ma jeunesse ne fut qu'un ténébreux orage,*
> *Traversé çà et là par de brillants soleils;*
> *Le tonnerre et la pluie ont fait un tel ravage,*
> *Qu'il reste en mon jardin bien peu de fruits vermeils.*
>
> *Voilà que j'ai touché l'automne des idées,*
> *Et qu'il faut employer la pelle et les râteaux*
> *Pour rassembler à neuf les terres inondées,*
> *Où l'eau creuse des trous grands comme des tombeaux.*
>
> *Et qui sait si les fleurs nouvelles dont je rêve*
> *Trouveront dans ce sol lavé comme une grève*
> *Le mystique aliment qui ferait leur vigueur?*
>
> *— O douleur! ô douleur! Le Temps mange la vie,*
> *Et l'obscur Ennemi qui nous ronge le cœur*
> *Du sang que nous perdons croît et se fortifie!*

Ces deux poèmes constituent le texte source à partir duquel « Singe » va élaborer sa table. De manière à obtenir un texte qui ressemble à un poème, sans recopier intégralement la source, convenons de fixer l'ordre de la génération à 5. Voici la poésie « rimbaudlairienne », comme l'a qualifiée l'auteur du programme.

> *Ma jeunesse ne fut qu'il reste en mon jardin*
>   *bien peu de fruits vermeils.*
> *Voilà que je rêve*
> *Le mystique aliment aux herbe sous la nuque*
>   *baignant dans le soleils;*
> *Le tonnerre et la nuque baignant dans le sol lavé*
>   *Comme des trous grands*
>   *Comme des trous de verdure où chante une rivière*
> *Accrochante une grève*
> *Le mystique aliment qui mousse de rayons.*

Comprenons-nous bien. Loin de moi l'idée de prétendre qu'un tel type de programme puisse modéliser, de quelque façon que ce soit, les processus mentaux suivis par les poètes. Ce que fait la machine a manifestement fort peu à voir avec la créativité humaine. De manière technique, elle simule un processus stochastique, souvent appelé «chaîne de Markov». Postuler que la créativité puisse être modélisée par un processus de ce type est insensé. Mon objectif est ailleurs. Cet extrait d'une poésie artificielle se veut une mise en garde. Une simple lecture du résultat pourrait induire une surestimation des capacités de la machine. Cette propension à interpréter trop généreusement des productions de systèmes artificiels, quelquefois appelé *effet Eliza*, est bien connu en I.A. Un test de Turing trop court, en quelque sorte, peut créer une illusion de créativité.

L'EFFET ELIZA

Cet effet important a été particulièrement mis en évidence à partir d'un programme écrit en 1966 par Joseph Weizenbaum du MIT (voir, par exemple, Boden, 1977). Il s'agit d'une simulation d'un thérapeute non directif. Le programme, appelé «Eliza», conduit un entretien avec un patient; il engage une conversation comme dans une vraie psychothérapie. La stratégie suivie consiste à faire parler le plus possible l'interlocuteur, et à expliciter ses sentiments pour les rendre plus apparents. Voici une traduction d'un extrait d'un dialogue observé.

Patiente: Les hommes sont tous semblables.
Eliza: **En quoi**
Patiente: Ils nous embêtent toujours pour une raison ou pour une autre.
Eliza: **Pourriez-vous me donner un exemple précis**
Patiente: Bon, mon ami m'a fait venir ici.
Eliza: **Votre ami vous a fait venir ici**
Patiente: Il dit que je suis déprimée la plupart du temps.
Eliza: **Je suis désolée d'apprendre que vous êtes déprimée**
Patiente: C'est vrai. Je suis malheureuse.
Eliza: **Croyez-vous que venir ici vous aidera à ne plus être malheureuse**
Patiente: J'ai besoin d'aide, ça au moins c'est certain.
Eliza: **Qu'est ce que ça signifierait pour vous de recevoir de l'aide**
Patiente: Je pourrais peut-être apprendre à m'entendre avec ma mère.
Eliza: **Parlez-moi de votre famille**
Patiente: Ma mère s'occupe de moi.
Eliza: **Qui s'occupe encore de vous dans la famille**

Patiente : Mon père.
Eliza : **Votre père**
Patiente : Vous êtes comme mon père.
Eliza : **Quelle ressemblance voyez-vous**
Patiente : Vous n'êtes pas très agressive, mais j'imagine que vous ne désirez pas que je remarque cela.
Eliza : **Qu'est-ce qui vous fait penser que je ne suis pas très agressive**

Ce qui fut le plus curieux est l'impression produite sur les patients par Eliza (ils communiquaient au moyen de terminaux). Certains ont prétendu n'avoir jamais été aussi bien compris ! Le programme, pourtant, fonctionne de manière fort élémentaire. Certains mots clef sont identifiés, des structures de phrases sont isolées, des transformations simples sont appliquées. Dans une phrase du type « You are not very aggressive » (« Vous n'êtes pas très agressive ») — le programme parle anglais —, le « You » est remplacé par « I », le « are » par « am » et « Why do you think that » (« Pourquoi croyez-vous que ») est ajouté en début de phrase. La réponse est alors « Why do you think that I am aggressive » (« Pourquoi croyez-vous que je suis agressive »). Tout ceci paraît fort cohérent et marche généralement fort bien. Le programme n'a malheureusement rien compris à ce qu'on lui a dit. Lorsqu'aucune structure ne peut être identifiée, lorsqu'aucun mot clef n'est détecté, il existe des réponses passe-partout, du type « Please go on » (Continuez, s'il vous plaît »), « I see » (« Je vois »). Et ceci suffit parfois à créer l'illusion. Le malheur, c'est que si vous dites à Eliza « Pourriez-vous mariner une minute sans faire décluter votre corbechin ? », elle continuera comme si de rien n'était. Jouer à la vratouille ne devrait pas lui causer de problèmes !

Depuis lors, l'effet magique produit quelquefois par certains programmes élémentaires est appelé « effet Eliza ». Il est donc important d'être fort circonspect lorsqu'on compare la créativité artificielle à la créativité humaine. La situation est d'autant plus avantageuse pour la machine que les contraintes imposées par l'environnement sont faibles. Toute performance qui permet de prendre de la licence par rapport à la forme, à la syntaxe, voire au fond, comme la poésie et la peinture surréalistes, est a priori facile à simuler, de manière superficielle du moins. L'entretien non directif conduit par Eliza lui permet de ne jamais se compromettre ; la thérapeute peut prétendre ne rien connaître du monde qui l'entoure. Si nous demandons par contre à la machine de nous inventer une histoire sensée, l'illusion paraît beaucoup plus difficile à entretenir. Voici une traduction (dans laquelle j'ai dû introduire des distinctions entre passé simple et imparfait, distinctions qui n'existent pas en anglais) d'un extrait d'une histoire composée par un programme appelé «Tape-Spin», présenté en 1976 par James Meehan, comme thèse de doctorat, à l'université de Yale (Meehan, 1976).

Il était une fois une fourmi appelée George qui vivait près d'un terrain. Il y avait un nid dans un frêne. Wilma, l'oiseau, vivait dans le nid. Il y avait de l'eau dans une rivière. Wilma savait qu'il y avait de l'eau dans la rivière. George savait qu'il y avait de l'eau dans la rivière. Un jour Wilma eut très soif. Elle voulut s'approcher de l'eau. Wilma vola de son nid, à travers une prairie, à travers une vallée jusqu'à la rivière. Wilma but l'eau. Wilma n'avait pas soif. George avait très soif. George voulut s'approcher de l'eau. George marcha de son terrain, à travers la prairie, à travers la vallée jusqu'à la rive d'une rivière. George tomba dans l'eau. George voulait s'approcher de la vallée. George ne pouvait pas s'approcher de la vallée. Wilma voulait que George s'approche de la vallée. Wilma voulait s'approcher de George. Wilma saisit George avec sa patte. Wilma emmena George, de la rivière, à travers la vallée jusqu'à la prairie. George fut très attaché à Wilma. George devait tout à Wilma. Wilma lacha George. George tomba dans la prairie. Fin.

Contrairement à ce que pourrait laisser penser une lecture rapide, «Tale-Spin» est en fait un programme très sophistiqué. Il utilise un modèle du monde physique et des comportements humains, il simule des personnages plausibles qui ont des émotions, des objectifs, des relations. Malgré la complexité des méthodes mises en œuvre, le résultat ne réussit cependant pas à nous abuser. Meehan lui-même, du reste, insiste sur la difficulté de la tâche. Il consacre un chapitre de sa thèse à l'exposé des erreurs, des absurdités dont a été capable son système. Donner un petit exemple de ce type de confusions peut être utile pour illustrer les difficultés.

«Tape-Spin» sait, par exemple, que (1) si un agent A déplace un objet B en un endroit C, l'agent et l'objet se trouveront tous les deux en C après que l'action ait eu lieu. De même, (2) si un objet est dans l'eau, «Tale-Spin» sait que cet objet coulera s'il ne sait pas nager, pas voler, ou ne peut pas appeler au secours. De plus, on lui a dit que «X tombe dans l'eau» signifie «la gravité a déplacé X». A partir de ces éléments de connaissance (entre autres), il a produit le morceau d'histoire suivant: *«Henri glissa et tomba dans l'eau. La gravité [qui ne pouvait ni nager, ni voler, ni appeler au secours] coula.».* La démarche suivie est claire: la règle (1) a permis d'inférer que la gravité est dans l'eau, la règle (2) qu'elle doit nécessairement couler. Tout ceci est parfaitement logique...

La route qui mène à la mécanisation (hypothétique) de la créativité est encore longue.

L'IMPREVISIBILITE DES MACHINES

De manière un peu paradoxale, la créativité se caractérise peut-être plus par ses régularités secrètes que par sa nouveauté échevelée. Etre original, ce n'est sûrement pas avoir la capacité de produire n'importe quoi.

Dans le domaine scientifique comme dans le domaine artistique, les œuvres les plus créatives sont rarement celles qui n'obéissent à aucune loi. Elles présentent souvent des symétries troublantes. Leur originalité vient plus de notre incapacité à voir les filiations logiques avec ce qui existait préalablement, que de caractéristiques intrinsèques de l'œuvre. Il y aurait un certain «ordre», un naturel, une simplicité *a posteriori*, des nouveautés, et des principes cachés qui les sous-tendent.

Mais les machines, également, sont capables de nous surprendre. S'il est vrai qu'elles ne peuvent faire que ce qu'on leur commande d'exécuter, leur puissance générative est telle qu'il nous est souvent impossible de prévoir leurs comportements. On se représente quelquefois un programme comme une série d'instructions qui, à chaque pas, dicte à la machine ce qu'il faut faire, comme si tous ces pas avaient été anticipés et soigneusement préparés. Il est souvent plus instructif de l'imaginer comme une graîne qui engendre des phénomènes qui peuvent être inattendus. Cette métaphore n'est bien entendu pas totalement correcte. Dans le monde naturel, la graîne ne constitue qu'un des facteurs du développement. L'environnement, par ses interactions, intervient de manière importante dans la croissance. La comparaison n'est donc que partiellement valide, puisque nous supposons ici que le patrimoine génétique est le seul déterminant. Elle a cependant le mérite de nuancer l'affirmation de Lady Lovelace «les ordinateurs ne peuvent faire que ce qu'on leur commande d'exécuter». Cette phrase est en effet trompeuse. Elle véhicule l'idée d'un parcours balisé à l'avance, d'un processus prévu. Comme l'exemple qui suit devrait vous en convaincre, rien n'est moins vrai.

Les fractals

Imaginez un algorithme tout simple défini par l'équation suivante.

$$x_{n+1} = x_n^2 + C$$

De quoi s'agit-il? D'une simple recette pour construire une suite de nombres. La prescription encodée dans l'équation est la suivante. Choisissez un premier nombre de manière arbitraire. Prenons 0, par exemple. Appelez-le x_1. Le deuxième nombre, appelé x_2, s'obtient en élevant x_1 au carré et en lui ajoutant le nombre C. Cherchons donc à construire x_2. La formule nous donne $x_2 = 0^2 + C$. Mais que vaut C? Il doit être fixé au départ pour que l'algorithme puisse déboucher sur un résultat. Convenons que C, dans cet exemple, vaut 1/2. On a donc $x_2 = 0^2 + (1/2) = 1/2$. Et ensuite? Le troisième nombre, nous dit-on, appelé x_3, s'obtient en élevant x_2 au carré et en lui ajoutant C. Avec les valeurs que nous avons choisies, x_3 vaudra $(1/2)^2 + (1/2) = 3/4$. x_4 s'obtient de la même manière à partir de x_3; il vaudra $(3/4)^2 + (1/2) = 17/16$. La séquence peut donc se construire de manière progressive:

0 → 0.5 → 0.75 → 1.0625 → 1.63 → 3.15 → 10.44 → 109.57 → ...

Où va-t-on aboutir? Sûrement à l'infini, si on a suffisamment de patience! La séquence paraît inexorablement attirée vers lui. Il est qualifié dans ce cas d'«attracteur». Cette notion n'est pas nouvelle pour nous. Rappelez-vous les systèmes connexionnistes et le caractère privilégié de certaines configurations vers lesquelles toutes les autres semblaient attirées.

Remarquez qu'avec une autre valeur initiale, nous serions également tombés dans la zone d'influence de ce puissant attracteur. La séquence s'envole en fait vers l'infini, quelle que soit la valeur initiale.

Si C vaut 0, par contre, la situation est différente. Toutes les suites qui commencent par un nombre compris entre -1 et $+1$ convergent vers 0. Prenez par exemple la valeur initiale 0.5. La séquence sera:

0.5 → 0.25 → 0.0625 → 0.0004 → ...

Commencer par un nombre dont la valeur absolue est supérieure à 1, par contre, nous entraîne de nouveau à l'infini. Il y a donc, suivant la valeur initiale, deux attracteurs possibles, 0 et l'infini.

Une situation plus intéressante apparaît si C vaut -1. Commençons, par exemple, la séquence en 3/2. Nous obtenons à partir de cette valeur la suite suivante, comme vous pouvez le vérifier avec une calculatrice.

$0.5 \to -0.75 \to -0.44 \to -0.81 \to -0.35 \to -0.88 \to -0.22 \to -0.95 \to -0.01 \to -0.99 \to -0.02 \to -1 \to 0 \to -1 \to 0...$

On a deux attracteurs, 0 et −1, entre lesquels oscille la séquence. Ceci est vrai quelle que soit la valeur initiale, pour autant qu'elle soit comprise entre −1.618 et +1.618, c'est-à-dire ((1 + $\sqrt{5}$) /2). Les valeurs initiales extérieures à cet intervalle induisent une divergence vers l'infini (par exemple 3 → 8 → 63 → 3968, etc.). Lorsque C vaut −1, on peut donc distinguer, sur une droite, deux régions distinctes: l'ensemble des valeurs initiales qui nous entraînent vers l'infini et l'ensemble des valeurs pour lesquelles la suite ne diverge pas vers l'infini.

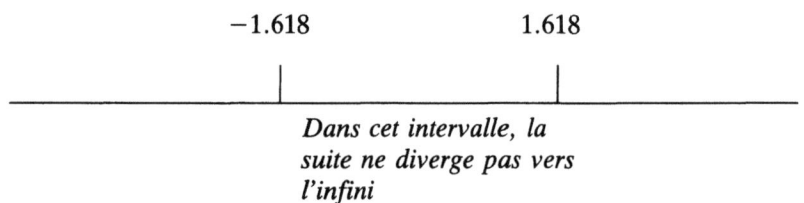

Dans cet intervalle, la suite ne diverge pas vers l'infini

Nous ne sommes pourtant pas au bout de nos étonnements. Après avoir constaté l'existence d'un ou deux attracteurs, après avoir observé des oscillations périodiques, nous allons maintenant mettre en évidence des comportements erratiques. Toujours à partir de la même formule, bien entendu. Prenez C = −2. En commençant de nouveau en 0.5, la séquence devient

$0.5 \to -1.75 \to 1.06 \to -0.87 \to -1.24 \to -0.46 \to -1.79 \to 1.20 \to -0.56...$

Le parcours suivi paraît parfaitement chaotique. Et ceci est vrai pour toutes les valeurs initiales comprises entre −2 et +2. En dehors de cet intervalle, on replonge vers l'infini.

L'illustration du comportement de la suite $x_{n+1} = x_n^2 + C$ est plus spectaculaire encore si on convient d'utiliser des nombres complexes. Les valeurs initiales deviennent alors des points du plan, les séquences, des orbites étranges. De nouveau, une ou deux régions de valeurs initiales peuvent être distinguées et l'infini est toujours le centre d'attraction de l'une d'elles. Mais les frontières entre ces régions ont maintenant des formes merveilleusement complexes. Le graphique ci-dessous représente une partie de la région des points qui ne peuvent se résoudre à diverger vers l'infini lorsque C vaut (−0.8 0.2) (cet ensemble de points est appelé un «ensemble de Julia»).

Fig. 29. Une structure mathématique inattendue.

La subtile élaboration des frontières est impressionnante. Elles ont une structure dite «fractale». Elles restent finement ciselées quel que soit le niveau d'agrandissement. Un examen à la loupe ne permettrait pas de distinguer des arrondis, des courbes douces. Que des formes aussi fines, aussi peu «mathématiques» *a priori* puissent être produites à partir de formules aussi simples amène à réfléchir. Le caractère esthétique de certains graphes obtenus de cette manière est indéniable. Ils ont du reste fait l'objet de différentes expositions un peu partout dans le monde. La beauté et la mathématique s'épousent dans un merveilleux désordre. Le résultat produit est le fruit d'une loi simple.

Le rapport avec mon propos est évident. La précision de l'algorithme initial débouche sur une organisation chaotique totalement inattendue. L'ordinateur peut donc quelquefois se montrer imprévisible. Le royaume de la création ne peut pas lui être interdit *a priori*, sous prétexte d'incapacité à innover.

UN NOUVEAU JEU DE CHIFFRES

Cette petite digression sur la magie de certains processus dynamiques a permis de nuancer les affirmations de Lady Lovelace. Mais l'acte créatif reste mystérieux.

Nous avons appris, lorsque l'œuvre produite est relativement peu structurée, à nous méfier des performances de la machine. Il est souvent tentant de lui attribuer des qualités dont elle est totalement dépourvue. Nous savons également que les ordinateurs sont capables de créer, dans la mesure où il n'est pas toujours possible d'anticiper leur comportement. Mais nous ne restons là qu'à la surface du phénomène. La création paraît clairement mettre en œuvre tout notre arsenal conceptuel. Imaginer pouvoir la comprendre, sans avoir étudié en détail cet arsenal et son organisation, est illusoire. Au mieux peut-on émettre certaines hypothèses. Hofstadter, auteur lui-même fort créatif, situe son essence dans notre capacité de pouvoir trouver des variations sur un thème donné, c'est-à-dire en fait, dans notre capacité d'extraire d'une situation donnée la structure abstraite qui en constitue la nature ultime (Hofstadter, 1982). Pour présenter son point de vue, je vais de nouveau utiliser, comme lui l'a fait du reste, un jeu de chiffres. La pureté et la simplicité de ce type de jeu permet souvent d'isoler des phénomènes intéressants. Ces jeux sont la plupart du temps fort amusants. Nous sommes donc dans les conditions idéales pour apprendre.

Seriez-vous capables d'extrapoler une séquence numérique à partir de quelques-uns de ses éléments ? Ce défi rappelle certains tests d'intelligence. Rassurez-vous, nous nous en tiendrons ici à des séries fort simples. Vous n'êtes même pas supposé savoir additionner, soustraire ou multiplier. On fera essentiellement appel à votre capacité de remarquer des régularités (des répétitions, des progressions, ...).

Affirmer qu'une même série est toujours susceptible de quantité d'extrapolations différentes est devenu un cliché. C'est pourtant cette aptitude à percevoir, dans une ambiance fort contraignante, toutes les séries compatibles qui paraît ici intéressante. La plasticité avec laquelle nous pouvons structurer de différentes manières un ensemble de stimulations, la pertinence, l'esthétisme, la qualité de cette structuration, sont autant d'éléments que le jeu va permettre de mettre en évidence.

Supposez que je commence la séquence comme suit :

1 ... ...

La contrainte imposée est fort faible! Quantité de réponses possibles surgissent à l'esprit. Listons les deux plus évidentes.

1a : *1 1 1 1 1 1 1* ... ...
1b : *1 2 3 4 5 6 7* ... ...

Attendons un terme supplémentaire avant de débrider notre imagination. Le voici.

1 2 ... ...

De nouveau, une légion d'extrapolations différentes (pour la plupart entièrement gratuites) est envisageable. Une version révisée de 1a :

2a : *1 2 1 2 1 2 1 2* ... ... (à lire 1 2 * 1 2 * 1 2 * 1 2 * ...)

1b est toujours compatible et d'autres candidats sont imaginables. Citons-en quelques-uns, en précisant leur logique.

2b : *1 2 2 2 2 2 2 2* ... ... (à lire 1 * 2 * 2 * 2 * 2 * 2 * 2 * 2 * ...)
(on grimpe jusqu'au plafond 2, auquel on se stabilise)
2c : *1 2 2 1 1 2 2 1* ... ... (à lire 1 2 * 2 1 * 1 2 * 2 1 * ...)
(une séquence de 2 nombres consécutifs suivie par la même séquence inversée)
2d : *1 2 2 3 3 4 4 5* ... ... (à lire 1 2 * 2 3 * 3 4 * 4 5 * ...)
(séquences croissantes de 2 nombres consécutifs avec recouvrement partiel)
2e : *1 2 1 2 3 1 2 3 4* ... ... (à lire 1 2 * 1 2 3 * 1 2 3 4 * ...)
(séquences de longueur croissante, commençant en 1)

Et bien d'autres encore... Il est grand temps de proposer un troisième terme.

1 2 2 ... ...

La déception est grande pour trois des séquences précédentes (1b, 2a, 2e). Les séries 2b, 2c, 2d ont par contre bien passé ce test. Mais le nouvel élément fourni évoque de nouvelles réponses possibles. Que penseriez-vous de celles-ci?

3a : *1 2 2 1 2 2 1 2 2* ... ... (à lire 1 2 2 * 1 2 2 * 1 2 2 * ...)
(version révisée de 2a)
3b : *1 2 2 3 3 3 4 4 4 4* ... ... (à lire 1 * 2 2 * 3 3 3 * 4 4 4 4 * ...)
(un 1, suivi de deux 2, suivi de trois 3, suivi de quatre 4 ...)
3c : *1 2 2 2 3 2 4 2 5 2* ... ... (à lire 1 2 * 2 2 * 3 2 * 4 2 * 5 2 * ...)
(une séquence 1 2 3 4 ... où chaque nombre est suivi par un 2)
3d : *1 2 2 1 3 3 1 4 4 1* ... ... (à lire 1 2 2 * 1 3 3 * 1 4 4 * ...)
(une séquence 2 3 4 ... où chaque nombre est dédoublé et précédé par un 1)

Le quatrième terme serait le bienvenu. Les réponses pourraient devenir farfelues... Le voici.

1 2 2 3 ... ...

Listons les deux propositions qui survivent à ce nouveau terme.

2d : 1 2 2 3 3 4 4 5 ... ...
3b : 1 2 2 3 3 3 4 4 4 4 ...

L'information que je viens de fournir en ajoutant le 3 à la série paraît précieuse. L'ensemble des possibles (ou du moins des raisonnables) commence à devenir plus limité. Mais les alternatives ne manquent toujours pas.

4a : 1 2 2 3 1 2 2 3 1 2 2 3 ... (à lire 1 2 2 3 * 1 2 2 3 * 1 2 2 3 * ...)
   (version révisée de 3a)
4b : 1 2 2 3 2 2 5 2 2 7 ... (à lire 1 * 2 2 * 3 * 2 2 * 5 * 2 2 * 7 * ...)
   (une séquence 1 2 3 4 ... où une fois sur deux un nombre est remplacé par 2 2)
4c : 1 2 2 3 2 2 2 2 5 ... (à lire 1 * 2 2 * 3 * 2 2 2 2 * 5 * ...)
   (une séquence 1 2 3 4 ... où une fois sur deux un nombre est remplacé par un nombre correspondant de deux)
4d : 1 2 2 3 4 4 5 6 6 7 ... (à lire 1 * 2 2 * 3 * 4 4 * 5 * 6 6 * 7 * ...)
   (une séquence 1 2 3 4 ... où une fois sur deux un nombre est répété)
4e : 1 2 2 3 2 2 1 2 2 3 2 2 1 ...
   (à lire 1 * 2 2 * 3 * 2 2 * 1 * 2 2 * 3 * 2 2 * 1 * ...)
   (on monte jusqu'à 3 en répétant le 2 puis on redescend à 1 et ainsi de suite)
4f : 1 2 2 3 4 4 5 6 7 ... (à lire 1 2 * 2 3 4 * 4 5 6 7 * ...)
   (on grimpe par séquences croissantes de plus en plus longues, avec recouvrement d'un élément)

Sans mentionner des réponses encore plus farfelues du type

4g : 1 2 2 3 1 2 3 3 1 1 2 3 ...
   (à lire * 1 * 2 2 * 3 * * 1 * 2 * 3 3 * * 1 1 * 2 * 3 * * ...)
   (succession de séquences 1 2 3 avec répétition du deuxième élément, puis du troisième, puis du premier, et ainsi de suite)

On ne peut s'empêcher de préférer certaines propositions à d'autres. Le caractère artificiel, trop spécifique, *ad hoc* des séries 4a ou 4g, par exemple, est manifeste. La simplicité ou le naturel de 2d ou 3b par contre leur confère une certaine élégance. Nos « créations » peuvent difficilement échapper à ces qualifications esthétiques — même dans un univers de chiffres.

Que vaut le cinquième terme ? La séquence se prolonge comme suit.

1 2 2 3 3 ... ...

Seules deux de nos suggestions précédentes sont compatibles avec cette nouvelle contrainte. Mais il n'est pas difficile de mettre à jour notre stock de propositions. Arrêtons-nous ici, cependant. La séquence à découvrir est

1 2 2 3 3 3 4 4 4 4 5 5 5 5 5 ... ...

Remarquez en passant, qu'il n'est pas possible de lister entièrement la série. Les points utilisés pour prolonger l'énumération des 15 premiers termes semblent affirmer que la continuation de la série, à ce stade, est certaine et inévitable.

Dans cet exercice, les inadéquations constatées entre les modèles proposés et la réalité furent autant d'incitations à modifier, à réinterpréter, à mettre à neuf. L'esprit avait besoin d'être forcé en quelque sorte pour devenir créatif. Ceci paraît être un paradoxe. La créativité serait le fruit d'un certain nombre de pressions internes et externes, de contraintes imposées par le milieu, les situations, les événements, la culture.

LA CREATIVITE ET L'ESSENCE DES CHOSES

La source de pression n'est pas toujours la recherche d'adéquation entre une théorie et la réalité. Un simple désir de nouveauté peut quelquefois suffire. Supposez par exemple que nous cherchions à imaginer des variantes de la séquence précédente.

Nous pourrions proposer

1 0 2 2 0 3 3 3 0 4 4 4 4 0 ... ...

en soulignant la structure de la séquence au moyen de séparateurs explicites insérés entre les différents morceaux. Dans un autre ordre d'idées, les variantes suivantes sont également envisageables.

1 1 2 2 2 3 3 3 3 4 4 4 4 4 ... ...
2 3 3 4 4 4 5 5 5 5 6 6 6 6 6 ... ...

Ces deux versions paraissent produites par une même perception de la séquence initiale : essentiellement une suite de x «1», suivie par (x + 1) «2», («x + 1» signifie ici «successeur de x» puisqu'on n'est

pas censé savoir additionner) suivi par (x + 2) «3», etc. Suivant que
x prend la valeur 1, 2 ou 0 on trouve la série originale ou ses deux
dérivées. Des variations plus subtiles sont envisageables. Imaginez par
exemple que la série soit conçue comme une suite croissante d'éléments, chaque élément étant caractérisé par un nombre et un facteur
de répétition (qui dans l'exemple s'avère être égal au nombre). Cette
perception peut se représenter comme suit

	Nombre	Répétition
Premier élément	*1*	*1*
Deuxième élément	*2*	*2*
Troisième élément	*3*	*3*
Quatrième élément	*4*	*4*

Cette visualisation autorise différentes variations. Si je conviens par
exemple d'associer un même facteur de répétition, disons 1, à tous les
éléments, la série devient

1 2 3 4 ... ...

Si par contre, je ne considère que deux nombres différents, disons 0
et 1, et que je ne modifie pas le facteur de répétition, j'obtiens

0 1 1 0 0 0 1 1 1 0 0 0 0 ... ...

On pourrait même ne considérer qu'un seul nombre, disons 1, et
utiliser un chiffre, disons 0, pour séparer les éléments.

1 0 1 1 0 1 1 1 0 1 1 1 0

Ce type de création, que l'on pourrait qualifier d'*improvisation sur
un thème donné,* motivée par une recherche de nouveauté, est visiblement fort fréquent. Une grosse partie des travaux scientifiques se
ramène à ce genre de variations. Proposer une nouvelle théorie, par
exemple consiste souvent à transformer légèrement des principes
connus et établis et à en explorer les conséquences. Les œuvres artistiques également peuvent fréquemment se regrouper en familles d'inspiration commune. L'essence même du processus consiste à percevoir
dans une structure les caractères susceptibles de varier; voir dans la
séquence numérique que le nombre de répétitions de chacun des éléments peut être varié, par exemple. La performance devient plus
difficile lorsqu'il s'agit de percevoir des caractères sous-entendus, des
éléments de répétition 0. Introduire des séparateurs dans la série s'apparente à ce genre d'exercice. Ils étaient implicites, en quelque sorte,
dans la séquence initiale.

Mais ne risque-t-on pas, à force de modifications, de dénaturer le thème initial? Cette question passionnante est absolument centrale. Qu'est-ce qui constitue l'essence d'un style, ou plus généralement d'un concept? La variation «1 2 3 4 ...» paraît à cet égard limite. N'a-t-on pas perdu l'esprit de l'original?

Comme je l'ai déjà mentionné, la compréhension de la créativité paraît dépendre de la connaissance de notre organisation conceptuelle. L'exemple ci-dessus a mis clairement en évidence certains processus qui ne sont peut-être pas fondamentalement différents de ceux qui sont analysés dans le jeu «le compte est bon». L'esprit est sensible à certaines caractéristiques d'une situation et, suivant les pressions induites, glisse d'une représentation à l'autre, d'une variation à l'autre. Cette caractérisation est moins caricaturale qu'il n'y paraît. Elle s'applique à une grande gamme de comportements.

Variations sur le jeu «le compte est bon»

A titre d'illustration, cherchons à créer des jeux. Notre source d'inspiration ne peut être, bien entendu, que le jeu «le compte est bon».

La première variante qui vient à l'esprit est de modifier la distribution de la cible. Décidons de la rendre constante et de la fixer à 100. Le jeu se ramène à obtenir 100 à partir de 5 briques tirées de manière aléatoire entre 1 et 25. Voici une configuration possible et la solution de cette version 1 du jeu.

Version 1 Cible: 100
 Briques: *3 8 23 9 1*
 Solution: *(3 + 8) × 9 + 1*

Une deuxième alternative est de fixer les briques et de laisser varier la cible. De manière à rendre le jeu possible, il faudrait bien entendu augmenter le nombre de briques. Convenons d'en prendre 9 et de fixer leur valeur à 1, 2, 3, 4, 5, 6, 7, 8 et 9. Voici une configuration possible du jeu et une solution correspondante.

Version 2 Cible: 487
 Briques: *1 2 3 4 5 6 7 8 9*
 Solution: *9 × ((7 × 8) − 2) + 1*

D'autres modifications sont imaginables. Quittons par exemple l'univers des chiffres, en respectant la structure du jeu, et remplaçons les briques par des lettres. Que devient la cible? Disons l'ensemble des mots du dictionnaire. Le nouveau jeu consiste à chercher à former, à partir de lettres données (convenons d'en tirer 7 au hasard), le plus long mot possible. Voici une configuration.

Version 3   *Cible: un mot du dictionnaire*
             Briques: F H F E I R C
             Solution: CHIFFRE

Et pourquoi ne pas remplacer les briques par des mots? La cible serait une histoire cohérente et drôle de 200 mots maximum. L'évaluation est supposée être confiée à des juges soigneusement choisis.

Version 4   *Cible: une histoire drôle de 200 mots maximum*
             Briques: réseau créativité glissement pression jeu
             Solution: choisir au hasard un paragraphe de 200 mots maximum dans ce chapitre

Et les variations paraissent exister à l'infini. Est-il imaginable de reproduire ce genre de comportement à partir d'un ordinateur?

Chapitre 10
Des systèmes créatifs

Deux types de système qu'on pourrait qualifier de créatifs sont présentés. Le premier logiciel, Seek-whence, permet de jouer au jeu de chiffres proposé au chapitre précédent. Il utilise l'architecture des systèmes à réseau introduite au chapitre 5. Il modélise une créativité banalisée, conçue comme un sous-produit de notre activité mentale quotidienne. Un deuxième type de système, centré cette fois sur la simulation de découvertes scientifiques, est illustré à travers la présentation de deux programmes bien connus en I.A. : AM et Eurisko. AM est capable de retrouver certains concepts et faits mathématiques, et Eurisko s'applique à différents domaines comme la programmation en LISP, les circuits VLSI, le combat naval. Ici, la créativité est conçue comme le produit de l'utilisation judicieuse d'heuristiques générales.

SEEK-WHENCE

Les extrapolations de séquences numériques ont été simulées de nombreuses manières différentes. Le programme Seek-whence par exemple, présenté par Marsha Meredith comme thèse de doctorat à l'université d'Indiana, peut résoudre des problèmes du type de ceux que je viens de présenter (Meredith, 1986). Il peut deviner, comme nous l'avons fait, à partir de quelques éléments, les prolongements plausibles d'une suite de nombres. Ses aptitudes au calcul sont pourtant fort limitées. Il est incapable de faire des différences, de compter par deux ou par trois, de multiplier. Essentiellement, il est sensible aux répétitions de termes, aux suites croissantes ou décroissantes. Il peut donc a priori détecter (ou inventer?) la structure de

1 1 2 1 2 3 1 2 3 4 ... ...

qu'il décomposerait en 1 * 1 2 * 1 2 3 * 1 2 3 4 * ... et formuler une règle explicite qui permette de décrire et d'extrapoler la série. Par contre

2 3 5 7 11 ... ...
ou 1 4 9 16 25 ... ...

qui sont respectivement la suite des nombres premiers et celle des carrés, restent pour lui impénétrables. Ses capacités sont celles qui sont exigées pour jouer au jeu décrit précédemment. Lorsque des nombres lui sont présentés, il formule des hypothèses, puis les révise si elles sont invalidées. Comme un sujet humain, le programme cherche progressivement à isoler la structure de la séquence. Pour ce faire, il utilise un système à réseau similaire dans sa philosophie et son architecture à celui que j'ai présenté précédemment pour simuler le jeu «le compte est bon».

Les primitives

La séquence numérique soumise au programme est analysée en termes de primitives élémentaires. Elles constituent les éléments qui permettent de décrire les structures. Conçues comme des modules qui admettent un ou deux paramètres, elles peuvent être interrogées. Elles répondent en affichant un ou plusieurs nombres. Voici comment elles ont été définies.

Compte k Renvoie k, puis à la sollicitation suivante k+1, puis k+2...
   Exemple: (Compte 4) → 4 (la première fois) puis 5 (la deuxième fois)...

Copie val k Renvoie k copies de val.
   Exemple: (Copie 5 3) → (5 5 5)

Augmente k n Renvoie le groupe de termes croissants (k, k+1, ..., k+n−2, k+n−1)
   Exemple: (Augmente 3 4) → (3 4 5 6)

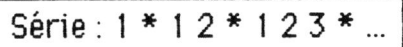

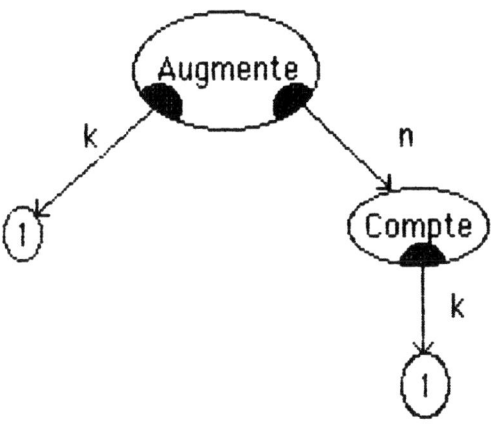

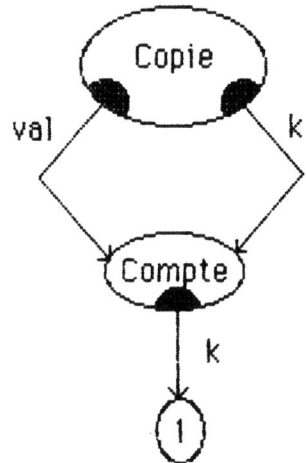

Fig. 30. Décomposition de deux séries.

Diminue k n *Renvoie le groupe de termes décroissants (k, k−1, ..., k−n+2, k−n+1)*

Exemple: *(Diminue 6 3)* → *(6 5 4)*

Symétrise volet centre *Renvoie un groupe de termes constitué des termes repris dans le volet, des termes qui constituent le centre et enfin, des termes repris dans le volet mais en ordre inverse.*

Exemple: *(symétrise (3 5) 9)* → *(3 5 9 5 3)*

Répète groupe *Renvoie simplement le groupe de termes donnés comme argument.*

Exemple: *(répète (3 5 4))* → *(3 5 4)*

Boucle groupe *Renvoie le premier élément du groupe à la première sollicitation, puis le deuxième à la sollicitation suivante, etc. Lorsque tous les éléments sont épuisés, recommence avec le premier.*

Exemple: *(boucle (4 2))* → *4 (la première fois), puis 2 (la deuxième fois), puis 4, puis 2, etc.*

Ces primitives peuvent bien entendu se combiner. Elles permettent alors de décrire des structures plus complexes. Voici, présentées de manière graphique (voir fig. 30), les décompositions de deux séries au moyen de ces primitives.

Ces graphiques doivent s'interpréter comme suit. L'interrogation du module supérieur, par exemple «augmente», se répercute aux niveaux inférieurs. Pour obtenir son deuxième paramètre (n) «augmente» doit en effet solliciter le module «compte», qui, la première fois, lui répond «1». La structure produite lors de cette première interrogation sera donc (augmente 1 1), c'est-à-dire «1». Une deuxième sollicitation du module «augmente» donne, via l'activation de «compte» qui cette fois répondra «2», le couple (1 2). La troisième fois, la réponse donnée est (1 2 3), et la quatrième fois (1 2 3 4), puisque la valeur renvoyée par «compte» augmente chaque fois. La série se construira ainsi par sollicitations successives du module le plus haut.

Le même processus appliqué au deuxième diagramme permet d'obtenir la séquence 1 2 2 3 3 3 4 4 4 4 ... La primitive «copie» interroge «compte» qui lui renvoie une première fois la valeur 1. La structure produite est donc (copie 1 1), c'est-à-dire «1». Lors d'une deuxième sollicitation, la forme (copie 2 2), c'est-à-dire (2 2), sera produite. La troisième fois, la réponse donnée sera (3 3 3), et ainsi de suite.

L'architecture de Seek-whence

La tâche de Seek-whence se ramène donc à rechercher une combinaison de modules susceptibles de décrire correctement la séquence présentée.

Les nombres entiers qui constituent les termes possibles des séries, et les noms des primitives que je viens de décrire constituent les éléments d'un *réseau glissant*. Reliés par des liens de longueur différente, ils schématisent le réseau conceptuel qui sous-tend les perceptions. Suivant que l'accent est mis sur «copie» plutôt que sur «augmente», le système sera plus sensible aux répétitions d'éléments qu'aux progressions. De même, la proximité entre les primitives représente sa capacité de passer d'un point de vue à l'autre. Une série perçue essentiellement comme constituée de «copies» pourra se visualiser facilement comme une suite de «répétitions» si les primitives correspondantes sont proches dans le réseau.

Le traitement se subdivise en deux phases. Dans un premier temps, le système cherche à construire une hypothèse. Ensuite, il l'évalue en la confrontant aux données et la reformule éventuellement. La plupart des manipulations se font dans un *cytoplasme* qui contient les différents termes de la série, les relations qui les lient, et certains regroupements d'unités que j'appellerai **molécules**. Ces éléments peuvent quelquefois être volatiles. Certaines agrégations, sous pression du réseau glissant ou de nouveaux termes communiqués, disparaissent. D'autres naissent, grandissent. Ce milieu fort peu stable se révèle malheureusement peu propice à la formulation d'hypothèses. Meredith a dû postuler, à côté du réseau glissant et du cytoplasme, une troisième structure appelée le **socratoplasme**. C'est là que s'élaborent les hypothèses à partir d'inspirations puisées dans le cytoplasme et de suggestions du réseau glissant. Il s'agit donc d'un niveau intermédiaire.

Comme dans tous les systèmes à réseau du type de celui que j'ai présenté au chapitre 5, l'exécution d'une tâche se ramène à l'activation de *codelets* choisis au hasard dans un porte-codelets. Pour chaque codelet, sa probabilité d'être exécuté est toujours proportionnelle à sa priorité. Ceci permet, sinon d'ordonner strictement les différentes phases du traitement, de distinguer ce qui est important de ce qui l'est moins, en le rendant plus probable.

L'objectif est de simuler un processus mental, c'est-à-dire principalement, ici, la capacité de percevoir, de reformuler, de créer. L'accent est mis sur la découverte de structures. Dans la mesure du possible, on a évité d'encapsuler des mécanismes trop intelligents, comme c'est souvent le cas en I.A. Les performances du système sont plus un produit de l'architecture que de l'incorporation d'une ou deux règles fort générales. On n'utilise donc pas des hypothèses préfabriquées auxquelles on confronte systématiquement les données. Ceci constitue sûrement un des intérêts majeurs du système.

Un exemple de fonctionnement

La meilleure manière de comprendre le fonctionnement est peut-être d'examiner comment le système traite une série donnée. Prenons, par exemple, la séquence

1 2 1 2 3 1 2 3 4 1 2 3 4 5 ... ...

et admettons que deux termes, 1 et 2, aient déjà été présentés. Directement, la relation « successeur adjacent », qui lie 2 à 1, est notée. L'existence de ce lien suggère leur regroupement : une première molécule est formée dans le cytoplasme. Pour avoir une chance de survie, cette molécule doit encore recevoir la « bénédiction » du réseau glissant : une des primitives doit s'y reconnaître. Dans ce cas, pas de problème, puisqu'il s'agit d'une manifestation du module « augmente ». La molécule est donc « adoubée ». A ce moment, l'activité dans le cytoplasme se calme momentanément. Le socratoplasme cherche à y collecter des éléments qui puissent l'aider à formuler une hypothèse. La présence de la molécule (1 2) suggère la construction d'une sous-structure de type (augmente 1 2). Celle-ci est encapsulée dans une forme appelée **« gnoth »** (du grec « connais-toi toi-même »). Le système peut maintenant chercher à proposer une première hypothèse. Dans la simulation que nous examinons, «(compte 1)» est considéré. Les hypothèses les plus générales sont, en effet privilégiées, mais d'autres auraient pu être retenues. N'oubliez pas que les systèmes à réseau sont imprégnés d'aléatoire. Cette hypothèse est testée, puis retenue. Armé de cette première idée, le programme est prêt à recevoir le troisième terme de la séquence.

La situation est donc la suivante :
- dans le cytoplasme, on trouve les structures ci-dessous.

Terme 1 : Valeur 1

Terme 2 : Valeur 2

Molécule (1 2):
Classe: molécule
Type: successeur
Valeur: (1 2)
Position de départ: 1
Longueur: 2
Eléments constitutifs: (terme 1 terme 2)

- dans le socratoplasme, on trouve

gnoth 1:
Classe: gnoth
Primitive: augmente
Molécule: molécule (1 2)
Position dans la séquence: (1 2)

- l'hypothèse est

(compte 1)

La présentation du troisième terme « 1 » invalide malheureusement l'hypothèse. Une reformulation s'avère nécessaire. De nouvelles relations sont notées dans le cytoplasme et les liens correspondants sont créés.

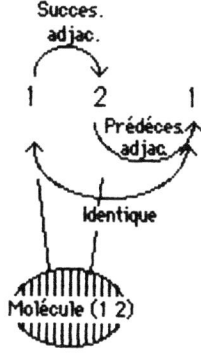

Fig. 31. Le cytoplasme après présentation du troisième terme.

Une molécule composée du seul troisième terme « 1 » est créée. Un gnoth correspondant la fixe dans le socratoplasme sous la forme (augmente 1 1). La présence de deux gnoths correspondant à la même primitive du réseau glissant (augmente) provoque une révision de l'hypothèse, qui devient (augmente 1 2). Le système postule donc une séquence du type 1 2 1 2 1 2 ... La présentation du quatrième terme

«2» confirme cette hypothèse. Plus sûr de lui, le système tente un pronostic. Il prédit un «1» comme cinquième terme. Malheureusement, sa prévision est infirmée par la présentation d'un «3». Il doit manger son chapeau et se remettre au travail.

La situation dans le cytoplasme et le socratoplasme peut alors se schématiser comme suit.

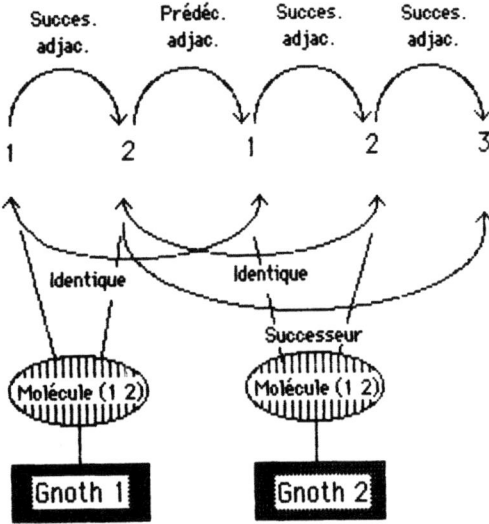

Fig. 32. Cytoplasme et socratoplasme après présentation de 5 termes.

Les différentes liaisons qui unissent les 5 premiers termes de la séquence provoquent une redécomposition en deux molécules :

Molécule (1 2) :
Classe : molécule
Type : successeur
Valeur : (1 2)
Position de départ : 1
Longueur : 2
Eléments constitutifs : (terme 1 terme 2)

Molécule (1 2 3) :
Classe : molécule
Type : successeur
Valeur : (1 2 3)
Position de départ : 3
Longueur : 3
Eléments constitutifs : (terme 3 terme 4 terme 5)

Ces regroupements sont les résultats de tâtonnements du système, où, compte tenu de la nature et de l'intensité des liens dans le cytoplasme, différentes agrégations sont proposées. Chaque fois qu'une molécule est «adoubée», le réseau permanent exerce une pression pour favoriser des regroupements du même type, c'est-à-dire correspondant à la même primitive. Remarquez que d'autres décompositions auraient pu être considérées. Une molécule symétrique du type (1 2 1), par exemple, aurait pu apparaître. Par contagion, elle aurait peut-être provoqué une représentation des termes restants, comme le début d'un deuxième groupe symétrique (2 3 2). Mais le système s'est avéré plus sensible au point de vue «augmente» qu'au point de vue «symétrise». Sous pression des événements, un glissement de l'un à l'autre est, bien entendu, toujours possible.

Les structures construites dans le cytoplasme induisent des gnoths du type «augmente» dans le socratoplasme. L'hypothèse est révisée progressivement et devient (augmente 1 (compte 2)). Cette version s'avère correcte.

La description donnée risque de donner une idée d'un traitement fort rigide et déterminé. En fait, il ne faut pas oublier que les opérations de base que j'ai décrites sont elles-mêmes le sous-produit d'actions plus élémentaires. Prenez, par exemple, la création d'une molécule. Elle n'est possible que via un certain nombre d'opérations que je n'ai même pas évoquées: les relations entre termes ou entre molécules sont examinées, des «éclaireurs» étudient la faisabilité de certaines associations; si les résultats sont prometteurs, des tests plus approfondis sont suggérés. Il faut que ces tests se soient révélés concluants pour qu'une opération de formation de molécule soit proposée. Toutes ces tâches ont des priorités qui déterminent leur probabilité d'exécution. Le processus que je viens d'esquisser est donc l'émergence d'une activité microscopique et aléatoire sous-jacente. Ceci confère un grand degré de plasticité au système. De plus, des glissements dans le réseau conceptuel permettent des changements de point de vue, des modifications des modes de perception. Des détecteurs permettent à la fois au monde physique d'influencer l'univers conceptuel et à cet univers de déterminer la manière dont le monde est perçu.

La créativité banalisée

La capacité imaginative de ce système se ramène à découvrir des structures auparavant non perçues, à voir des relations inattendues. Il s'agit donc d'une créativité de tous les jours en quelque sorte, d'un produit naturel de notre mode de fonctionnement. Nous sommes quotidiennement amenés à ajuster nos représentations en fonction des interactions entre des contraintes extérieures et notre univers mental. Notre façon de percevoir le monde, nos modes d'expression sont les produits de ces processus. Nous serions tous originaux et créatifs par essence. Trop souvent, peut-être, cherche-t-on à définir une aptitude à partir de ses manifestations extrêmes. La créativité est conçue comme un attribut de certains scientifiques, d'artistes, de fortes personnalités. On cite Einstein, Newton, Picasso, Bach, ... Pourtant, si, comme on le prétend, elle consiste à voir ce que tout le monde a vu, et à penser ce que personne n'a pensé, nous sommes tous, à n'en pas douter, des éternels créateurs. Deux pensées ne peuvent jamais être entièrement identiques. Dans cette diversité naturelle, bien entendu, certains éléments sont sûrement plus excentriques, plus originaux que d'autres. Mais il s'agit plus d'une différence de degré que de nature. C'est ce qui est implicitement postulé dans mes commentaires.

Parallèlement à la recherche de modélisation d'une créativité banalisée, conçue comme une conséquence de notre plasticité intellectuelle naturelle, des travaux plus spécifiques sur les mécanismes qui président aux grandes découvertes ont été entrepris. Imaginez que l'on puisse confier à un ordinateur doué nos connaissances actuelles sur le cancer. L'entreprise est tentante. L'enjeu est considérable. N'est-il pas possible de tirer parti de la prodigieuse capacité génératrice de la machine pour l'amener à faire des découvertes? Les travaux de Douglas Lenat en la matière méritent sûrement d'être mentionnés. Lenat, est, en fait, intéressé par les processus qui rendent possibles les découvertes scientifiques. Il a dévelopé, lorsqu'il travaillait en Californie, deux systèmes — AM et Eurisko — qui sont capables, dans certains domaines, de faire des découvertes (Lenat, 1979, 1983b, Lenat & Brown, 1984).

AM

AM est un programme qui, à partir d'une centaine de concepts élémentaires tirés de la théorie des ensembles, et d'environ 250 règles heuristiques, permet de découvrir de nouveaux concepts mathématiques. Le système a été capable, entre autres, de retrouver la notion de nombre naturel et de nombre premier, et même la conjecture de Goldbach (tout nombre pair est la somme de deux nombres premiers). Le caractère spectaculaire des résultats obtenus justifie sûrement un complément d'explications.

La philosophie générale du système

Les principes de fonctionnement et les modes de représentation utilisés sont substantiellement différents de ce qui a été présenté jusqu'à présent. La créativité est conçue comme le produit d'un ensemble choisi de *règles heuristiques*.

Rappelez-vous que « Heuristique » signifie étymologiquement « qui sert à découvrir ». Supposez, par exemple, que l'expérience vous ait appris que la considération de cas extrêmes et de cas limites est souvent une excellente source d'inspiration. L'application de ce principe simple à l'étude des diviseurs d'un nombre, par exemple, vous amènera peut-être à ne retenir que les nombres qui ont fort peu de diviseurs, disons deux. Et vous découvrirez les nombres premiers ! Appliquée à l'intersection d'ensembles, l'heuristique vous invitera à considérer les couples d'ensembles dont l'intersection est soit minimale (vide), soit maximale (égale à un des ensembles). Et vous découvrirez la disjonction et l'inclusion. L'application à l'emploi pourrait vous amener à vous intéresser aux chômeurs et aux gens qui cumulent... L'heuristique utilisée est sûrement génératrice de découvertes. Dans AM, Lenat utilise, pour recréer les mathématiques, des règles heuristiques, conçues comme des connaissances capables de suggérer des actions possibles du type de celle que je viens de mentionner :

Si f est une fonction qui transforme des éléments de A en éléments de B, et si B est un ensemble ordonné, alors considérer les éléments de A qui ont pour image des éléments extrêmes de B. Cet ensemble est un sous-ensemble « intéressant » de A.

Voici un autre exemple.

Si f est une fonction de A × A dans B, il est quelquefois intéressant de considérer la fonction g de A dans B, définie par g(x) = f(x,x).

Cette deuxième règle appliquée à l'addition, opération qui peut se concevoir comme une fonction qui à tout couple de nombres fait correspondre leur somme (f(x,y) = x + y), permet de définir la multiplication par 2 :

g(x) = f(x,x) = x + x = 2x

Appliquée à la multiplication, elle produit les carrés :

g(x) = f(x,x) = x * x = x^2

L'application répétée de quelques heuristiques générales et bien choisies a permis à AM de retrouver des notions mathématiques vraiment intéressantes (factorisation unique en nombres premiers des nombres naturels, par exemple).

L'architecture et les principes de fonctionnement d'AM

Présentons brièvement l'architecture du système. Il s'articule essentiellement autour de 3 modules : une *base de connaissances* dans laquelle sont enregistrés des concepts ensemblistes élémentaires, un *organe de contrôle* qui gère l'enchaînement des opérations, et un *ensemble d'heuristiques*.

Les concepts sont représentés par des cadres. La notion d'ensemble, par exemple, est connue sous une forme du type :

CADRE	ENSEMBLE
Noms :	*Ensemble, collection propre*
Définitions	
Récursive :	*(S est vide) ou (S dont on a retiré un élément est un ensemble)*
Rapide :	*S peut être mis en correspondance biunivoque avec un ensemble connu*
Spécialisations :	*Ensemble vide, ensemble non vide, singleton (ensemble à un élément), paire*
Généralisations :	*Structure non ordonnée, collection, structure sans répétition d'éléments*
Exemples	
Typiques :	*{{}}, {A}, {A,B}, {3}*
Rares :	*{}, {A,B,{C,{A,(3,3)}}}*
Conjectures :	*Toutes les structures non ordonnées sont des ensembles*
Représentation	
Géométrique	*Diagramme de Venn*
Valeur :	*600 (sur une échelle de 0 à 1000)*
Suggestions :	*Si P est un prédicat intéressant dans X, considérer {x : x appartient à X et P(x)}*
Est-le-domaine-de :	*Union, intersection, différence ensembliste, égalité ensembliste*
Est-le-codomaine-de :	*Union, intersection, différence ensembliste*

Cette représentation, en fait incomplète, donne une idée de la nature des connaissances du système. Tous les concepts mathématiques à utiliser sont supposés être enregistrables sous cette forme. La structure utilisée permet d'associer un nombre arbitraire de points de vue, de facettes à un objet. Tout ce qui lui paraît directement rattaché au concept peut être représenté à l'intérieur d'une case appropriée. Les nouveaux éléments de connaissance correspondent soit à des nouveaux cadres, soit plus fréquemment à des cases données de cadres existants. La découverte d'un nouvel ensemble, par exemple, provoque son stockage dans la case «Exemple» du cadre «ENSEMBLE». En moyenne, 25 cases par cadre sont utilisées.

Les concepts sont organisés de manière hiérarchique, du plus général au plus spécifique. Voici un extrait du réseau (non glissant) qu'ils constituent.

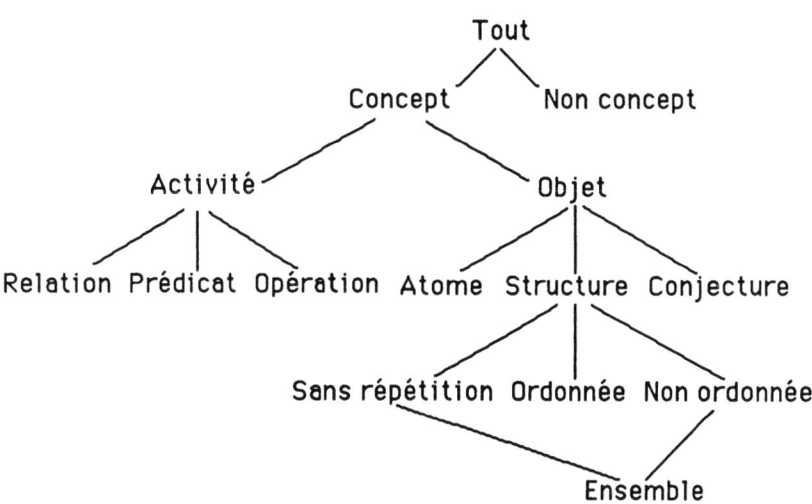

Fig. 33. Un extrait du réseau conceptuel utilisé par AM.

L'activité principale de AM consiste à trouver des valeurs pour les facettes de certains concepts. Le choix du concept et de sa facette se fait à travers un agenda qui contient une liste des tâches à exécuter. Voici un exemple de tâche consignée dans l'agenda.

Activité: *Complète la facette*
Facette: *Généralisations*
Concept: *Nombre premier*
Justification: *(1) Je n'ai encore qu'une généralisation*
                                 (2) Le concept « nombre premier » présente
                                 un grand intérêt (valeur élevée)
                                 (3) Je viens juste de travailler sur les nombres
                                 premiers
                                 (4) Très peu de nombres sont premiers: une
                                 généralisation pourrait être utile
Priorité: *350 (échelle de 0 à 1000)*

Une tâche est donc essentiellement caractérisée (1) par une activité du type «vérifie», «complète», (2) par un concept et une facette auxquels l'activité s'applique, et (3) par une priorité calculée à partir de justifications. Les tâches sont ordonnées dans l'agenda en fonction de leur priorité et sont choisies, contrairement aux systèmes à réseau, de manière déterminée: la plus prioritaire est choisie. Une fois exécutée, elle est retirée.

Pour remplir ses tâches, AM dispose d'un certain nombre de règles. Lenat a en effet constaté que les heuristiques, les « trucs » utilisés par les scientifiques, qui relèvent souvent plus de l'analogie, de l'esthétisme, et de l'intuition que de la logique, pouvaient se représenter naturellement sous forme de couples condition-action. Ces heuristiques sont donc représentées par des règles de production; la partie *condition* spécifie le contexte, c'est-à-dire l'activité, la facette, et le concept; la partie *action* décrit les opérations à effectuer. Voici un exemple typique d'heuristique.

Si - *la tâche est de vérifier les exemples d'un concept X*
    - *il existe une généralisation Y de X qui contient au moins 10 exemples, et dont tous les exemples sont également des exemples de X*

Alors - *conjecturer que X n'est pas plus spécialisé que Y*
        - *ajouter cette conjecture dans la facette correspondante de X*
        - *ajouter à l'agenda la tâche «vérifier les exemples de Y», avec la justification «Y pourrait aussi se révéler être égal à une de ses généralisations»*

Si X est par exemple le concept «racine carrée d'un nombre à 3 diviseurs» et si Y est le concept «nombre à deux diviseurs», le système pourrait être amené en utilisant cette heuristique à conjecturer entre autres que tous les nombres à deux diviseurs sont des racines carrées de nombres à trois diviseurs.

Chaque heuristique est attachée à la facette du concept le plus général auquel elle s'applique. Si une tâche concerne le concept C, le programme parcourt simplement les généralisations de C. Toutes les heuristiques relatives à la facette définie par la tâche sont *a priori* pertinentes. Elles sont évaluées et éventuellement exécutées. Leur effet est soit d'ajouter une tâche sur l'agenda, soit de définir un nouveau concept, soit de compléter la facette d'un concept existant.

A partir de ces éléments architecturaux et ces principes de fonctionnement, AM a été capable, comme je l'ai déjà mentionné, de retrouver certaines conjectures, de recréer des concepts. Vus à travers ce programme, les actes créatifs paraissent se ramener à l'enchaînement judicieux d'opérations élémentaires. Prenez par exemple la découverte des nombres naturels. Cette notion repose sur la définition d'une équivalence entre ensembles qui comportent le même nombre d'éléments. Mais l'équivalence, à son tour, peut être conçue comme une généralisation de la notion plus élémentaire d'égalité entre ensembles, notion primitive qu'AM possède. Le parcours paraît donc possible et même simple lorsqu'il est effectué à rebours. Après un certain temps les découvertes paraissent souvent des évidences.

En cours de traitement, AM produit quantité d'éléments non pertinents. Ceci constitue un sous-produit obligé de sa créativité.

Mythes et limites d'AM

Le succès rencontré par le programme a reçu des interprétations diverses. Lenat prétend qu'il est dû à l'utilisation d'heuristiques appropriées. AM serait la démonstration que quelques centaines d'heuristiques générales suffisent pour guider une recherche et rendre compte de découvertes originales. Cette explication ne fait pourtant pas l'unanimité (Ritchie & Hanna, 1983). Un examen attentif du programme amène à s'interroger sur le caractère *ad hoc* des règles proposées. Le crédit des découvertes n'est-il pas à verser au compte de l'auteur du programme qui a su choisir judicieusement l'ensemble des heuristiques ? Les créations possibles n'étaient-elles pas programmées de manière presque explicite dans les règles utilisées ?

Il paraît en tout cas évident que le succès d'AM est étroitement lié au choix du domaine et du langage. Le fait que le langage utilisé — il s'agit du LISP — ait été développé pour manipuler des concepts mathématiques est fondamental. La plupart des concepts utilisés par Lenat sont en effet définis par deux ou trois lignes de LISP. Un simple changement syntaxique sur ces lignes de code (remplacement d'un

AND par un OR, par exemple) a des chances de déboucher sur un concept qui possède encore un sens dans l'univers des mathématiques (la notion d'intersection devient celle d'union). Cette correspondance étroite syntaxe-signification paraît en grande partie responsable du succès du programme, comme montré par l'échec de différentes tentatives ultérieures de généralisation. Le résultat est d'importance, comme le signale Lenat. De nouveau, fond et forme paraissent se donner la main. La structure de la représentation doit épouser celle de l'objet représenté. La syntaxe doit traduire les relations fondamentales qu'entretiennent les éléments constitutifs des phénomènes. Comment les représentations utiles et pertinentes sont sélectionnées au détriment d'autres est un problème central en I.A.

Une autre limitation d'AM mérite d'être mentionnée. Lorsqu'un domaine évolue, lorsque les objets traités cessent d'être des ensembles et deviennent des nombres, par exemple, les heuristiques doivent s'adapter. Or AM est incapable de les modifier. Chercher à construire des conjectures sur les nombres premiers à partir d'heuristiques tout à fait générales s'est avéré fort difficile. Pour pouvoir aller plus loin, il importait de doter le programme de l'aptitude à changer ses heuristiques.

EURISKO

Un nouveau système appelé Eurisko a été construit par Lenat (Lenat, 1983a). Son domaine n'est plus confiné aux mathématiques et ses heuristiques sont susceptibles de changements. Le problème de correspondance syntaxe-signification se posait pourtant de nouveau. Comment représenter des heuristiques pour que des changements syntaxiques puissent avoir une certaine chance de succès? Les représenter simplement par des cadres à deux cases, une case «conditions» et une case «actions», s'est avéré tout à fait inefficace. Une décomposition beaucoup plus fine était nécessaire. Il est, en effet, difficile de changer de manière significative, par une modification locale, le contenu d'une case si ce contenu est constitué d'une page de code. Prenez par exemple l'heuristique suivante :

Si vous cherchez des exemples d'un concept B et si vous connaissez une fonction de A vers B', où l'ensemble B' a des éléments en commun avec une généralisation de B,
alors, *appliquez la fonction aux exemples de A et considérez les résultats obtenus.*

Que signifie-t-elle ? Supposez que vous cherchiez des exemples de nombres entiers. Vous connaissez une fonction qui, à un ensemble, fait correspondre son nombre d'éléments. L'heuristique vous suggère d'appliquer cette fonction à quelques ensembles donnés comme exemples, et à garder dans les entiers obtenus ceux qui sont premiers.

Comment représenter cette règle ? La libeller sous une forme

Si lignes de code
Alors lignes de code

paraît nous condamner à ne pas pouvoir la manipuler de manière intéressante. Lenat a utilisé la structure suivante.

CADRE	REGLE xx
Si-action-courante :	*Trouve*
Si-case-courante :	*Exemples*
Si-concept-courant :	*Collection*
Si-il-existe :	*Une fonction f*
Si-intersection :	*Une généralisation du concept courant et des valeurs prises par f*
Alors-domaine :	*Prendre des exemples comme arguments de f*
Alors-méthode :	*Appliquer l'algorithme qui permet de calculer les valeurs de f*
Alors-garder-si-correct :	*Les valeurs de f qui satisfont à la définition du concept courant*

Les heuristiques elles-mêmes étant maintenant représentées comme des concepts, il est possible de les manipuler de la même manière. Pour ce faire, cependant, n'est-il pas nécessaire d'imaginer des méta-heuristiques ? On peut se poser la question. AM a mis en évidence le besoin d'heuristiques qui évoluent avec le domaine étudié. Pour permettre cette évolution, des règles d'un autre niveau, plus générales paraissent indispensables.

Lenat a montré que ces règles peuvent se représenter comme les autres et être conçues de manière à s'appliquer indifféremment à des heuristiques ou à des concepts. En voici un exemple.

Si l'application de f a toujours donné des résultats peu intéressants, alors diminuer la valeur de f

Que f soit une fonction mathématique, une autre heuristique ou, pourquoi pas, cette heuristique elle-même, peu importe.

Le schéma fondamental utilisé dans l'architecture d'Eurisko est le suivant : (1) génération d'un concept *guidé* par certains principes qui se sont révélés utiles dans le passé, et (2) évaluation. Ce mécanisme est différent du «génération d'un concept par *mutation aléatoire* et évaluation» invoqué pour rendre compte de l'évolution biologique. Ce dernier processus ne paraît pas, selon Lenat, applicable en I.A. Il est difficile d'imaginer comment une structure d'un certain niveau de complexité puisse s'améliorer au moyen de changements aléatoires. Une certaine forme de concertation paraît nécessaire. «Les mutations ne peuvent pas être aveugles» semble être une des principales conclusions de ses travaux. Elles doivent être contraintes, guidées par des heuristiques. Celles-ci sont efficaces, nous dit-il, parce que le caractère approprié d'une action varie de manière continue avec les actions et les situations. Qu'est-ce que cela signifie ? Simplement ceci : une action qui s'est révélée efficace dans une situation *s* devrait le rester dans une situation *s'* similaire; de même, si une action *a* s'est révélée pertinente, les actions *a'* semblables devraient l'être également.

Les domaines d'application d'Eurisko

Les principes de fonctionnement d'Eurisko sont plus complexes que ceux d'AM. Il utilise différents agendas, peut travailler en plusieurs modes, et est capable d'appréhender différents sujets.

Le «Traveller Trillion Credit Squadron» est un «jeu guerrier» organisé aux USA. Il consiste à confronter des flottes futuristes imaginées par des participants. Ces flottes doivent être conçues suivant des règles qui limitent le nombre de navires de certains types, la puissance des canons, qui contraignent la nature des blindages, etc. Chaque année, les règles changent, et un championnat national est organisé. La flotte imaginée par Eurisko a gagné plusieurs années consécutives. Le domaine lui était particulièrement favorable : un nombre de combinaisons possibles qui empêche un être humain de les maîtriser parfaitement, un sujet peu connu où aucune expertise n'existe encore. Il faut cependant ajouter que les victoires d'Eurisko n'ont été possibles qu'avec la complicité de l'auteur. Lenat devait régulièrement opérer des sélections pami les propositions de flottes faites par son programme. Ceci marque clairement une des limites du système, capable de construire des concepts intéressants mais incapable quelquefois de voir qu'ils le sont.

Eurisko a également été appliqué à la programmation en LISP, aux mathématiques, et aux circuits VLSI, où il a permis de découvrir des architectures de circuits originales et intéressantes.

La créativité dont il a fait preuve paraît cependant toujours fonction du domaine auuel il est appliqué. Parmi les conditions d'efficacité, Lenat mentionne

- le caractère nouveau du domaine;
- la possibilité de simulations et d'évaluation des résultats;
- l'existence de nombreuses heuristiques;
- le grand nombre de configurations à considérer et d'opérateurs à appliquer;
- le caractère naturel, pour le domaine, du langage de description utilisé.

INVENTION OU DECOUVERTE?

L'interprétation des succès rencontrés par AM et Eurisko reste donc délicate. Malgré le caractère sélectif des méthodes utilisées, les temps mis pour obtenir certains résultats semblent suggérer que la créativité de ces systèmes est due essentiellement à leur monstrueuse capacité de génération. Quantité de batailles et de configurations différentes ont dû être simulées par Eurisko pour créer une flotte d'un genre nouveau.

«Je ne cherche pas, je trouve» disait Picasso. Illusion du créateur auquel le parcours secret de la découverte échappe, ou essence même du phénomène qui relève plus du jaillissement que de la maturation lente? La modélisation de la créativité humaine est encore embryonnaire. Glissements dans des réseaux conceptuels, utilisation d'heuristiques, des hypothèses sont en train de naître. Ce n'est pas le moindre mérite de l'I.A. que d'en permettre une formulation précise. Les modèles se complètent, se nuancent, s'affinent au cours des simulations. Les systèmes présentés dans ce chapitre ne constituent qu'un maigre échantillon des travaux entrepris. Le chemin est sûrement fort long, mais rien ne nous permet de nier, *a priori,* qu'il puisse en exister un.

PARTIE 4

L'APPRENTISSAGE ARTIFICIEL

Chapitre 11
La mécanisation de l'apprentissage

Comme la créativité, l'apprentissage paraît partie intégrante de la plupart de nos activités intellectuelles. L'I.A. commence à s'y intéresser intensivement. Dans ce chapitre, différentes approches sont illustrées à partir d'un nouveau jeu de chiffres. Les acquisitions de concepts par généralisation et par discrimination sont contrastées; l'apprentissage par explication est brièvement commenté. De nouveau, le chapitre permet de présenter des concepts dont la généralité dépasse le contexte particulier dans lequel ils sont introduits : induction, adaptation et accomodation, exemple et contre-exemple...

L'INTELLIGENCE SANS APPRENTISSAGE

Il est courant d'entendre dire que les programmes ne pourront être considérés comme intelligents que le jour où ils seront capables d'apprendre — un peu comme si la nature même de l'intelligence se cachait dans cette aptitude à se modifier profondément, à se réorganiser. Un système qui joue aux échecs sans se perfectionner progressivement ne pourrait être qu'une caricature.

Il est vrai que l'on s'est montré, jusqu'il y a peu, plus intéressé par les performances que par la manière dont elles sont acquises. Et ce n'est pas par hasard. Simuler la manière dont un système enrichit ses connaissances et son savoir-faire suite à ses interactions avec le milieu paraît difficile sans une bonne compréhension de la nature de ces connaissances et de ce savoir-faire. Il apparaît prématuré de vouloir saisir en profondeur en quoi consiste exactement l'apprentissage sans s'être interrogé sur la représentation des connaissances. Le fait que son étude en soit toujours aux rudiments en I.A. n'a donc rien d'anormal. La discipline est jeune, et les problèmes abordés paraissent s'enchaîner logiquement. Il est permis d'espérer que l'étude de l'apprentissage, en abordant de front les problèmes de construction de la connaissance, contribuera à compléter notre compréhension de sa nature. La manière dont l'intelligence se construit contraint son mode de fonctionnement et son organisation, comme la manière dont elle s'utilise. Le système doit pouvoir s'élaborer progressivement, en phases successives, doit pouvoir tirer parti de ses interactions avec le milieu pour s'améliorer, se perfectionner, etc. Son niveau de complexité doit être un compromis entre les exigences de construction et de maintenance, et les exigences imposées par les modes d'utilisation.

Herbert Simon, prix Nobel d'économie mais aussi chercheur en I.A., a défini l'apprentissage comme «tout changement dans un système qui lui permette de mieux effectuer sa tâche ou une autre du même type» (Simon, 1983). Cette définition n'est pas entièrement satisfaisante. Vouloir appréhender l'apprentissage uniquement en termes de ses effets est délicat. Il n'est pas difficile d'imaginer qu'une performance puisse s'améliorer suite à des changements qui ne constituent en rien un apprentissage (simplement se reposer l'esprit, par exemple, permet souvent d'être plus efficace par après). Parallèlement, certaines améliorations internes ne se traduisent pas nécessairement en termes de comportements différents. Vous pouvez apprendre une information dont vous ne vous servirez jamais. Paul Scott, chercheur à l'université de Michigan, a proposé une définition alternative (Scott, 1983). L'apprentissage serait le processus par lequel un système, suite à ses interactions avec l'environnement, construit des représentations exploitables. Il s'agirait de l'organisation de l'expérience. Un enfant qui joue avec un jeu de construction élabore des concepts qui façonneront sa manière de résoudre d'autres problèmes. Ce qui paraît intéressant dans cette nouvelle formulation est l'accent mis implicitement sur l'information acquise, sa structure et sa représentation.

Depuis quelques années, le sujet sort du reste de l'anonymat. On rencontre de plus en plus de systèmes capables de créer de nouvelles règles de production, de modifier des connexions, d'induire des lois à partir d'un certain nombre de faits... Dans la joyeuse anarchie qui caractérise tous les nouveaux développements, les idées commencent à foisonner. Des distinctions diverses sont proposées. L'apprentissage par généralisation est contrasté avec l'apprentissage par discrimination. Des mécanismes différents sont postulés suivant que la performance s'affine à travers une présentation choisie d'exemples ou à travers une simple série d'observations, suivant que l'on procède par analogie ou par déduction de lois précédemment acquises, suivant qu'on est instruit par l'expérience ou qu'on reçoit des explications (Carbonell, Michalski & Mitchell, 1983). Les temps ne sont visiblement pas encore mûrs pour les grandes synthèses théoriques. La littérature sur le sujet ne manque pourtant pas. Différents journaux se sont résolument spécialisés dans cette discipline. Des conférences et des séminaires s'organisent partout. Plus encore que la créativité, l'apprentissage est devenu un sujet d'étude en I.A. Croire que les systèmes informatiques sont incapables, par essence, de s'améliorer n'est vraiment plus possible.

Fidèle au mode de présentation adopté jusqu'à présent, je vais illustrer dans les paragraphes suivants quelques contributions intéressantes. Le but n'est pas de couvrir de manière systématique le domaine, mais d'attirer l'attention sur des principes fondamentaux et, ainsi, alimenter la discussion sur l'intelligence des machines. L'apprentissage occupe sûrement une place de choix dans ce débat.

UN NOUVEAU JEU DE CHIFFRES

On vous présente, dans la figure ci-dessous, deux collections de caractères, des nombres en l'occurrence.

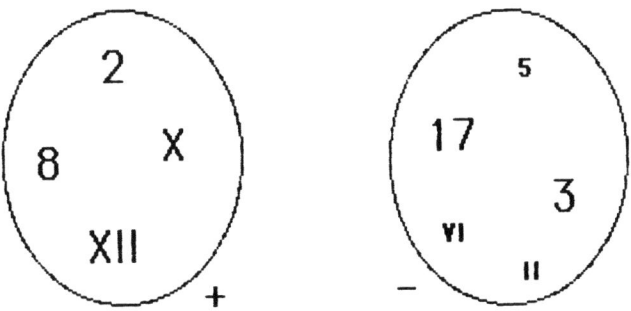

Fig. 34. Deux collections de caractères.

Ceux qui composent l'ensemble « + » sont des *exemples* d'une catégorie C que vous devez caractériser. Notez la différence entre le petit échantillon d'exemples « + » et la catégorie C à définir. Les caractères repris dans l'ensemble « − » sont des *contre-exemples*. Votre définition doit être construite de manière à couvrir tous les caractères repris dans la collection « + » et à exclure tous les contre-exemples.

Ce jeu constitue un paradigme d'une large classe de problèmes d'apprentissage. Les problèmes d'induction, en général, se ramènent à la construction de descriptions synthétiques d'un grand nombre d'objets, à la création de nouveaux concepts à partir d'un échantillon supposé être représentatif. Dans sa forme la plus élémentaire, elle revient à identifier des catégories, à former des classes. Ce mode d'apprentissage paraît omniprésent dans notre vie quotidienne. Les enfants apprennent les significations des mots à partir des situations où ces mots se révèlent appropriés, les stratégies de résolution de problèmes se raffinent en distinguant « ce qui marche » de ce qui ne marche pas, la science se construit en identifiant et en généralisant des classes de faits. Le processus a été intensivement étudié en psychologie et en philosophie. Les chercheurs en I.A. commencent également à s'y intéresser. Le nouveau jeu de chiffres va permettre d'en illustrer certaines caractéristiques.

De prime abord, deux commentaires viennent à l'esprit : l'importance de la caractérisation des éléments et la non unicité de la solution.

La caractérisation des éléments

Le problème ne peut être résolu qu'après un prétraitement des données brutes. Il importe de détecter les caractéristiques pertinentes des caractères. Cette tâche préliminaire et fondamentale est généralement peu abordée en I.A. On postule qu'un vocabulaire de base qui permet de décrire les objets est donné. Dans le jeu, ce vocabulaire distinguera la taille des caractères qui seront, disons, des majuscules ou des minuscules; leur type, qui pourra être arabe ou romain; la parité des nombres, qui sera paire ou impaire; et enfin, leur ordre de grandeur, que je conviendrai de mesurer de manière arbitraire au moyen de deux modalités : inférieurs à 10, et supérieurs ou égaux à 10. A partir de ces variables, les données se représentent, dans le désordre, comme suit.

Caractères	Taille	Type	Parité	Ordre de grandeur	Collection
(1) 2	Majuscule	Arabe	Pair	< 10	+
(2) 3	Majuscule	Arabe	Impair	< 10	−
(3) 17	Majuscule	Arabe	Impair	≥ 10	−
(4) X	Majuscule	Romain	Pair	≥ 10	+
(5) VI	Minuscule	Romain	Pair	< 10	−
(6) 8	Majuscule	Arabe	Pair	< 10	+
(7) II	Minuscule	Romain	Pair	< 10	−
(8) XII	Majuscule	Romain	Pair	≥ 10	+
(9) 5	Minuscule	Arabe	Impair	< 10	−

Le vocabulaire choisi et le niveau de description utilisé pour caractériser les caractères sont visiblement primordiaux. Suivant que les objets sont décrits par un grand ensemble de micro-caractéristiques, comme par exemple la présence d'une barre verticale «|», d'une barre oblique «/» dans l'écriture des chiffres, le nombre de signes utilisés, ou par des variables de haut niveau comme je le fais ici, le problème se pose en des termes radicalement différents. Dans le premier cas, une partie importante de la tâche se ramène à l'extraction des informations pertinentes. Ceci est en partie étudié dans les modèles connexionnistes. Dans le second cas, la solution exige essentiellement la recherche de combinaisons judicieuses de valeurs de variables.

Certains systèmes permettent d'enrichir éventuellement le vocabulaire utilisé en décrivant de nouvelles variables à partir des informations initiales. De toute façon, la capacité de reconnaître ou de ne pas reconnaître certains concepts est intimement dépendante du vocabulaire utilisé. La qualité des réponses fournies l'est également. Supposez que vous ayez à votre disposition la variable «Place occupée dans la figure», qui prenne les valeurs «Droite» ou «Gauche». Une solution triviale au problème est de caractériser la catégorie C comme «l'ensemble des objets situés à gauche»...

La diversité des solutions

Même à l'intérieur d'un vocabulaire donné, le problème peut admettre plusieurs solutions. Différentes généralisations sont possibles. Certains critères doivent être définis, a priori, si on veut pouvoir choisir et éviter cette prolifération. Vous pourriez par exemple décrire la classe des objets comme suit:

(1) *majuscule, arabe, pair et «< 10»* (le 2 et le 8)
ou (2) *majuscule, romain, pair et «≥ 10»* (le X et le XII)

Dans cette définition, le « ou » signifie ceci : appartiennent à la classe d'objets C, les éléments qui satisfont à (1) *et* les éléments qui satisfont à (2). Il s'agit donc d'une disjonction. Cette définition disjonctive un peu longuette manque visiblement d'élégance. La simplicité est souvent un critère pertinent. Elle peut se mesurer de différentes manières. Ici, elle pourrait se caractériser par le nombre de variables utilisées dans la description (4 dans la définition ci-dessus), ou par le nombre d'expressions liées par des « ou » (2 ci-dessus).

De nouveau, le choix de critères conditionne fortement la nature des réponses données. Si on s'impose, par exemple, de rejeter toute solution qui exige la disjonction de 3 expressions au moins, on s'interdit de reconnaître certaines classes.

Mais comment être certain qu'une description est bonne ? Nous sommes totalement prisonniers de l'ensemble des exemples mis à notre disposition. Une solution a toujours un caractère provisoire, en quelque sorte. Elle peut être infirmée par une nouvelle observation. Cette impossibilité à valider un modèle est bien connue des théoriciens. Une caractérisation est peut-être d'autant plus intéressante qu'elle est aisément falsifiable. Supposez, par exemple, qu'on vous demande de définir la catégorie C sans vous présenter de contre-exemples. Que penseriez-vous d'une caractérisation, pourtant tout à fait légitime, du type « ensemble de chaînes de caractères imprimés » ? Ne paraît-elle pas trop générale, trop peu falsifiable ? Souvent il importe de serrer la réalité de près. Les théories qui peuvent rendre compte de tout, y compris de ce qui ne s'observera jamais, n'ont qu'un intérêt limité.

L'APPRENTISSAGE PAR GENERALISATION

Supposez que nous cherchions à construire progressivement, à partir des éléments fournis, une description simple de la catégorie C. Je supposerai que les objets sont présentés dans l'ordre où ils sont listés dans la table précédente. Le premier caractère qui nous est montré est donc le « 2 » majuscule. Faute de mieux, nous caractérisons la catégorie C comme l'ensemble des signes *« majuscules, arabes, pairs, < 10 »*. Le fait que le « 3 » majuscule n'appartienne pas à la catégorie que l'on cherche à définir va nous aider à affiner cette description. En effet, il ne diffère du « 2 » que par sa parité. Ceci semble suggérer que le fait d'être pair ou impair est fondamental. Nous intégrons ce résultat dans notre représentation en soulignant le mot « pair » pour indiquer que cet attribut est obligatoire. A ce stade, la description devient *«majuscules, arabes, pairs, < 10»*. Remarquez que la valeur informative du «3» est liée à ce qu'il correspond presque parfaitement à la définition donnée à la catégorie C. Le choix de contre-exemples judicieux est important. Lorsqu'on apprend ce qu'est une fleur à un enfant, dire qu'une graminée n'est pas une fleur est sûrement plus instructif que lui dire qu'une lance d'incendie n'est pas une fleur. Le «17» qui nous est soumis ensuite est peu utile. Il ne peut constituer un exemple de C puisqu'il n'est pas pair. Par contre, le «X» est plus intéressant. Il suggère que les attributs «arabes» et «< 10» sont facultatifs puisqu'il est romain et n'est pas plus petit que 10 et appartient néanmoins à la catégorie. La définition peut donc se simplifier en *«majuscules, pairs»*. Le «VI» minuscule attirera notre attention sur le caractère apparemment obligatoire de «majuscules» et nous amènera à réviser comme suit notre définition: *«majuscules, pairs»*.

Toutes les présentations suivantes seront parfaitement compatibles avec cette caractérisation. La catégorie à assimiler semble donc pouvoir se décrire comme l'ensemble des caractères majuscules représentant des nombres pairs.

Comme vous l'avez sûrement remarqué, ma méthode repose implicitement sur l'existence d'une caractérisation de l'ensemble en termes d'une conjonction d'attributs. Une formulation du type *«(romains et ≥ 10) ou (arabes et pairs)»*, pourtant parfaitement correcte, n'est pas possible. De plus, son efficacité est liée à l'enchaînement choisi d'exemples et de contre-exemples.

Le programme de Winston

A la fin des années 1960, Patrick Winston a développé au MIT un programme utilisant une méthode similaire (Winston, 1984). Le système permettait d'assimiler certains concepts, un concept étant un sous-ensemble d'objets défini par une ou plusieurs règles simples. Les objets concernés étaient constitués de blocs de différentes tailles, formes, et couleurs. Le concept «arche», par exemple, pouvait être défini par le sous-ensemble entouré dans la figure 35.

Comme dans notre exemple, la description se construisait progressivement à travers la présentation d'une suite choisie d'objets similaires appartenant ou n'appartenant pas à la catégorie. Cette fois, cependant, les objets se caractérisaient non seulement par une liste d'attributs mais également par les relations qu'entretenaient leurs parties entre

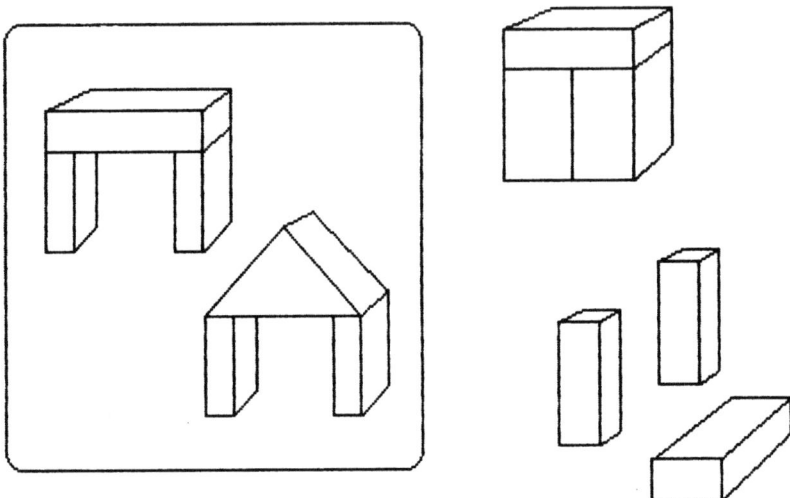

Fig. 35. Une arche.

elles. Ils étaient représentés par des réseaux, comme illustré dans la figure qui suit. Le problème se ramenait essentiellement à comparer des réseaux représentant des objets différents. Les morceaux composant les objets étaient associés en fonction de la similarité des rôles joués dans les structures décrites. Dans l'exemple ci-dessous, le nœud «Z» correspondait à «B3» parce qu'il présentait des liens identiques avec ses voisins. Bien entendu, les structures n'étaient pas toujours parfaitement isomorphes. Le programme de Winston tolérait certaines disparités. Il permettait, en fait, de distinguer et de documenter différents niveaux d'ajustement.

Je donne ci-dessous un extrait simplifié d'une séquence d'apprentissage du concept «arche».

La philosophie de l'approche utilisée est fort simple. La caractérisation d'un concept peut se faire en cherchant à extraire ce que quelques exemples de ce concept *ont en commun*. La généralisation s'opère en ne gardant que les relations et les attributs rencontrés dans tous les objets de la catégorie.

Cette approche présente des limitations manifestes. J'ai déjà signalé l'impossibilité d'appréhender des descriptions en termes de «ou». Elle ne peut pas non plus s'accommoder d'un «bruit» éventuel dans les

| Exemple | Description de l'exemple | Mise à jour du concept |

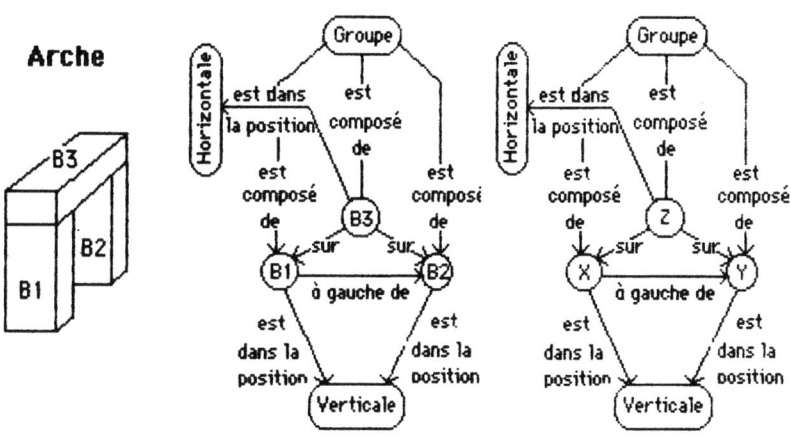

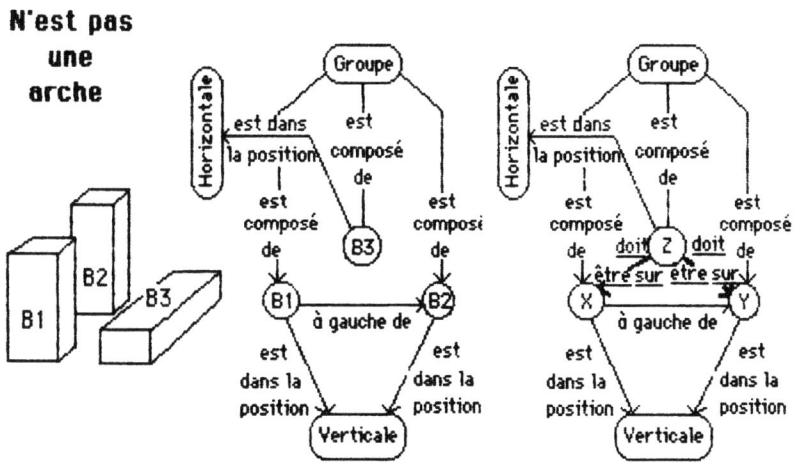

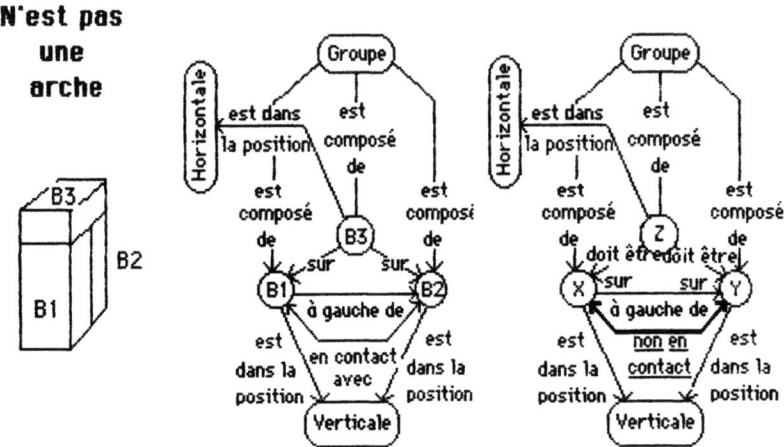

Fig. 36. L'apprentissage de la notion d'arche.

données, une erreur de présentation (un contre-exemple erronément pris pour un exemple) pouvant s'avérer fatal. Impossible également de s'adapter à des définitions qui changent au cours du temps.

De nombreuses améliorations ont été proposées (Dietterich & Michalski, 1983). Plutôt que présenter des variantes plus sophistiquées de la méthode précédente, je vais introduire une technique qui obéit à des principes différents et qui ne possède pas les inconvénients que je viens de mentionner (Langley, 1987).

L'APPRENTISSAGE PAR DISCRIMINATION

Cherchons à nous concentrer sur ce qui *différencie* les objets de différentes catégories, plus que sur ce qui lie les éléments d'une même classe. Convenons de commencer le jeu de chiffres présenté en début de chapitre, en utilisant une règle simple qui, par défaut, associe tous les éléments possibles à la catégorie C:

R1: Si l'objectif est de classer un nombre caractérisé par certains attributs, alors
  - considérer ce nombre comme appartenant à la catégorie C.

Lorsque le caractère «2» majuscule est présenté, nous appliquons la seule règle possible : R1. Le classement obtenu est correct. Nous sommes prêts à recevoir un deuxième élément. Comme précédemment, «3» est proposé. De nouveau, R1 s'applique. Malheureusement cette fois, notre prédiction est incorrecte : «3» n'appartient pas à C. La règle R1 est visiblement trop grossière ; elle doit être raffinée d'une manière ou d'une autre. Comparons en quoi l'élément qu'on vient de nous fournir diffère du précédent, qui, lui, fut correctement classé par R1. Nous sommes, bien entendu, condamnés à ne prendre en considération que les attributs définis précédemment. La parité est différente. Ceci suggère une spécialisation de R1 :

R2 : *Si l'objectif est de classer un nombre caractérisé par certains attributs et si le nombre est pair, alors*
- considérer ce nombre comme appartenant à la catégorie C.

Le système comporte maintenant deux règles, qui s'appliqueront toutes les deux dans un grand nombre de cas. Un arbitrage va souvent s'avérer nécessaire. De plus, R1 s'est révélé inapproprié dans une situation. Il serait bon de chercher à éviter les récidives. Une manière radicale de procéder existe : supprimer la règle R1. Plus d'arbitrage nécessaire, plus de récidives possibles ! Mais condamner quelqu'un à partir d'une seule preuve est risqué. Il est possible d'être plus prudent. Convenons d'associer un poids, «une priorité» dans la terminologie de Lenat, à chacune de nos règles. Lorsqu'une règle conduit à une mauvaise prédiction, son poids est diminué. Lorsque deux règles sont en compétition, parce que toutes les deux sont applicables, nous choisirons celle dont le poids est le plus grand. Pas de tirage aléatoire ici, contrairement à ce qui se pratique dans les systèmes à réseau. Ce sera notre méthode de résolution de conflits, pour reprendre la terminologie utilisée dans les systèmes de production.

Le poids initial de R1 est pris égal à 1. Chaque mauvaise application est pénalisée par une soustraction de 0.3. Une règle nouvellement créée aura un poids de 0.5. En appliquant ces nouvelles conventions, après la présentation des deux premiers nombres, la situation est la suivante.

Règles	*Poids*
R1	*1 − 0.3 = 0.7*
R2	*0.5*

Le «17» nous est soumis. Seule la règle R1 s'applique. Elle prédit erronément l'appartenance de «17» à la catégorie C. Cette erreur a deux conséquences : une pénalisation supplémentaire de R1 dont le poids passe de 0.7 à 0.4, et la création de nouvelles règles. La première conséquence découle directement des conventions que nous venons d'adopter. La deuxième est un produit du principe de fonctionnement fondamental du système. Chaque fois qu'une mauvaise prédiction est réalisée, la règle en cause est analysée et une ou plusieurs versions plus sophistiquées sont créées. Dans le cas présent, le nombre mal classé par R1 («17») est comparé avec le dernier nombre que R1 a correctement traité («2»). Deux différences (des types qu'il nous est permis d'observer) sont notées : la parité et l'ordre de grandeur. Deux nouvelles règles, correspondant à chacune de ces différences, sont créées.

R3 : Si *l'objectif est de classer un nombre caractérisé par certains attributs et si le nombre est inférieur à 10, alors*
- *considérer ce nombre comme appartenant à la catégorie C.*

R4 : Si *l'objectif est de classer un nombre caractérisé par certains attributs et si le nombre est pair, alors*
- *considérer ce nombre comme appartenant à la catégorie C.*

R4 a un relent de déjà vu. Nous venons en fait de recréer la règle R2 ! Je conviendrai dans ce cas d'augmenter simplement le poids associé à R2 en lui ajoutant 0.5. La situation, après la considération du troisième caractère, est la suivante.

Règles   *Poids*

R1 $0.7 - 0.3 = 0.4$
R2 $0.5 + 0.5 = 1$
R3   *0.5*

Le chiffre qui nous est ensuite proposé est «X». Les règles R1 et R2 s'appliquent *a priori*. Leur affrontement tourne à l'avantage de R2 dont le poids est le plus élevé. «X», étant un nombre pair, est à juste titre considéré comme appartenant à la catégorie C. Le caractère suivant, «VI», est classé dans C, par application de R2. Cette affectation est malheureusement erronée. Le scénario précédent doit donc être répété. R2, pénalisé, voit son poids passer de 1 à 0.7 ; deux nouvelles règles R5 et R6 sont créées en comparant «VI» à «X», le dernier élément correctement classé par R2.

R5 : Si *l'objectif est de classer un nombre caractérisé par certains attributs, si le nombre est pair et s'il est supérieur ou égal à 10, alors*
- *considérer ce nombre comme appartenant à la catégorie C.*

*R6: Si l'objectif est de classer un nombre caractérisé par certains attributs, si le nombre est pair et s'il est imprimé en majuscule, alors
- considérer ce nombre comme appartenant à la catégorie C.*

Le bilan provisoire après 5 essais est donc:

Règles	Poids
R1	*0.4*
R2	*1 − 0.3 = 0.7*
R3	*0.5*
R5	*0.5*
R6	*0.5*

La présentation du «8» ne modifie en rien le système: la règle R2 est appliquée avec succès. Par contre le «II» qui est soumis ensuite est erronément affecté à la classe C par R2, et provoque ainsi un affaiblissement de son poids et la création des règles R7 et R8.

*R7: Si l'objectif est de classer un nombre caractérisé par certains attributs, si le nombre est pair et si le chiffre est arabe, alors
- considérer ce nombre comme appartenant à la catégorie C.*

*R8: Si l'objectif est de classer un nombre caractérisé par certains attributs, si le nombre est pair et s'il est imprimé en majuscule, alors
- considérer ce nombre comme appartenant à la catégorie C.*

La règle R8 est identique à R6, qui acquiert ainsi un poids supérieur. Elle devient la règle prédominante de notre système. Les autres essais ne pourront que renforcer son poids puisqu'il s'agit d'une «bonne» règle. Elle correspond, du reste, à la généralisation que nous avions obtenue précédemment.

Pourquoi le système paraît fonctionner

En quoi cette nouvelle méthode constitue-t-elle une amélioration de la version antérieure? Elle paraît dépendre essentiellement de la présence de bons contre-exemples pour assimiler un concept. Impossible de généraliser à partir simplement de quelques prototypes. De plus, l'efficacité de la méthode paraît liée à la qualité de la séquence d'objets présentés. La juxtaposition d'éléments hétérogènes risque visiblement de créer une véritable inflation de règles.

En dépit de ces inconvénients, l'approche est intéressante à maints égards. Elle s'accommode, par exemple, fort bien d'erreurs dans la description des données ou dans l'affectation à une collection. Le *caractère adaptatif* du système lui permet après un certain temps d'effacer les effets du bruit dans les données : présenter le « X » comme n'appartenant pas à C n'affectera pas outre mesure le système si le nombre d'exemples présentés est suffisamment grand. La création d'une règle erronée n'a rien de catastrophique. Petit à petit, elle s'érodera, perdra de sa force. Mieux, si la définition du concept change en cours de processus, le système modifiera sa définition en conséquence. La méthode apparaît donc fort robuste. De plus, elle ne se limite pas aux caractérisations par simple conjonction. Comme déjà mentionné, la classe C pourrait très bien, à partir des objets présentés, être définie comme l'ensemble « *des chiffres romains représentant des nombres supérieurs ou égaux à 10 ou des chiffres arabes représentant des nombres pairs* ». La règle R7 produite par le système contient déjà une partie de cette définition. Elle ne conduira jamais à une erreur de prédiction. La méthode ne paraît pas limiter *a priori* de manière trop drastique la classe des concepts caractérisables. Remarquons enfin que la séquence de présentation conditionne non pas le succès ou l'échec de l'apprentissage, mais sa vitesse. Une mauvaise succession d'exemples et de contre-exemples ralentit le processus, sans plus. Le système récupérera au cours du temps. Les règles optimales émergeront progressivement. La capacité d'adaptation paraît donc une propriété fondamentale. Les règles gagnent ou perdent de leur force en fonction de la qualité de leur contribution. Cette philosophie sous-tend toute une famille de modèles utilisés en apprentissage artificiel.

Parallèlement à cette faculté d'apprentissage par assimilation, de régulation en fonction de l'environnement, le système est également capable de *créer* de nouvelles règles. Il s'agit ici d'un processus différent, de nouveau présent sous des formes diverses dans bon nombre de modèles. La capacité de produire à certains moments, sous pression des événements, de nouveaux éléments de connaissance semble aussi primordiale : un apprentissage par accommodation en quelque sorte. Le système crée de nouvelles structures pour répondre aux sollicitations intérieures ou extérieures. Différents mécanismes ont été invoqués pour rendre compte de cette génération. Dans la méthode présentée, l'accommodation exige une bonne dose d'intelligence : le système doit avoir retenu pour chaque règle un exemple pertinent d'application, et être capable, lorsqu'il se trompe, de comparer la nouvelle situation avec cet exemple ; il en extrait les sources de différences et modifie ses règles en conséquence. Des mécanismes plus élémentaires ont été postulés. Pour les systèmes classificateurs déjà mentionnés précédemment, John Holland utilise des algorithmes « génétiques »

(Holland, 1975, 1986). Les bonnes règles (celles dont le poids est élevé) se croisent et engendrent de manière partiellement aléatoire des nouveaux embryons de règles. En fonction de leur caractère plus ou moins approprié, ces embryons seront promis à un avenir brillant ou à une disparition précoce. Le destin est impitoyable.

L'APPRENTISSAGE PAR EXPLICATION

Les situations schématisées par notre jeu ne constituent qu'un sous-ensemble du domaine d'application de la méthode d'apprentissage que je viens de présenter. De manière un peu paradoxale, elle peut s'appliquer à des apprentissages qui, à première vue, ne paraissent pas relever d'une construction progressive d'un concept à partir d'exemples et de contre-exemples. On distingue souvent en I.A. l'apprentissage par explication, de l'acquisition de concepts à partir d'une classe d'objets. Dans le premier cas, il s'agit de s'améliorer par un examen attentif d'un seul élément. On cherche à *expliquer*, généralement à partir de données théoriques dont on dispose, en quoi le prototype présenté constitue un membre de la catégorie à assimiler. On peut apprendre à bien jouer un jeu à partir d'une ou deux parties. Il n'est pas toujours nécessaire, pour s'améliorer, de répéter un grand nombre de fois les tâtonnements et les erreurs. Un examen introspectif en quelque sorte permet souvent d'extraire, à partir d'un ou deux essais, des heuristiques, des règles élémentaires (Mitchell, Keller & Kedar-Cabelli, 1986, De Jong, 1986).

Un processus similaire a été simulé en utilisant la méthode d'apprentissage par discrimination. Le système utilisé s'appelle «Sage». La tâche qui a permis de tester le processus est de nouveau un jeu simple. Imaginez un damier à une seule dimension, composé de cinq cases comme dessiné ci-dessous. Le jeu se joue avec deux pions noirs, deux pions rayés et un seul joueur. La figure représente la configuration initiale.

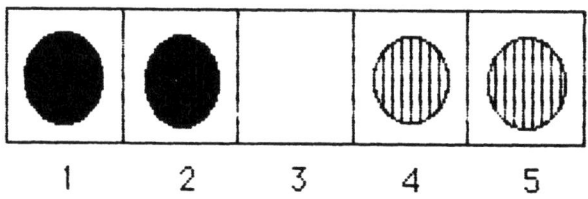

Fig. 37. Configuration initiale du jeu joué par Sage.

L'objectif est d'aboutir à la configuration ci-dessous.

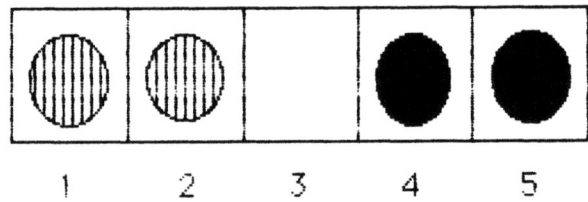

Fig. 38. L'objectif à atteindre.

Les mouvements permis sont essentiellement les mêmes qu'au jeu de dames: les pions rayés peuvent uniquement avancer vers la gauche et les pions noirs vers la droite. Seule la case vide peut être occupée par un pion. Il est donc interdit de les superposer sur une case. Un pion peut occuper la case qui lui est adjacente (pour autant qu'il ne faille pas reculer) ou sauter au-dessus d'un pion adverse. A partir de la configuration initiale, le pion noir situé sur la case 2 pourrait par exemple occuper la case 3.

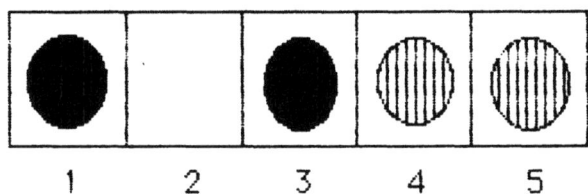

Le pion rayé situé sur la case 4 pourrait alors sauter sur la case 2.

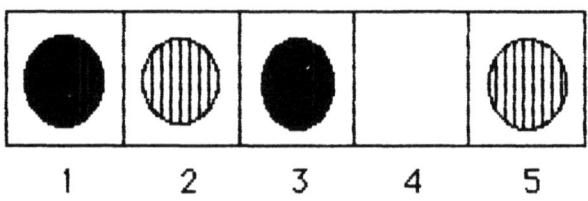

L'arbre ci-dessous représente les premiers mouvements possibles.

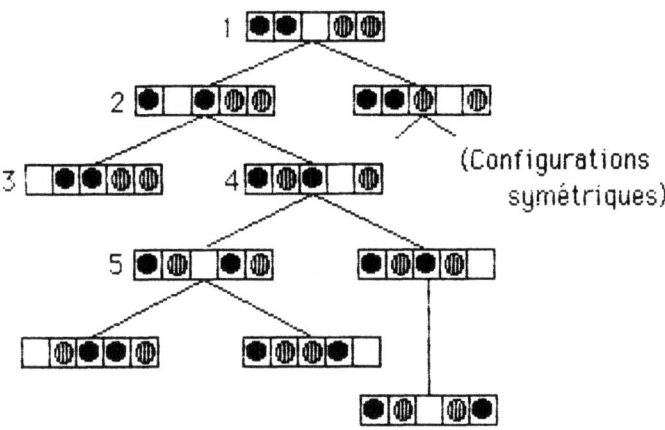

Fig. 39. Un extrait du graphe des états.

Certaines dispositions du jeu sont fatales (3 par exemple). Il s'agit d'éviter les mouvements qui vous embarquent dans ces voies sans issue. Pour pouvoir apprendre, Sage doit donc être capable de les reconnaître. La manière la plus simple d'y arriver est de chercher d'abord une solution au problème. La méthode choisie pour l'obtenir importe peu. Par après, les mouvements utilisés dans la solution seront considérés comme bons, les autres seront rejetés.

Sage commence donc par déterminer une séquence d'opérations qui lui permette de passer directement de la configuration initiale à l'objectif. Pour ce faire, il procède par essais et par erreurs. En fait, il opère un développement en profondeur d'abord du graphe des états. Il s'agit, comme je l'ai déjà signalé, d'une méthode classique de résolution de problèmes. Une fois cette solution obtenue, l'apprentissage peut commencer. A partir d'un ensemble très fruste de règles, deux en l'occurrence, Sage cherche à reproduire cette solution. Chaque fois qu'un mouvement est proposé par une règle, le système vérifie si ce mouvement est pertinent. Pour ce faire, il consulte simplement la solution obtenue précédemment. Supposez, par exemple, qu'il se trouve dans la configuration 2 du graphe ci-dessus, et qu'une de ses règles lui suggère de passer de 2 à 3. Il est capable d'identifier que cette opération est mauvaise et par conséquent d'engendrer une règle plus spécifique qui lui permette d'éviter ce genre d'erreur à l'avenir. Pour l'engendrer, comme dans l'algorithme précédent, il procède par discrimination. Il compare la dernière bonne application de la règle (celle qui a permis de passer de 1 à 2 par exemple) au mouvement qui lui est suggéré. De nouveau, la règle fautive est pénalisée. Petit à petit, il peut ainsi affiner sa stratégie. Plusieurs simulations répétées du même jeu lui ont permis d'améliorer progressivement ses performances (chiffrées en nombre de mouvements essayés). Il a pu transférer les connaissances ainsi acquises à une autre version du jeu. Sur un damier composé de 7 cases, occupé par 3 pions noirs et 3 pions rayés, il fut capable de trouver la solution du premier coup, sans faux pas, sans marche arrière. Un transfert à d'autres types de jeu serait bien entendu plus significatif.

D'autres applications de la méthode à des tâches totalement différentes ont été possibles : modélisation de l'apprentissage de la langue par des jeunes enfants, simulation des différents stades de développement cognitifs observés chez des enfants confrontés au problème de la balance (expérience de type piagétien où une personne doit prédire le mouvement d'une balance en fonction de la longueur de ses bras et des poids déposés dans les plateaux).

LA GENERALITE DES APPROCHES CONSIDEREES

Les résultats présentés dans le paragraphe précédent doivent cependant être fort prudemment interprétés. Patrick Langley, le chercheur qui a développé la méthode utilisée, ne cherche pas à simuler parfaitement des processus mentaux. Il s'en inspire, sans plus. Les problèmes abordés n'ont pu être résolus que via des simplifications, voire des caricatures, des environnements réels dans lesquels les tâches doivent être normalement effectuées. Les modes de représentation utilisés ont été soigneusement choisis.

La manière de formuler les règles, de représenter les états du système est absolument primordiale. Comme pour les programmes de Lenat, l'efficacité de l'apprentissage est une fonction directe de l'adéquation du langage de description utilisé. Imaginez un système qui veuille apprendre à jouer aux échecs à partir d'une représentation cartésienne des configurations du jeu : roi noir en position e8, roi blanc en e6. Les pièces seraient caractérisées uniquement par leurs coordonnées physiques. Il est très difficile d'imaginer un apprentissage efficace à partir d'une telle représentation. Comment distinguer les positions avantageuses de celles qui ne le sont pas ? Comment discriminer simplement les bons mouvements ? Caractériser les configurations par les nombres de pièces de chaque couleur, les zones de contrôle, les pièces protégées, etc., s'est avéré plus utile. Arthur Samuel, en 1959 déjà, a écrit un programme capable d'apprendre à jouer aux dames qui utilisait un tel langage de description. Le matin, le système se révélait un piètre joueur. Dès qu'il était en mode apprentissage, par contre, il commençait à progresser de manière impressionnante. Le soir, il battait son auteur et, quelques jours plus tard, les champions de son état.

Mais comment s'acquièrent ces bons descripteurs ? N'est-ce pas le cœur même de l'apprentissage ? En fournissant *a priori* aux systèmes informatiques des vocabulaires efficaces, susceptibles de déboucher sur des généralisations fructueuses, ne leur mâche-t-on pas trop le travail ? La tâche est-elle dénaturée ? Il est certain que la construction progressive des éléments de représentation pertinents, la reconnaissance des formes utiles est une partie centrale des processus d'apprentissage. Les programmes de Winston, Langley, Samuel, que je viens d'évoquer, ne l'abordent pas directement. Par contre, ce problème est au cœur des approches par réseau et des systèmes connexionnistes. J'ai déjà décrit le système Seek-whence dans le chapitre précédent. De nombreux modèles connexionnistes ont également été proposés. Ils font l'objet du chapitre suivant.

Chapitre 12
D'autres formes d'apprentissage

Ce chapitre montre comment on peut appréhender l'apprentissage à partir de réseaux. Le jeu de « caractérisation d'un ensemble de chiffres » présenté au chapitre précédent est abordé au moyen d'un modèle de type perceptron. *La manière dont le système apprend en modifiant des poids associés à des connexions est détaillée. Pour pouvoir extraire les caractéristiques saillantes et pertinentes d'un ensemble d'objets donné, problème central en I.A. et particulièrement en apprentissage artificiel, d'autres mécanismes paraissent pourtant nécessaires. Un nouveau type d'apprentissage, dit à* concurrence, *est illustré par un système connexionniste capable de classer des objets en ensembles homogènes. Une modélisation de la* pensée analogique *par un système à réseau conclut le chapitre.*

L'APPRENTISSAGE DANS LES MODELES CONNEXIONNISTES

Les mécanismes d'apprentissage invoqués dans les modèles connexionnistes sont généralement fort simples. Rappelez-vous l'architecture fondamentale de ces systèmes. Des nœuds sont reliés par des connexions de différents poids, qui transmettent des excitations. L'apprentissage est représenté comme une *modification du poids de ces liens*, en fonction de l'expérience. La création et la disparition de connexions peuvent être considérées comme des cas particuliers. Lorsque deux nœuds voisins sont simultanément actifs, le poids de leur connexion a tendance à augmenter. Cette loi fort simple fut suggérée par Donald Hebb en 1949. Différentes variantes ont été proposées depuis.

L'APPRENTISSAGE ET LE PERCEPTRON

Prenons un cas simple pour illustrer le principe de fonctionnement. Un modèle connexionniste va devoir reconnaître la classe de chiffres que nous avons utilisée dans le jeu du chapitre précédent. Le modèle proposé pour cette tâche est un perceptron. Huit différentes unités d'entrée permettent au système de représenter les différents éléments qui caractérisent les signes à reconnaître. Chaque nœud correspond à une caractéristique possible des stimuli. Il s'active et prend la valeur 1 — je dirai qu'il «s'allume» — si et seulement si cette caractéristique est présente. Une seule unité de sortie est nécessaire. Suivant que la somme des excitations afférentes est inférieure ou non à un seuil donné, elle ne réagira pas ou s'allumera. En admettant qu'une réponse positive correspond à la reconnaissance par le système d'un élément de la classe à assimiler, le problème se ramène à configurer le réseau de manière à ce qu'il ne fasse aucune erreur. Mieux, on aimerait qu'il soit capable de se configurer de lui-même, via une période d'apprentissage au cours de laquelle il ajustera progressivement les poids de ses arêtes. Cet ajustement se ferait sans connaître a priori la solution à atteindre. Le système devrait à travers ses interactions avec l'environnement se modifier lentement jusqu'à ce que son comportement soit parfaitement adapté.

Le graphique ci-dessous représente une configuration de départ possible.

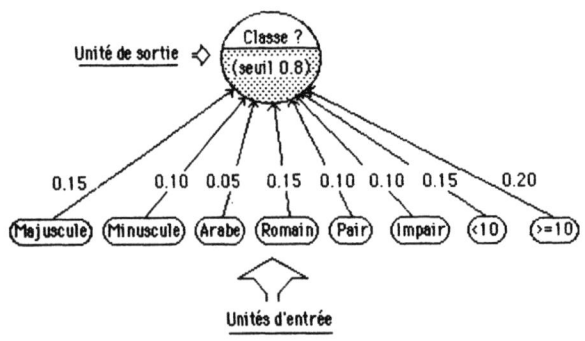

Fig. 40. La configuration initiale.

Les poids ont été choisis de manière arbitraire. Tel quel, ce système est incapable de distinguer les éléments qui appartiennent à la classe de ceux qui ne lui appartiennent pas. Je conviendrai de soumettre les exemples et contre-exemples dans l'ordre utilisé précédemment et repris ci-dessous.

Caractère	Taille	Type	Parité	Ordre de grandeur	Collection
(1) 2	*Majuscule*	*Arabe*	*Pair*	< 10	+
(2) 3	*Majuscule*	*Arabe*	*Impair*	< 10	−
(3) 17	*Majuscule*	*Arabe*	*Impair*	≥ 10	−
(4) X	*Majuscule*	*Romain*	*Pair*	≥ 10	+
(5) VI	*Minuscule*	*Romain*	*Pair*	< 10	−
(6) 8	*Majuscule*	*Arabe*	*Pair*	< 10	+
(7) II	*Minuscule*	*Romain*	*Pair*	< 10	−
(8) XII	*Majuscule*	*Romain*	*Pair*	≥ 10	+
(9) 5	*Minuscule*	*Arabe*	*Impair*	< 10	−

Commençons donc avec le «2». Seuls les nœuds «Majuscule», «Arabe», «Pair» et «< 10» vont s'allumer. L'excitation totale transmise à l'unité supérieure vaudra: $(0.15 \times 1) + (0.10 \times 0) + (0.05 \times 1) + (0.15 \times 0) + (0.10 \times 1) + (0.10 \times 0) + (0.15 \times 1) + (0.2 \times 0)$, c'est-à-dire 0.45. Le seuil étant de 0.8, ceci est insuffisant pour provoquer une réponse positive, et le «2» n'est donc pas reconnu. Mais des améliorations sont possibles. Les connexions qui ont été sollicitées pourraient, par exemple, recevoir un poids supérieur. Ceci permettrait sûrement de se rapprocher du seuil critique nécessaire pour activer le nœud «Classe?». Une autre stratégie, plus aveugle, serait d'abaisser ce seuil. Convenons d'augmenter — disons de 0.05 — le poids des connexions liant les unités d'entrée activées par le stimulus, au nœud supérieur. Après la première présentation, le réseau devient, en appliquant cette règle:

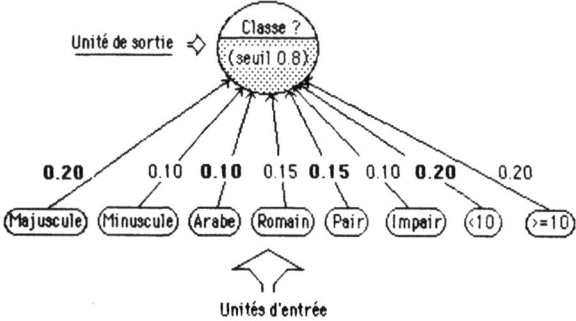

Fig. 41. Configuration du réseau après présentation du «2».

Lorsque le «3» est soumis, la somme des excitations transmises à l'unité de sortie vaut 0.60. Elle est donc insuffisante pour causer une réaction positive du système. Ceci est bien ainsi, puisque cet élément n'appartient pas au concept à assimiler. Ne modifions donc pas le réseau. Le «17» n'est pas reconnu non plus. Comme il s'agit d'un contre-exemple, ceci est parfaitement raisonnable. Le quatrième caractère, le «X», laisse également le modèle indifférent. Les nœuds «Majuscule», «Romain», «Pair» et «≥ 10» ont été activés, et l'excitation totale transmise s'est élevée à 0.70 seulement. Comme précédemment, ajustons en conséquence les poids des connexions concernées. Ces corrections reconfigurent comme suit le réseau.

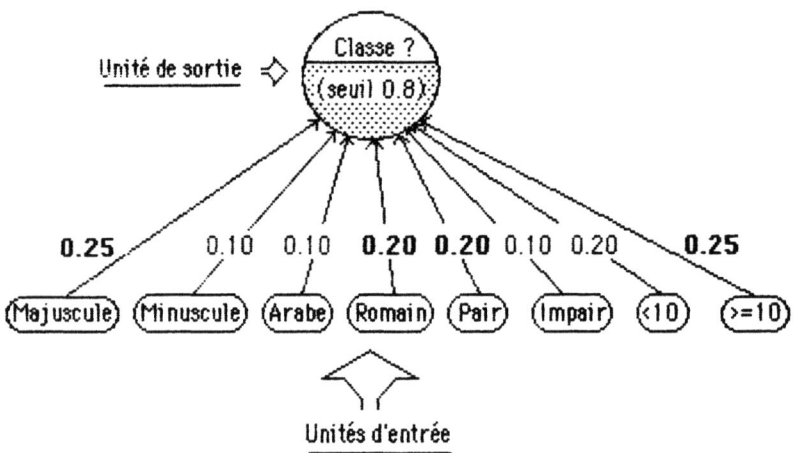

Fig. 42. Configuration du réseau après présentation du «X».

La présentation du «VI», correctement rejeté par le système, n'appelle aucun commentaire. Mais le «8» n'est pas reconnu. De nouveaux ajustements s'imposent. Les arêtes partant des nœuds «Majuscule», «Arabe», «Pair», et «< 10», qui correspondent à la description du «8», voient leur poids augmentés de 0.05. Le réseau devient:

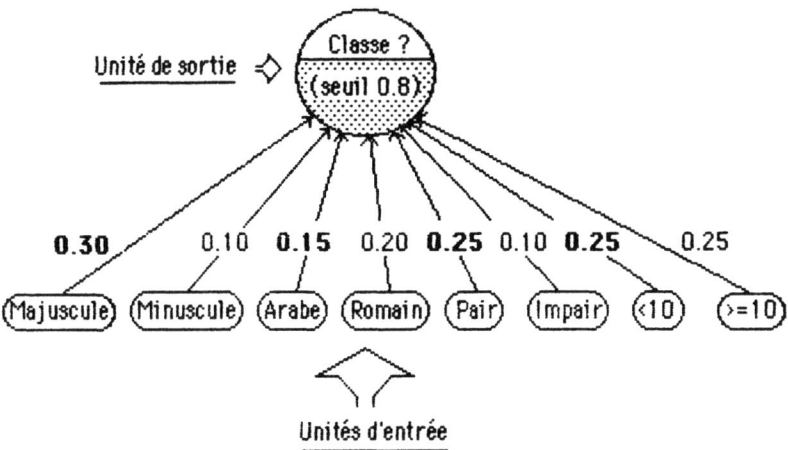

Fig. 43. Configuration du réseau après présentation du «8».

Tel quel, il ne permet malheureusement pas de rejeter le «II» qu'on va lui présenter. Il reconnaît erronément cet élément comme membre de la catégorie. Un nouveau type d'action s'impose. Les connexions impliquées doivent cette fois être pénalisées. Les arêtes partant de «Minuscule», «Romain», «Pair», et «< 10» devront diminuer leur poids de 0.05. Elles ont, en effet, contribué à élever l'activation au niveau du seuil, ce que l'on veut éviter pour les contre-exemples. Le réseau obtenu à la suite de ces ajustements est:

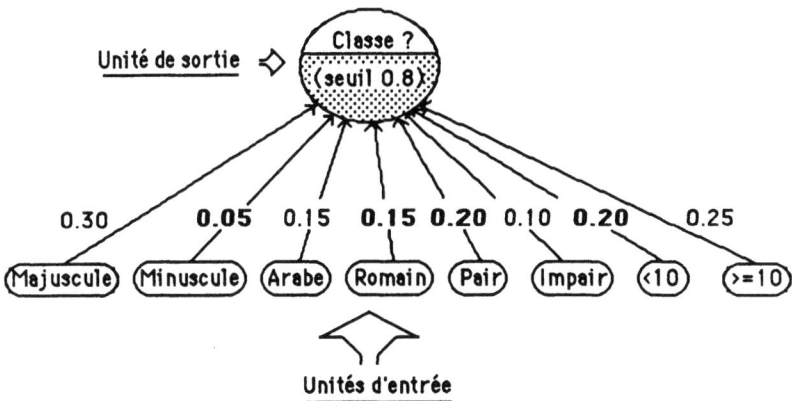

Fig. 44. Configuration du réseau après présentation du «II».

Les deux derniers caractères, «XII» et «5», seront respectivement acceptés et rejetés. Aucune nouvelle modification ne s'impose. En fait, le système est maintenant presque parfait. Il est capable d'identifier correctement tous les éléments de la catégorie. Il suffirait de lui présenter une nouvelle fois les 9 éléments de notre jeu pour le stabiliser définitivement dans une configuration qui permettrait de faire sans erreur les distinctions recherchées. La configuration finale serait:

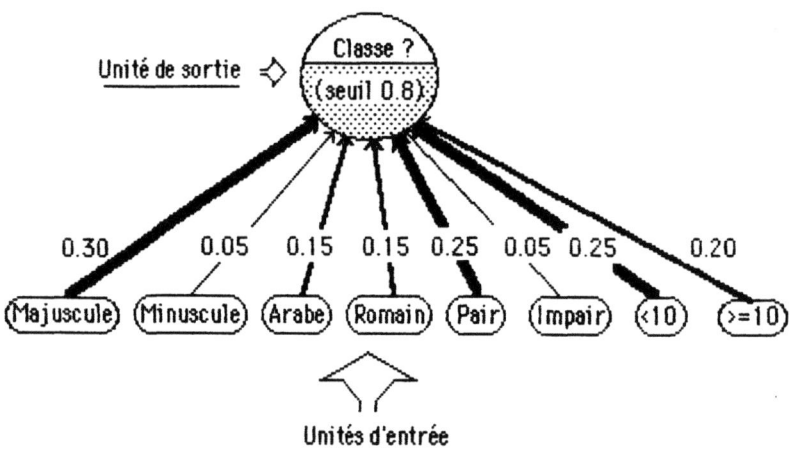

Fig. 45. Configuration finale.

Il y a moyen de démontrer un théorème très général qui garantit qu'il est toujours possible de trouver, avec la procédure que je viens de décrire, une configuration qui classera correctement les éléments. En d'autres mots, l'algorithme utilisé converge toujours vers une solution. Il faut pourtant ajouter une petite restriction: la solution doit exister. La catégorie à reconnaître doit faire partie des classes que le dispositif peut identifier. J'ai déjà mentionné que certains objets ne pouvaient être reconnus par ce genre de réseau. *A fortiori*, pas de possibilités d'apprentissage pour de tels spécimens.

L'intérêt du modèle proposé est évident. Le mécanisme d'assimilation, de reconnaissance progressive de la forme, que j'ai postulé, est simple et général. Le système construit une représentation fine du concept. Les différentes caractéristiques sont pondérées en fonction de leur fréquence d'utilisation. Seuls des poids sont modifiés durant l'apprentissage, et suivant un principe fort élémentaire. Mais la réussite de l'entreprise semble toujours conditionnée par un bon choix des unités à utiliser. Il faut fournir les bonnes descriptions au système pour avoir une chance de succès. J'avais présenté les modèles connexionnistes comme une réponse possible à cette objection, couramment évoquée à propos des modèles symboliques, mais ceci n'apparaît pas dans mon exemple. Une légère modification des mécanismes proposés ci-dessus va pourtant me permettre d'enrichir les capacités du système.

L'APPRENTISSAGE A CONCURRENCE

Comment extraire, dans une situation donnée, les éléments saillants, les caractéristiques importantes ? Supposez, par exemple, que l'on vous soumette les caractères suivants.

X   XII   5   3

A priori, ces éléments peuvent être décrits de quantité de manières différentes : leur taille, leur ordre de grandeur, la présence ou l'absence d'un «X», le nombre de segments de droites qui les constituent, de lignes courbes, de lignes horizontales, ce qu'ils représentent, le support sur lequel ils se trouvent, le fait qu'ils soient à deux dimensions, etc. Suivant le type de tâche, nous serons amenés à utiliser l'une ou l'autre caractérisation. Pourtant, dans un problème qui n'implique que ces quatre caractères, il apparaît a priori peu intéressant d'utiliser des descriptions qui ne permettent pas de contraster les éléments. Dire qu'ils sont à deux dimensions, écrits sur une feuille de papier, ou qu'ils représentent des chiffres n'aide visiblement pas à les distinguer. Pouvoir en extraire les attributs discriminants est sûrement essentiel. Et ceci commence à pouvoir se faire automatiquement. Le problème, bien connu depuis des années par les statisticiens (voir, par exemple, Sokal & Sneath, 1973), généralement appelé «classification automatique», est maintenant étudié en I.A. également. Des systèmes sont capables de classer des stimuli en différents groupes uniquement sur base des similarités et des dissimilarités structurelles qu'ils présentent. Les catégories ainsi constituées correspondent aux descriptifs saillants, ceux qu'il importe de prendre en considération, comme je vais maintenant le montrer.

Imaginons un modèle connexionniste simple qui soit capable d'extraire ce qui paraît important dans la description des caractères repris au début de ce paragraphe (**X, XII,** 5 et **3**). De manière à simplifier la présentation, je supposerai que nous cherchons à les classer en deux catégories C1 et C2. Nous limitons donc nos ambitions à la découverte de deux caractérisations exclusives de nos chiffres initiaux. Pour ce faire, le réseau ci-dessous va être utilisé.

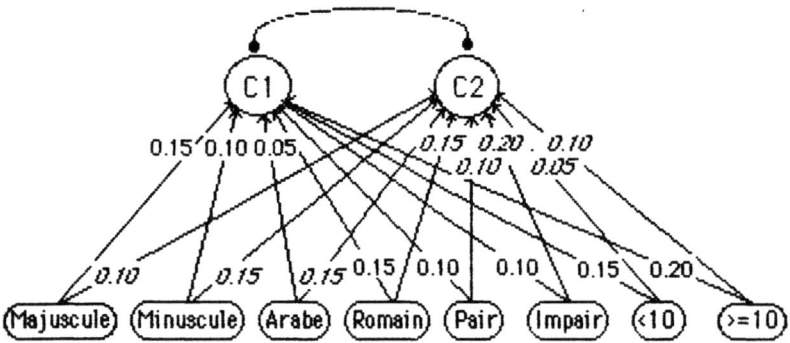

Fig. 46. Un réseau classificateur.

De nouveau, huit unités d'entrée sont considérées. Elles communiquent leur activation à deux nœuds supérieurs, correspondant aux deux classes à déterminer. De manière à garantir l'activation d'une et d'une seule classe à chaque présentation d'un stimulus, il est nécessaire de lier ces deux nœuds supérieurs par un *lien inhibant*. Le réseau permet en effet une certaine *compétition* entre ces deux classes. L'idée est que le triomphe de l'une débouche sur l'extinction de l'autre. Le mécanisme postulé, que je ne détaillerai pas, ne tolérera donc que l'activation d'une des deux unités supérieures. Une petite différence d'activation initiale provoquera, via des auto-excitations et des inhibitions, l'extinction complète de l'unité plus faible, c'est-à-dire moins activée.

Les huit nœuds inférieurs sont reliés aux deux nœuds supérieurs. De nouveau, les poids initiaux ont été choisis de manière arbitraire. La présentation du «X», par exemple, allumera les nœuds «Majuscule», «Romain», «Pair», et «≥ 10», c'est-à-dire, leur donnera un niveau d'activation que je supposerai de nouveau (comme pour le modèle de type perceptron) égal à 1. C1 recevra en conséquence une excitation totale de 0.60 en provenance de ces unités. C2, qui n'aura reçu qu'une activation de 0.45, devra, par un jeu d'inhibitions et d'auto-activations, progressivement s'éteindre. La présentation du stimulus provoquera donc l'excitation de C1, aux dépens de C2.

Comme précédemment, je postule un mécanisme d'apprentissage simple qui permet de renforcer les liens impliqués dans l'activation du vainqueur (Rumelhart & Zipser, 1986). De manière plus précise, je conviendrai de diminuer le poids de toutes les connexions liant les unités d'entrée à C1 d'un même pourcentage, et de répartir cette contribution totale parmi les liens qui furent effectivement activés. Disons, par exemple, que nous retrancherons 20 % aux poids de toutes les connexions (avec C1) et que nous ajouterons 0.05 aux poids de celles qui furent utilisées. Le tableau ci-dessous devrait clarifier l'algorithme proposé. Les poids soulignés sont ceux qui doivent être augmentés. La colonne relative à C2 reste inchangée, C2 n'ayant pas été retenu par le système.

Nœuds d'entrée	Avant présentation de X		Après présentation de X	
	C1	C2	C1	C2
Majuscule	0.15	0.10	0.15 − 0.03 + 0.05 = **0.17**	0.10
Minuscule	$\overline{0.10}$	0.15	0.10 − 0.02 = **0.08**	0.15
Arabe	0.05	0.15	0.05 − 0.01 = **0.04**	0.15
Romain	0.15	0.15	0.15 − 0.03 + 0.05 = **0.17**	0.15
Pair	$\overline{0.10}$	0.10	0.10 − 0.02 + 0.05 = **0.13**	0.10
Impair	$\overline{0.10}$	0.20	0.10 − 0.02 = **0.08**	0.20
<10	0.15	0.05	0.15 − 0.03 = **0.12**	0.05
⩾ 10	0.20	0.10	0.20 − 0.04 + 0.05 = **0.21**	0.10

L'effet d'une présentation est donc de contraster les poids des liaisons à l'unité qui triomphe. Vous constaterez que la somme totale des poids reste constante: pas d'inflation possible donc.

Les présentations successives de «XII», «5», et «3» vont permettre d'affiner le réseau. Après une seule lecture de ces quatre stimuli, la configuration est schématiquement la suivante.

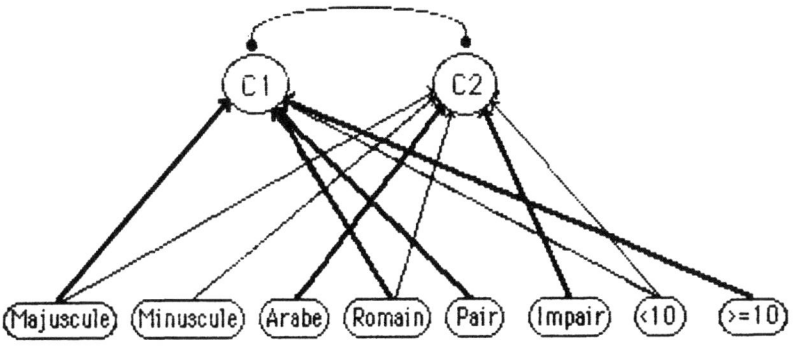

Fig. 47. Le réseau après 4 présentations.

Les liens dont le poids est faible (< 0.07) ont été supprimés; ceux dont le poids est élevé (> 0.14) ont été noircis.

Le système a manifestement opéré une sélection parmi les unités d'entrée. Seules celles qui paraissent pertinentes dans le contexte invoqué ont été retenues. Les caractères «X» et «XII», qui sont majuscules, romains, pairs, et supérieurs ou égaux à 10, ont été distingués. Ils seront assignés à la classe C1. Les deux autres, qui sont arabes et impairs, sont affectés à la classe C2. Le réseau a pu très rapidement isoler deux groupes et les caractériser.

Un dispositif similaire a été utilisé pour chercher à reconnaître des visages, par exemple. Les unités d'entrée correspondaient à des points lumineux sur une grille rectangulaire et les stimuli étaient des photos. Quand elles étaient projetées, un certain nombre d'unités s'activaient. Le système a appris progressivement à les reconnaître. Il a été ainsi possible de reconnaître cent visages différents à partir de 3000 unités (Kohonen, Oja & Lehtio, 1981). Et d'autres applications en apprentissage du langage, et en reconnaissance de formes ont été développées. Des principes de fonctionnement fort simples, semblables à ceux que je viens de présenter, ont donc permis de configurer des systèmes complexes.

LA POINTE DE L'ICEBERG

Les quelques modèles que je viens d'examiner ne constituent pourtant qu'un petit échantillon de ce qui se fait actuellement en apprentissage artificiel. La «compilation» des connaissances, la construction de nouveaux opérateurs, l'agrégation de règles sont des mécanismes couramment invoqués pour rendre compte de certaines améliorations. Je ne les ai même pas mentionnés. De plus, les distinctions proposées paraissent souvent schématiques. Les systèmes qui assimilent des classifications que leur impose un expérimentateur ont, par exemple, été mis en contraste avec ceux qui effectuent eux-mêmes un classement. Les programmes qui opèrent par généralisation, comme celui de Winston, ou ceux qui opèrent par discrimination comme ceux de Langley, exigent une séparation claire entre les exemples et les contre-exemples fournis. Ils postulent tous deux que cette séparation soit faite par un sujet humain, ou du moins par le milieu extérieur. Le dernier modèle connexionniste présenté, par contre, parvient lui-même à grouper les stimuli en classes homogènes. Le système a l'initiative. On ne peut s'empêcher d'avoir l'impression que dans un apprentissage humain, ces différents modes d'opération sont intimement liés. Prenez, par exemple, l'assimilation de la notion de «légume», par un jeune enfant. Souvent, les parents proposent les exemples et spécifient la classe d'appartenance au départ : la carotte est un légume mais pas la pomme. Après un certain temps, pourtant, l'enfant prendra une part plus active. Il sélectionnera lui-même les prototypes à classer. Devant une plante du jardin, il interpellera un adulte pour en connaître la nature. En fonction de la représentation du concept qu'il a construite, il cherchera à sonder son milieu pour en préciser les frontières. Par après, il sera capable par lui-même de classer ce qu'il verra, d'affiner et de consolider ses catégories. Différents schémas sont manifestement utilisés. Des modèles se construisent actuellement pour chercher à simuler plus finement ces mécanismes.

LA PENSEE ANALOGIQUE

Dans la plupart des systèmes symboliques présentés jusqu'à présent, les généralisations et les discriminations se construisent à partir de comparaisons entre exemples d'un même concept, ou entre exemples et contre-exemples. Un simple examen des représentations permet généralement d'isoler ce qu'ils ont en commun ou ce qui les sépare. Ce processus d'extraction de similarités ou de dissimilarités est visiblement central. Les systèmes examinés le formalisent pourtant de manière un peu caricaturale. Comment parvient-on à rapprocher deux situations très différentes, à découvrir leurs analogies ?

La pensée analogique fait l'objet de nombreuses théories différentes. Son importance dans nos démarches intellectuelles quotidiennes n'est plus à démontrer (Hofstadter, 1985b). Un examen attentif de nos comportements révèle la place centrale qu'elle occupe. Qu'il s'agit du pain quotidien de notre pensée est bien illustré par l'utilisation de l'expression «moi aussi». Lorsqu'un ami avec lequel vous venez de prendre un verre dit «je vais payer ma consommation» et que vous enchaînez par «moi aussi», ce que vous signifiez est clair. Vous voulez payer *votre* consommation et non payer la sienne. La boisson que votre ami envisage de payer, et qu'il désigne par «ma consommation», n'est pas prise au sens littéral. Seul le *rôle* qu'elle joue par rapport à lui est considéré comme pertinent. Lorsque ce rôle est appliqué à vous, «ma consommation» fait référence sans ambiguïté à votre boisson.

Caractériser une situation en termes de rôles et en des termes suffisamment abstraits pour pouvoir la transposer à d'autres contextes constitue l'essence même de la pensée analogique. De la jurisprudence à la traduction, en passant par toutes les déformations que nous utilisons quotidiennement pour nous comprendre et pour mieux saisir le monde qui nous entoure, ce mode de pensée imbibe la plupart de nos comportements. Nous opérons par analogie lorsque nous disons que tel livre est une mine d'or, lorsque nous comparons le système solaire à l'atome, ou lorsque, comme je l'ai fait précédemment, nous caractérisons l'analogie comme « le pain quotidien de notre pensée ». Souvent, il est beaucoup plus rapide d'utiliser des exemples, d'employer des images que d'avoir recours à des définitions abstraites. Lorsqu'on plonge dans un livre de référence pour y trouver une explication, ne cherche-t-on pas plus volontiers un exemple qu'une description formelle ? Les associations qui nous traversent continuellement l'esprit (une ville en évoque une autre, une chanson en appelle une autre, une situation — Reagan et la livraison d'armes en Iran — est perçue similaire à une situation antérieure — Nixon et le Watergate — etc.), constituent également des signes évidents du caractère omniprésent de ce mode de pensée.

Les phénomènes de transfert, en particulier, si souvent invoqués lorsqu'on parle d'apprentissage, relèvent également en grande partie de ce processus. Etre capable d'appliquer dans un contexte nouveau des principes acquis dans un domaine spécifique présuppose la capacité d'opérer des correspondances à un niveau abstrait entre des situations différentes. Des étudiants auxquels on a démontré que le produit de deux nombres pairs est toujours un nombre pair éprouvent peu de difficultés à prouver que le produit de deux entiers impairs est toujours impair. Ils adaptent simplement la solution précédente (Carbonell, 1983). L'apprentissage relève de l'utilisation d'expériences vécues ailleurs. Les notions même de mots et de langages sont liées à la pensée analogique. Utiliser un mot est en fait mettre une étiquette sur une certaine catégorie de situations entre lesquelles on a implicitement établi des analogies.

Certains chercheurs voient dans le raisonnement analogique une manière particulière mais fort répandue de résoudre des problèmes. Ils le simulent comme une recherche dans un espace d'états (Carbonell, 1983). Le processus se ramène à transformer une vieille recette qui s'est avérée efficace. Les états constituent des solutions potentielles au problème, et les opérateurs, des transformations de ces solutions pour les adapter aux nouvelles exigences d'une situation. D'autres chercheurs postulent des mécanismes plus *ad hoc*: comparaison de structures complexes, établissement de correspondances diverses, recours à des abstractions et utilisation d'une transformation qui respecte au maximum les relations initiales (Evans, 1968; Gentner, 1980; Greiner, 1981, par exemple). Certains, enfin, comme Hofstadter, considèrent que la place centrale occupée par l'analogie dans notre univers mental ne peut pas être un accident. Ils y voient la manifestation de l'organisation même de la pensée, le produit naturel de notre architecture cognitive. La simuler paraît donc un chemin d'accès idéal à nos représentations conceptuelles. La pensée analogique n'est plus conçue comme un cas particulier de processus plus généraux, comme un simple mécanisme utilisé pour résoudre des problèmes, mais plutôt comme le mode de fonctionnement naturel d'un système qui opère essentiellement par glissements perceptuels et conceptuels. La philosophie de cette approche a déjà été largement commentée au chapitre 5. Elle est à la base de l'architecture des systèmes à réseau.

Copycat

Le système original utilisé pour étudier cette architecture est Copycat (Hofstadter, Mitchell & French 1987). («Copycat» est un surnom donné en anglais à quelqu'un qui imite). Ce programme permet de simuler ce que j'appelerai «le jeu des analogies». Si je change «abc» en «abd», comment appliquer la même transformation à «pqrs»? Le problème est plus subtil que ce qu'une lecture superficielle pourrait laisser croire. Les quelques exemples ci-dessous illustrent différents niveaux de complexité.

abc → *abd*
pqrs → *?*
abc → *abd*
ppqqrr → *?*
dcb → *dca*
pqrs → *?*
abc → *abd*
xyz → *?*
aqc → *abc*
pqc → *?*

L'intérêt du micro-monde utilisé n'est pas non plus évident à première vue. La situation considérée n'est-elle pas trop «filtrée» pour constituer un domaine intéressant? La réalité paraît tellement plus confuse.

Les éléments à mettre en correspondance sont quelquefois difficiles à isoler. Les relations qu'ils entretiennent entre eux sont multiples et complexes. Pourtant, les ingrédients fondamentaux paraissent présents dans le jeu des analogies: des structures dont le niveau de complexité peut s'avérer fort élevé, des relations différentes qui suggèrent différents types de correspondances, des attributs et des objets plus saillants que d'autres, des contraintes qui limitent les distorsions possibles, etc. Prenez, par exemple, l'expression «l'exactitude est la politesse des rois». Elle signifie essentiellement que l'exactitude est considérée par le commun des mortels comme un simple élément, généralement non primordial, du savoir-vivre. Lui accorder de l'importance est un signe de raffinement en la matière. De manière plus schématique, elle exprime le fait que le rôle joué par le savoir-vivre dans une structure donnée (le comportement du commun des mortels) est le même que celui joué par l'exactitude dans une autre (le comportement des «rois»). Nous ne sommes plus fort loin du jeu des analogies! Quel est le rôle de «d» dans l'événement «abc → abd», et comment s'applique-t-il à la nouvelle structure «pqrs»? La compréhension du fonctionnement d'analogies purifiées est un prérequis à l'examen de situations plus complexes.

Le problème général que se propose d'aborder Copycat est donc le suivant: étant donné deux structures X1 (le prototype) et X2 (la cible), et une modification appliquée à X1 donnant X1* (le résultat), quelle est la modification correspondante à appliquer à X2? En d'autres mots, que vaut X2*? Schématiquement, le problème se représente comme suit

X1 (prototype) → *X1* (résultat)*
X2 (cible) → *X2* (but)?*

L'idée est d'appliquer à X2 la «même» transformation qu'à X1. La notion de «même» est évidemment loin d'être triviale, dans la mesure où X1 et X2 sont deux structures différentes. Comment comparer la place occupée par l'exactitude dans une gamme de comportements donnés avec la place occupée par, disons, les règles usuelles de politesse dans un autre ensemble de conduites? Il importe d'être capable de représenter la transformation X1 → X1* d'une manière suffisamment générale pour pouvoir l'appliquer à X2. Supposez, par exemple, que les éléments communiqués soient les suivants:

abc → *abd*
rrqqpp → ?

La plupart des gens proposeront soit «*ssqqpp*», la règle appliquée étant «*remplacer le groupe de lettres identiques le plus à gauche par son successeur dans l'alphabet*», soit «*rrqqoo*», la règle étant cette fois «*remplacer le groupe de lettres identiques le plus à droite par son prédécesseur dans l'alphabet*». D'autres solutions sont évidemment possibles : «*rrqqpq*» pourrait se justifier par «*remplacer la lettre la plus à droite par son successeur*», et «*rrqqqq*» par «*remplacer le groupe de lettres identiques le plus à droite par son successeur*». Des réponses plus folkloriques sont également envisageables. Pourquoi pas «*rrqqpd*»? On a remplacé la dernière lettre par «d». Ou bien, «*rrqqpp*», qui pourrait se justifier par «*remplacer tous les 'c' par des 'd'*»? De manière encore plus aveugle, «*abd*» pourrait être proposé sous prétexte que la structure de départ («abc») a été remplacée par «abd».

Certaines réponses paraissent manifestement meilleures que d'autres. Elles tiennent mieux compte des relations observées dans les différentes structures. Pourtant, il paraît difficile de prétendre qu'il y a une seule bonne solution, et il n'est pas toujours exact de dire que les règles les plus générales sont les meilleures. A un niveau plus fondamental, la valeur d'une analogie doit peut-être être recherchée du côté de la biologie ou des théories de l'évolution, dans leur utilité pour l'organisme, l'espèce et leur survie (Riedl, 1984).

Un des présupposés de Copycat est qu'une analogie est d'autant meilleure qu'elle utilise des éléments de haut niveau. On préférera des concepts du type «successeur», «groupe de lettres identiques» — qui sont en fait des variantes des notions d'ordre, de répétition, ou d'uniformité — à des notions plus syntaxiques du type «à droite de», «adjacent à», qui sont plus dépendantes du domaine étudié.

Ce qui paraît particulièrement intéressant à étudier est la manière dont une règle doit se transformer pour pouvoir s'appliquer à une nouvelle situation. Si la règle pour passer de «abc» à «abd» a été définie comme «*remplacer la lettre la plus à droite par son successeur*», et si la cible est «rrqqpp», l'application *littérale* de cette règle donnerait «rrqqpq». Cette solution est insatisfaisante. La correspondance entre le prototype «abc» et la cible «rrqqpp», schématisée dans le graphique ci-dessous, suggère certaines transformations, certaines inversions qui pourraient amener à revoir la règle.

Les «ponts» établis entre les deux structures et leurs justifications amènent à substituer la notion de «groupe de lettres» à celle de «lettre», et la notion de «prédécesseur» à celle de «successeur», par

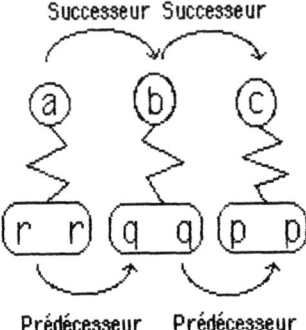

Fig. 48. Une correspondance possible.

exemple. Mais d'autres correspondances sont possibles; elles suggéreraient d'autres «glissements». Copycat cherche essentiellement à modéliser la manière dont les similitudes entre les structures s'établissent, et les contraintes qu'elles imposent sur les substitutions possibles.

Ces substitutions sont suggérées par un réseau glissant qui représente les différents concepts impliqués dans la tâche, et leur structure. Les glissements sont possibles entre nœuds proches. La circulation d'activations dans le réseau permet au système de réagir aux différentes sollicitations de l'environnement et rend probable certains glissements, tout en diminuant la probabilité d'autres. Voici un petit extrait du réseau glissant utilisé.

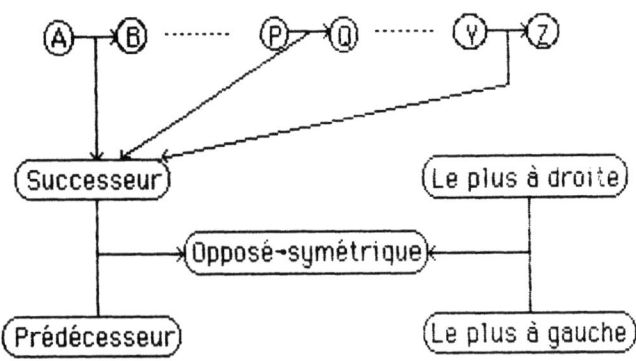

Fig. 49. Un extrait du réseau glissant utilisé par Copycat.

Comme dans les précédents modèles présentés au chapitre 5 et au chapitre 10 (Seek-whence), qui sont en fait inspirés de lui, chaque nœud est caractérisé par un certain niveau d'activation qui représente l'intérêt qui lui est porté à un moment donné du traitement. Ce niveau varie, bien entendu, au cours du temps. La proximité des nœuds «Successeur» et «Prédécesseur», lorsque le nœud «Opposé-symétrique» est activé, induit un *glissement* d'un concept vers l'autre. Le système suggère alors de modifier la règle initiale en remplaçant la notion de successeur par celle de prédécesseur.

Un des buts avoués du projet est de mieux comprendre la notion de «concept». Les analogies paraissent en effet solliciter nos catégories au maximum. Dire, par exemple, que l'analogie est le pain quotidien de notre pensée, nécessite une représentation fort souple des concepts utilisés! Et les métaphores sont omniprésentes dans notre expression quotidienne. La représentation en réseau glissant est donc tout à fait centrale dans le projet.

Les différentes manipulations de chaînes de lettres, les regroupements, l'établissement de liens, de ponts et de leurs justifications, se font dans une mémoire de travail, toujours appelée «cytoplasme». Elle communique avec le réseau glissant au moyen de codelets gérés dans la tradition des systèmes à réseau. Il s'agit donc de petites tâches élémentaires, choisies au hasard dans un porte-codelet.

L'analyse d'un exemple

L'analyse de l'exemple suivant devrait vous permettre de vous faire une image plus précise du fonctionnement du système. Supposez que nous soumettions à Copycat le problème déjà posé:

abc → *abd*
rrqqpp → ?

Comment va-t-il réagir?

Les premières opérations réalisées par les codelets relèvent de l'analyse syntaxique (c'est-à-dire superficielle, loin du niveau abstrait des concepts). Les différentes lettres sont examinées, et pour chacune, son correspondant dans le réseau glissant est activé; en plus, des relations de type «successeur/prédécesseur» ou «identique» sont notées. Le cytoplasme s'enrichit ainsi progressivement, en habillant les chaînes de caractères initiales d'un début de structure. A la fin de cette première phase, le cytoplasme pourrait ressembler à ceci.

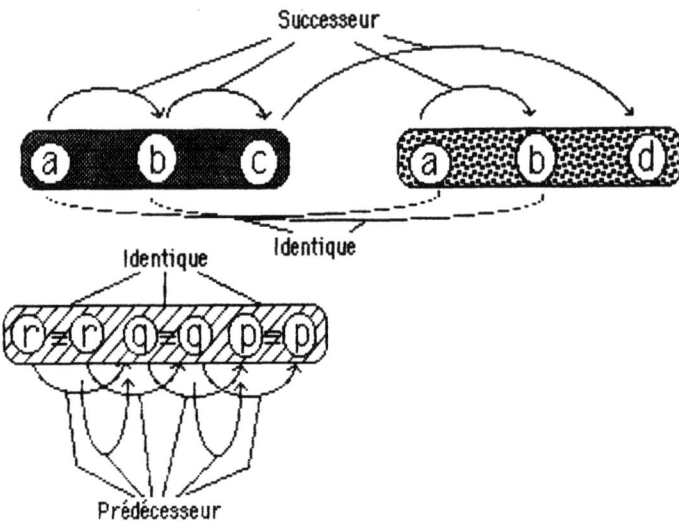

Fig. 50. Etat du cytoplasme après l'analyse syntaxique.

La présence de nombreuses paires d'éléments adjacents égaux a fortement activé le nœud représentant le concept «Groupe d'éléments identiques» dans le réseau glissant. Le système répondra en cherchant à agréger en classes homogènes les éléments voisins du cytoplasme. Dans la cible «rrqqpp», les répétitions de lettres pourraient donner naissance à de nouvelles unités, comme illustré dans la figure ci-dessous. Si cette opération vous rappelle la formation de molécules dans le système Seek-whence (présenté au chapitre 10), ou la création de blocs dans la simulation, par un système à réseau, du jeu «le compte est bon» (présentée au chapitre 5), ce n'est pas par accident. La définition de structures intermédiaires, éventuellement temporaires, susceptibles de se reconfigurer, de se transformer en cours de traitement est une caractéristique essentielle de cette famille de systèmes.

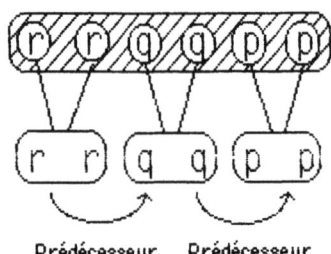

Fig. 51. Agrégation des lettres identiques.

Remarquez que ces phases de structuration du cytoplasme paraissent relever plus de la perception que de la résolution de problèmes. Elles s'effectuent de manière relativement autonome, sans objectif particulier. Il s'agit de la mise en œuvre de mécanismes fondamentaux dont le contrôle semble souvent nous échapper : sensibilité aux répétitions, aux relations d'ordre, aux successions. La perception de ces structures est, bien entendu, loin d'être triviale. Décomposer la chaîne « aababc » en « a » + « ab » + « abc », par exemple, nécessite de faire certains choix, de lever certaines ambiguïtés. De plus, cette phase d'analyse peut interagir avec les phases plus « conceptuelles » ou « sémantiques » de construction de règles, d'établissement de correspondances.

Lorsque le contenu du cytoplasme est suffisamment structuré, la recherche d'une règle qui permet de passer de « abc » à « abd », peut commencer. En fait, les phases ne se succèdent pas de manière aussi stricte. Comme je viens de le mentionner, des interactions sont souvent possibles, des recouvrements sont toujours observés. La découpe du processus en phases est donc un peu arbitraire.

Par construction, le système préfère une formulation du type « *remplacer la lettre la plus à droite par son successeur* » à « *remplacer la troisième lettre par un d* ». Chaque lettre du cytoplasme a, en effet, une description qui lui est attachée. Le « c », par exemple, est caractérisé, entre autres par

- Je suis un représentant de la catégorie « C » ;
- Je suis la lettre la plus à droite de ma chaîne.

Lorsqu'il cherche à formuler la règle qui change le « c » du prototype en « d », le système retiendra pour caractériser ce « c » la deuxième des descriptions. Elle paraît, en effet, plus importante que la première, et est plus souvent retenue par des sujets humains lorsqu'on leur demande de formuler une règle. Le système reproduit cette tendance.

Comme je l'ai déjà signalé, cette règle telle quelle ne peut malheureusement pas s'appliquer à la cible « rrqqpp ». Ceci donnerait « rrqqpq », réponse manifestement insatisfaisante. Une *interprétation* paraît donc indispensable. Nous sommes ici au cœur du problème. Qu'est ce qui dans la cible joue le rôle tenu par les lettres dans le prototype ? Et le rôle du « successeur » ou du « plus à droite » ? Répondre à ces questions est résoudre l'analogie. Comme dans l'exemple du « moi aussi » donné au début du paragraphe sur la pensée analogique, une application *littérale* des concepts utilisés dans la règle ne paraît pas possible, ou du moins pas souhaitable. Mais comment traduire une structure dans une autre ?

Dans un premier temps, le système cherche à mettre en correspondance des éléments du prototype avec des éléments de la cible. Bien entendu, les associations possibles n'ont pas toutes la même probabilité d'être considérées. Les unités du cytoplasme les plus saillantes (du type «groupe de lettres identiques» ou «élément le plus à droite») sont d'abord examinées. Il est donc beaucoup plus probable de chercher une association entre le «a» du prototype et le «rr» ou le «pp» de la cible qu'entre le «b» du prototype et un des «q» de la cible, par exemple. Dans la terminologie de Copycat, une association s'appelle un **pont**. Un pont entre deux éléments est d'autant plus probable qu'ils présentent des similarités. Mais comment mesurer ces similarités ? Rappelez-vous par exemple la métaphore «Ce livre est une mine d'or». Étant donné que les analogies peuvent s'établir entre des situations tellement différentes, une mesure utile de proximité n'est possible que via le recours à un certain niveau d'abstraction.

Les descriptions attachées aux différentes unités de cytoplasme et le réseau glissant fournissent ce niveau. Les descriptions sont libellées en termes de rôles, eux-mêmes spécifiés au moyen de concepts représentés dans un *même* réseau. On dispose ainsi des éléments nécessaires au calcul d'une similarité entre entités a priori disparates.

Dans l'analogie qui nous intéresse ici, la lettre «a» du prototype, par exemple, est décrite comme suit dans le cytoplasme :

- la première lettre de l'alphabet;
- un exemple de «A»;
- la lettre la plus à gauche de sa chaîne;
- une unité ayant son successeur alphabétique à sa droite.

Le groupe «rr» de la cible, admet la description suivante :

- un groupe de lettres identiques;
- un groupe paramétrisé par «R»;
- le groupe le plus à gauche de sa chaîne;
- une unité ayant son prédécesseur alphabétique à sa droite.

La proximité entre ces deux descriptions peut se calculer en utilisant le réseau glissant. Les différentes caractérisations mettent en œuvre des concepts («groupe d'éléments identiques», «prédécesseur», «successeur»...) représentés dans le réseau. Si la distance entre les nœuds correspondants n'est pas trop grande, les concepts sont considérés comme proches et les descriptifs sont semblables. «Une unité ayant son successeur alphabétique à sa droite», par exemple, n'est pas fort éloigné de «une unité ayant son prédécesseur alphabétique à sa droite» parce que les deux concepts «successeur» et «prédécesseur» sont proches dans le réseau glissant. Chaque pont établi dans le cytoplasme peut donc être justifié en invoquant les concepts qui se correspondent dans les définitions. Ces justificatifs s'appellent des *pylones*. Le pont qui pourrait relier «a» à «rr» posséderait les trois pylones suivants:

(1) Lettre → Groupe de lettres identiques;
(2) Le plus à gauche → Le plus à gauche;
(3) Successeur → Prédécesseur.

Voici une correspondance que pourrait établir Copycat entre le prototype et la cible.

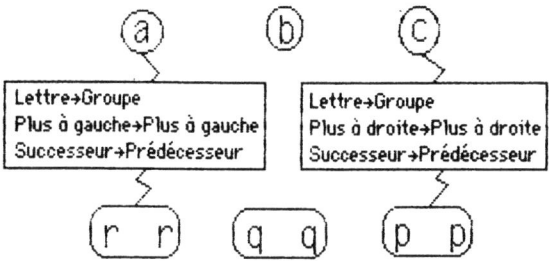

Fig. 52. Ponts et pylones dans le cytoplasme.

Les pylones suggèrent alors une réinterprétation de la règle initiale puisqu'ils spécifient explicitement les glissements nécessaires pour passer du prototype à la cible. La formulation

«*remplacer la* lettre *la* plus à droite *par son* successeur»

devient

«*remplacer le* groupe de lettres identiques *le* plus à droite *par son* prédécesseur»

La réponse proposée est donc «rrqqoo».

Mais Copycat aurait pu suggérer une autre correspondance entre le prototype et la cible, et ceci aurait entraîné une réponse différente. Des ponts diagonaux auraient tout aussi bien pu être construits. Dans la figure ci-dessous, un tel pont et les pylones correspondants sont présentés.

Fig. 53. Une autre correspondance possible.

La réinterprétation de la règle initiale suggérée par cette correspondance est la suivante :

« *remplacer la* lettre *la* plus à droite *par son* successeur »

devient

« *remplacer le* groupe de lettres identiques *le* plus à gauche *par son* successeur »

La réponse proposée est alors « ssqqpp ».

Remarquez que pour pouvoir être exploités dans la traduction de la règle, les glissements suggérés par les pylones doivent être compatibles. On ne peut pas à la fois changer « Successeur » en « Prédécesseur » et en « Successeur », par exemple. Ceci signifie entre autres que les ponts construits ne peuvent pas être quelconques. Les glissements conceptuels dictés par les pylones doivent être « parallèles » en quelque sorte. En cas de conflit, les différentes alternatives entrent en compétition. Le système favorisera, de manière probabiliste toujours, les ponts liant les entités jugées les plus similaires.

De nouveau, la description du processus que je viens de donner est fort schématique. Les opérations de construction de ponts et de pylones émergent en fait d'opérations plus microscopiques imprégnées d'aléas, comme dans tous les systèmes à réseau. Différentes réponses sont envisagées par le système et, comme je viens de le signaler, elles sont en compétition. Le réseau glissant induit des pressions qui favorisent certaines aux dépens d'autres. Le caractère probabiliste des mécanismes permet de donner différentes solutions à un même problème (via différentes exécutions du programme, bien entendu). La plasticité du système est donc liée à plusieurs facteurs différents. L'utilisation d'un réseau glissant dont la structure change au cours du temps en est sûrement un; la manière dont les codelets se gèrent, s'appellent, et s'enchaînent en est un autre; l'imbrication des différents niveaux de traitement (structuration du cytoplasme, recherche d'une règle, construction d'une correspondance, interprétation de la règle initiale) constitue également une caractéristique importante.

Des structures différentes peuvent donc être mises en correspondance par le système Copycat. Cette capacité, comme je le signalais au début du paragraphe sur la pensée analogique, est primordiale. L'esprit humain rapproche naturellement des situations apparemment sans rapport, et ces associations infiltrent visiblement beaucoup de nos activités cognitives. Apprendre, c'est pouvoir réexploiter des expériences passées, disait P. Scott. Mais deux situations ne sont jamais identiques. Il importe donc, pour réutiliser une expérience, de percevoir en quoi elle est similaire ou analogue à la situation vécue. Si

$X1$ (prototype) $\rightarrow X1^*$ (résultat)

est assimilé à l'expérience passée, Copycat propose des mécanismes qui permettent de la réutiliser, via des réajustements et généralisations, dans la nouvelle situation.

Conclusions :
Un souffle nouveau

CONSTRUIRE SANS COMPRENDRE ?

Résolution de problèmes, génération d'histoires, induction et analogie, la boulimie des chercheurs en I.A. est impressionnante. L'aperçu que je viens de donner est pourtant incomplet. Des programmes sophistiqués, capables de «comprendre» des histoires, par exemple, ont été mis au point (Dyer, 1983). Je ne les ai pas mentionnés. La «compréhension» de la langue est, cependant, un des domaines les plus importants et les plus dynamiques de l'I.A. La traduction, la démonstration de théorèmes, la résolution de primitives, la reconnaissance de formes font également l'objet d'études intensives, et les résultats obtenus sont souvent impressionnants et provocateurs. En fait, l'I.A. se caractérise par une approche fort anarchique de l'intelligence. Elle peut difficilement être considérée comme une discipline unique à son stade actuel de développement. Au même titre qu'il est difficile d'imaginer une théorie de l'art de l'ingénieur, il n'est pas encore possible de considérer l'I.A. sous un seul angle. On cherche essentiellement à reproduire sur machine des conduites réputées nécessiter de l'intelligence. Le point de vue est fort pragmatique, au départ du moins. La connaissance acquise apparaît presque comme un sous-produit de l'entreprise. L'accent est mis délibérément sur les tâches. On s'interroge sur la langue en construisant des programmes qui «comprennent» des histoires et démontrent leur compréhension en répondant à des questions qu'on leur pose. Le langage se réduit à ce qu'il permet de faire.

L'analyse d'un processus passe par sa reproduction sur machine, sa simulation. Cette approche n'est pas dépourvue de dangers. Construire des programmes *pour* comprendre l'intelligence se ramène quelquefois à construire *sans* comprendre. Certains se plaisent à mettre en contraste les progrès impressionnants observés dans les années 60 et 70 et les espoirs suscités avec ce qu'ils estiment être maintenant une relative stagnation. Seul l'aspect superficiel des comportements intelligents a pu être encodé, disent-ils (Dreyfus, 1983). La résolution de problèmes aurait été réduite à une recherche rigide dans des espaces d'états, le travail d'experts à l'enchaînement d'un ensemble de règles prédéfinies. Ce mode d'approche a ses limites. Aller plus loin nécessiterait une révision complète des méthodes utilisées. Comme le dit Dreyfus, pour aller dans la lune, il ne suffit pas de monter dans un arbre en prétendant que le fait de s'être rapproché signifie qu'on est sur le bon chemin. Que faut-il penser de ces critiques? Quel est l'avenir de l'I.A.?

Il est difficile d'établir un bilan clair d'une jeune discipline en pleine croissance. Les modes risquent d'amener à surestimer certaines réalisations. Le recul manque pour apprécier la valeur des différentes contributions, le bien-fondé de certaines déceptions. Une impatience naturelle risque de nous pousser à vouloir accélérer le cours du temps et à confondre les fluctuations passagères et les tendances profondes, les succès temporaires et les courants porteurs d'avenir.

Il paraît commode, lorsqu'on cherche à apprécier les contributions de l'I.A., d'opérer une distinction. L'*apport technologique* — la discipline est souvent considérée comme une branche de l'informatique — peut être utilement séparé de l'*apport théorique* sur l'esprit et sa structure — l'I.A. et la psychologie cognitive s'enracinent dans des préoccupations communes. Les programmes de recherche s'organisent généralement autour de la réalisation de tâches précises. Les résultats se chiffrent en développement de logiciels, mais également en modèles cognitifs, en théories nouvelles. Depuis la deuxième guerre mondiale, des progrès substantiels ont été observés à ces deux niveaux.

L'APPORT TECHNOLOGIQUE

Longtemps l'I.A. fut une discipline de laboratoire. Un des sous-produits des recherches entreprises a été l'élaboration de langages appropriés: des instruments de travail pour les chercheurs, mais également des outils généraux dont pouvait profiter un public plus large. Les

LISP, PROLOG et autres langages de programmation ont été prudemment commercialisés. Leur impact reste cependant fort local. En matière de langage informatique, la tradition paraît avoir un poids inattendu. La force de l'inertie est considérable. Depuis peu, pourtant, le monde économique et industriel commence à s'intéresser plus sérieusement à ces travaux de laboratoire. Des produits susceptibles d'applications pratiques ont éveillé leur attention. L'argent a suivi et les résultats ne se sont pas fait attendre. Les nouveaux moyens financiers ont provoqué une éclosion d'applications diverses. Les systèmes de production ont été promus au rang de systèmes experts. Censés reproduire dans des domaines spécifiques le savoir-faire des spécialistes, ils envahissent des disciplines comme la médecine (à titre encore expérimental), la chimie, la géologie, l'agronomie, l'informatique (Hayes-Roth, Lenat, Waterman, 1983). Le développement de ces logiciels s'inscrit directement dans les travaux poursuivis sur la démonstration automatique de théorèmes et la résolution de problèmes. Ces logiciels diffèrent des systèmes plus traditionnels par leur architecture. On essaie d'encoder le savoir humain sous forme de propositions représentant des faits, et de règles les associant. Ceci constitue une «base de connaissances». Un «démonstrateur de théorèmes» (souvent appelé «moteur d'inférence») travaille sur cette base en y induisant des faits nouveaux, produits par des règles du type «Si ceci est vérifié, alors tel nouveau fait est vrai». Généralement, ces systèmes sont capables de donner des explications sur les conclusions auxquelles ils permettent d'arriver. La représentation du jeu «le compte est bon» au moyen d'un ensemble de règles de production, proposée dans le chapitre 4, constitue un exemple simplifié d'un tel système. Le succès de ces systèmes et quelques résultats spectaculaires risquent cependant de faire oublier leur caractère relativement élémentaire. L'engouement observé actuellement débouchera sûrement sur des désillusions. Clairement, seule une partie de l'expertise peut être simulée de cette manière.

Parallèlement à cette percée des systèmes experts, de nombreuses autres applications des techniques de l'I.A. ont vu le jour. Même dans des domaines aussi subtils que la traduction automatique, des logiciels susceptibles d'être utilisés dans des environnements professionnels ont été développés. Un programme appelé «Systran», par exemple, permet aux services de la Commission des Communautés Européennes d'opérer une première traduction rapide d'un certain nombre de documents. La phrase «About half a million people are employed in the water industry in the EEC countries» devient, lorsqu'elle lui est confiée: «Environ des personnes de un demi-million sont employées dans l'industrie d'eau dans les pays de la CEE». Des révisions de la traduction sont donc nécessaires. Mais une grosse partie du défrichage peut lui être confiée. Les applications de l'I.A. en reconnaissance de forme et en robotique sont également nombreuses. Inutile de les commenter, les media y font régulièrement référence.

L'APPORT THEORIQUE

La contribution spécifique de l'I.A. à l'étude des comportements intelligents est également évidente, quoique plus controversée. Une des ambitions de ce livre est, du reste, de vous permettre de vous faire une idée personnelle sur cette question. L'I.A. s'est manifestement attaquée à des questions difficiles — peut-être même, comme le prétend Minsky, aux questions les plus difficiles que l'esprit humain se soit jamais posées. Attendre des réponses complètes et définitives est donc insensé. Les processus qui relèvent apparemment peu de la logique, comme les erreurs, les plaisanteries, les métaphores, les contrefaits (construction de variantes mentales de certaines situations, du type «Si les kangourous n'avaient pas de queues, ils tomberaient en arrière») ne sont pas encore (ou peu) abordés. Le sens commun reste un mystère, si pas un mythe.

Il commence pourtant à être possible, à travers les nombreux travaux entrepris, d'apprécier de manière infiniment plus précise qu'auparavant la complexité et la subtilité de l'intelligence. Des schémas de classification sont proposés, des équivalences entre tâches sont suggérées, des conditions suffisantes pour rendre possibles certains comportements sont déterminées. Sans toujours nous fournir une théorie de la performance, les systèmes permettent généralement d'expliquer la *compétence*: la réalisation de telle tâche paraît possible à partir de tels éléments, en utilisant tels mécanismes. Par approximations successives, à travers quantité de simulations, la discipline a réussi depuis les années 50 à isoler progressivement les problèmes dans un langage qui ne permet pas les ambiguïtés, avec des méthodes qui exigent la rigueur la plus absolue. Il n'est plus possible de s'interroger sur les rapports entre la logique et la pensée sans faire référence aux travaux poursuivis en I.A. La représentation des connaissances ne peut plus être envisagée comme avant. Des territoires fort sauvages commencent à être défrichés, des questions difficiles à être mieux cernées. En quoi la compétence d'un système est-elle tributaire des modes de représentation utilisés? Quels types de mécanisme de contrôle offrent une plasticité suffisante ? Comment permettre à un système d'améliorer ses performances ? Quelles parties sont susceptibles de se modifier suite à un apprentissage ? Qu'est-ce qu'un concept ? Une croyance ? Comment s'articulent raisonnement et perceptions ? Les réponses proposées sont encore schématiques et provisoires. Elles représentent pourtant des percées manifestes dans la compréhension de la pensée.

Mais en quoi l'approche adoptée est-elle vraiment différente de celle des neurosciences ou de la psychologie ? N'est-on pas en train de réinventer la roue, de parcourir des chemins balisés depuis longtemps ? Situer l'I.A. dans l'ensemble des sciences qui cherchent à comprendre le cerveau et son fonctionnement nécessite deux types de précisions. Il importe premièrement de mettre clairement en contraste le niveau d'analyse couramment utilisé en I.A. avec celui des neurosciences. Ensuite, il convient de distinguer ses méthodes de celles de la psychologie.

LE NIVEAU D'ANALYSE

Comme les chapitres précédents l'ont montré, la gamme des modèles utilisés est visiblement fort large. Quelle que soit la formalisation, pourtant, les entités élémentaires manipulées sont clairement distinctes des éléments primitifs de notre système nerveux. Même dans les systèmes connexionnistes la comparaison des nœuds avec des neurones est incertaine et vague. Le niveau d'analyse choisi est donc distinct de celui des neurosciences. L'I.A. utilise des concepts plus macroscopiques, souvent comparables à ceux utilisés en psychologie cognitive. L'étude de la pensée analogique met en œuvre des notions du type « identique », « voisin », « symétrique »; la reconnaissance de formes s'appréhende en termes de « majuscule », « chiffre arabe », « < 10 »; le langage s'interprète via la définition d'actes primitifs : « transfert de possession », « application d'une force physique »... (Schank, Riesbeck, 1983). Suivant le modèle utilisé, le contrôle sera soit symbolique (la plupart des systèmes classiques étant de ce type), soit non symbolique (comme dans les modèles connexionnistes ou à réseau, par exemple, où la succession des actions dépend de la manière dont des activations non symboliques se diffusent dans des réseaux). Il est permis de se demander si le niveau adopté en I.A. est pertinent. N'est-il pas vain de vouloir comprendre les processus mentaux en ces termes, sans avoir cerné précisément les mécanismes plus élémentaires, plus fondamentaux ?

Pour comprendre en quoi ce niveau est indispensable, et non seulement utile, un examen de la notion même d'explication ou de compréhension est nécessaire. Les astrophysiciens ont été capables de simuler la formation des galaxies en forme de spirales à partir d'une monstrueuse modélisation des interactions gravitationnelles de milliers d'étoiles. Mais cela constitue-t-il une explication du phénomène ? Comprendre semble exiger une certaine forme de réduction. Les dispositifs électroniques utilisés par les ingénieurs n'ont un sens que comme produits d'un nombre limité de principes et de représentations. Les circuits biologiques devront s'interpréter de manière similaire. Tout système complexe paraît mettre en œuvre, dans sa régulation, des mécanismes dont la pertinence ne peut être appréciée qu'à un certain niveau d'analyse. La pensée ne peut pas être décrite uniquement comme le résultat d'une activité neuronale complexe sans faire référence à ces éléments discrets capturés par nos mots et nos idiomes. Ceci ne signifie pas que le symbole soit la *seule* entité utile dans la compréhension du comportement intelligent, mais plutôt qu'il apparaît difficile de s'en passer.

LES METHODES UTILISEES

L'argumentation utilisée jusqu'à présent dépasse largement une simple justification du niveau de l'approche pratiquée en I.A. Elle pourrait être reprise pour justifier pratiquement toute approche psychologique des problèmes de l'intelligence. En quoi l'I.A. apporte-t-elle quelque chose de vraiment spécifique ? Ne s'agit-il, comme le pensent certains, que d'une perversion des méthodes d'étude classiques, perversion engendrée par l'utilisation d'une métaphore contraignante ? L'exigence fondamentale que les modèles proposés soient capables d'être mis en œuvre sur des ordinateurs digitaux restreint, de manière drastique pour certains, la classe des modèles envisageables. Il est, de plus, tentant de confondre « simulation convaincante » et « explication » d'un phénomène. Aucune *preuve* du succès d'une approche ne paraît possible, et le fait de reproduire correctement un certain nombre de comportements n'exclut pas qu'on puisse avoir inventé de toutes pièces les mécanismes mis en œuvre. Ces objections ont été discutées précédemment. La conviction profonde de ceux qui revendiquent le pouvoir explicatif des modèles informatiques est, répétons-le, qu'il n'existe pas 36000 manières de reproduire les performances d'un système sophistiqué. Les contraintes imposées par la complexité des problèmes réduisent le champ des solutions possibles. A la limite, si l'ambition est de construire un système qui puisse se comporter exactement comme un être humain (au cours d'un entretien, par exemple), une seule solution est possible. C'est du moins «le credo» de ceux qui utilisent l'I.A. pour étudier la pensée. Les démarches constructivistes couramment adoptées dans la discipline, qui consistent, lorsque les informations disponibles n'existent pas, à inventer des mécanismes adéquats pour rendre compte des performances, devraient donc converger au fur et à mesure qu'augmente la complexité des problèmes appréhendés. Cette tendance est déjà visible. Il est surprenant, par exemple, de constater les similarités des systèmes en «vision sur ordinateur», «compréhension du langage naturel», «pensée analogique», «résolution de problèmes».

Remarquez également qu'en cherchant à simuler des tâches généralement complexes, on approche globalement l'intelligence. Contrairement à ce qui se pratique souvent en psychologie, l'étude de l'intelligence n'est pas décomposée en un examen séparé des sensations, des perceptions, de la mémoire, de la motivation, des émotions, par exemple. Ces décompositions, même si elles se sont révélées utiles dans certains cas, sont rarement postulées en I.A. Les frontières entre perception, apprentissage, activités cognitives supérieures sont redéfinies, si pas éliminées. De nouveau, la complexité des performances à réaliser impose le recours à certains mécanismes, nécessite l'intégration de fonctions diverses, qui sont en quelque sorte réinventées.

Il est peut-être bon d'ajouter que l'utilisation systématique de l'ordinateur permet d'éviter certains égarements dans les formulations ambiguës. Il ne suffit plus de caractériser un phénomène en termes structurels généraux. Les théories doivent être parfaitement explicites. On ne peut plus se contenter de descriptions verbales des concepts et des objets rencontrés. On doit parfaitement détailler le comment (Boden, 1977). L'effet de cette garantie est loin d'être marginal. Elle permet en effet de se réaventurer avec assurance dans les domaines centraux de l'intelligence, domaines qu'une certaine prudence méthodologique nous avait amenés à déserter ou du moins à n'aborder qu'avec timidité. On peut désormais s'interroger sur les notions de concept et de représentation, d'essence, de croyance et d'intention, en évitant les pièges du mentalisme. On invoque la conscience comme instrument de contrôle des systèmes. Ceci n'est pas le moindre des apports de l'I.A. à l'étude du mental.

Références

ANDERSON, J.R. (1983), *The architecture of cognition*. Harvard University Press, Cambridge.
ATLAN, H. et al. (1986), *Création et créativité*. Editions Castella, Albeuve, Suisse.
BARR, A., FEIGENBAUM, E.A. (1981), *The handbook of artificial intelligence. Volume I*. William Kaufmann, Los Altos, CA.
BATALI, J. (1983), *Computational introspection*. AI memo* 701. Massachusetts Institute of Technology.
BODEN, M.A. (1977), *Artificial intelligence and natural man*. Basic Books Inc., Publishers, New York.
BUCHANAN, B.G., FEIGENBAUM, E.A. (1978), Dendral and meta-dendral: their application dimension. *Artificial intelligence II*, 5-24.
BUCK, R. (1986), The psychology of emotion. Dans *Mind and brain. Dialogues in cognitive neuroscience* (Edts Ledoux, J.E., Hirst, W.). Cambridge University Press, Cambridge, London, New York, 275-300.
BURSTEIN, M.H. (1983), Concept formation by incremental analogical reasoning and debugging. Dans *Machine learning: an artificial intelligence approach, volume II* (Edts Michalski, R.S., Carbonell, J.G. et Mitchell, T.M.). Morgan Kaufmann Publishers, Inc., Los Altos, CA.
CARBONELL, J.G. (1983), Learning by analogy: formulating and generalizing plans from past experience. Dans *Machine learning: an artificial intelligence approach* (Edts Michalski, R.S., Carbonell, J.G. et Mitchell, T.M.). Tioga Publishing Company, Palo Alto, CA., 137-161.
CARBONELL, J.G., MICHALSKI, R.S. et MITCHELL, T.M. (1983), An overview of machine learning. Dans *Machine learning: an artificial intelligence approach* (Edts Michalski, R.S., Carbonell, J.G. et Mitchell, T.M.). Tioga Publishing Company, Palo Alto, CA., 3-23.
CHANGEUX, J.P. (1983), *L'homme neuronal*. Fayard, Paris.

COHEN, P.R. (1985), *Heuristic reasoning about uncertainty: an artificial intelligence approach*. Pitman Advanced Pub. Program, Boston.
DEFAYS, D. (1987), *Numbo: a study in cognition and recognition*. En préparation.
DEJONG, G., MOONEY, R. (1986), Explanation-based learning: an alternative view. *Machine learnng I*, 145-176.
DIETTERICH, T.G., MICHALSKI, R.S. (1983), A comparative review of selected methods for learning from examples. Dans *Machine leraning: an artificial intelligence approach* (Edts Michalski, R.S., Carbonell, J.G. et Mitchell, T.M.). Tioga Publishing Company, Palo Alto, CA., 41-81.
DREYFUS, H. (1983), *Intelligence artificielle. Mythes et réalité*. Flammarion, Paris.
DYER, M.G. (1983), *In-depth understanding*. The MIT Press, Cambridge, MA., London, England.
ECCLES, J.C. (1981), *Le mystère humain*. Mardaga, Bruxelles, Liège.
ERNST, G.W., NEWELL, A. (1969), *GPS: a case study in generality and problem solving*. Academic Press, New York, London.
EVANS, T.G. (1968), A program for the solution of a class of geometric-analogy intelligence-test questions. Dans *Semantic Information Processing* (Edt Minsky, M.). MIT Press, Cambridge, MA., 271-353.
FRENCH, R.M. (1987), Singe. Un générateur automatique de textes. *Pour la science*, juillet 1987.
GABRIEL, M., SPARENBORG, S.P. et STOLAR, N. (1986), The neurobiology of memory. Dans *Mind and brain. Dialogues in cognitive neuroscience* (Edts Ledoux, J.E., Hirst, W.). Cambridge University Press, Cambridge, London, New York, 215-254.
GENTNER, D. (1980), *The structure of analogical models in science*. Report* 4451 préparé pour l'Office of naval research et DARPA, U.S.A.
GREINER, R. (1985), *Learning by understanding analogies*. Report* STAN-CS-85-107. Stanford university, department of computer science.
HAYES-ROTH, F., LENAT, D.B. et WATERMAN, D.A. (Edts) (1983), *Building expert systems*. Addison-Wesley Publishing Company, Reading, MA.
HOFFMAN, J.E. (1986), The psychology of perception. Dans *Mind and brain. Dialogues in cognitive neuroscience* (Edts Ledoux, J.E., Hirst, W.). Cambridge University Press, Cambridge, London, New York, 7-32.
HOFSTADTER, D.R., DENNETT, D.C. (1981), *The mind's I*. Basic Books, New York.
HOFSTADTER, D.R. (1982), *On seeking whence*. Manuscrit non publié.
HOFSTADTER, D.R. (1983), The architecture of Jumbo. Dans *Proceedings on the International Machine Learning Worshop* (Edt Michalski, R.S.). Allerton House, University of Illinois at Urbana-Champaign, 161-170.
HOFSTADTER, D.R. (1985a), *Gödel, Escher, Bach: les brins d'une guirlande éternelle*. InterEditions, Paris.
HOFSTADTER, D.R. (1985b), *Metamagical themas: questing for the essence of mind and pattern*. Basic Books, New York.
HOFSTADTER, D.R., MITCHELL, M., FRENCH, R.M. (1987), *Fluid concepts and creative analogies: a theory and its computer implementation*. FARG report. University of Michigan, Ann Arbor.
HOLLAND, J.H. (1975), *Adaptation in natural and artificial systems*. The University of Michigan Press, Ann Arbor.
HOLLAND, J.H. (1986), Escaping brittleness: the possibilities of general-purpose algorithms applied to parallel rule-based systems. Dans *Machine learning: an artificial intelligence approach, volume II* (Edts Michalski, R.S., Carbonell, J.G. et Mitchell, T.M.). Morgan Kaufmann Publishers, Inc., Los Altos, CA., 593-623.

KENT, E.W. (1981), *The brains of men and machines*. McGraw-Hill, New York.
KOHONEN, T., OJA, E. et LEHTIO, P. (1981), Storage and processing of information. Dans *Parallel models of associative memory* (Edts Hinton, G.E., Anderson, J.A.). Lawrence Erlbaum Associates, Publishers, Hillsdale, New Jersey, 105-143.
LAIRD, J.E., ROSENBLOOM, P.S., NEWELL, A. (1986) Chunking in Soar: the anatomy of a general learning mechanism. *Machine Learning 1*, 11-46.
LAIRD, J.E., ROSENBLOOM, P.S., NEWELL, A. (1987) Soar: an architecture for general intelligence. *Technical report, Cognitive Science and Machine Intelligence Laboratory*, University of Michigan.
LANGLEY, P. (1987), A general theory of discrimination learning. A paraître dans *Production systems models of learning and development* (Edts Klahr, D., Langley, P. et Neches, R.). MIT Press, Cambridge, MA.
LANGLEY, P., BRADSHAW, G.L. et SIMON, H. (1983), Rediscovering chemistry with the Bacon system. Dans *Machine learning: an artificial intelligence approach* (Edts Michalski, R.S., Carbonell, J.G. et Mitchell, T.M.). Tioga Publishing Company, Palo Alto, CA., 307-329.
LENAT, D.B. (1979), On automated scientific theory formation: a case study using the AM program. Dans *Machine intelligence 9* (Edts Hayes, J.E., Michie, D. et Mikulich, O.I.). Ellis Horwood, Chichester, 251-283.
LENAT, D.B. (1983a) Eurisko: a program that learns new heuristics and domain concepts: the nature of heuristics III: program design and results. *Artificial Intelligence 21 (1,2)*, 61-98.
LENAT, D.B. (1983b), The role of heuristics in learning by discovery. Three case studies. Dans *Machine learning: an artificial intelligence approach*, (Edts Michalski, R.S., Carbonell, J.G. et Mitchell, T.M.). Tioga Publishing Company, Palo Alto, CA., 243-306.
LENAT, D.B., BROWN, J.S. (1984), Why AM and Eurisko appear to work. *Artificial Intelligence 23*, 269-294.
MARR, D. (1982), *Vision: a computational investigation into the human representation and processing of visual information*. Freeman, San Francisco.
MCCLELLAND, J.M., RUMELHART, D.E. et HINTON, G.E. (1986), The appeal of parallel distributed processing. Dans *Parallel distributed processing. Explorations in the microstructures of cognition. Volume I: foundations* (Edts Rumelhart, D.E., McClelland, J.M. et the PDP research group). The MIT Press, Cambridge, MA., London, England, 3-44.
MEEHAN, J.R. (1976) *The metanovel: writing stories by computer*. Research report* 74, Yale university, department of computer science.
MEREDITH, M.J. (1986), *Seek-whence: a model of pattern perception*. Thèse de doctorat. Indiana university.
MINSKY, M. (1985), *The society of mind*. Simon and Schuster, New York.
MINSKY, M. et PAPERT, S. (1969), *Perceptrons*. The MIT Press, Cambridge, MA.
MITCHELL, T.M., KELLER, R.M. et KEDAR-CABELLI, S.T. (1986), Explanation-based generalization: an unifying view. *Machine learning 1*, 47-80.
NEWELL, A. (1980), Physical symbol systems. *Cognitive science 4*, 135-183.
NII, H.P. (1986a), Blackboard systems: the blackboard model of problem solving and the evolution of blackboard architectures, Part one. *The AI magazine*, summer 1986, 38-53.
NII, H.P., (1986b), Blackboard systems: the blackboard model of problem solving and the evolution of blackboard architectures, Part two. *The AI magazine*, august 1986, 82-106.

NILSSON, N.J. (1971), *Problem-solving methods in artificial intelligence*. McGraw-Hill, New York.
RIEDL, R. (1984), *Biology of knowledge. The evolutionary basis of reason*. John Wiley & Sons. Chichester, New York, Brisbane, Toronto, Singapore.
RITCHIE, G.D., HANNA, F.K. (1983) AM: a case study in AI methodology. *Artificial intelligence 23*, 249-268.
ROSENBLOOM, P.S., LAIRD, J.E. (1986), Mapping explanation-based generalization into Soar. *Proceedings of AAAI-86*.
RUMELHART, D.E., HINTON, G.E. et MCCLELLAND, J.L. (1986), A general framework for parallel distributed processing. Dans *Parallel distributed processing. Explorations in the microstructures of cognition. Volume 1: foundations* (Edts Rumelhart, D.E., McClelland, J.M. et the PDP research group). The MIT Press, Cambridge MA., London, England, 45-76.
RUMELHART, D.E., SMOLENSKY, P., MCCLELLAND, J.L. et HINTON, G.E. (1986), Schemata and sequential thought processes in PDP models. Dans *Parallel distributed processing. Explorations in the microstructures of cognition. Volume 2: psychological and biological models* (Edts Rumelhart, D.E., McClelland, J.M. et the PDP research group). The MIT Press, Cambridge, MA., London, England, 7-57.
RUMELHART, D.E., ZIPSER, D. (1986), Feature discovery by competitive learning. Dans *Parallel distributed processing. Explorations in the microstructures of cognition. Volume 1: foundations* (Edts Rumelhart, D.E., McClelland, J.M. et the PDP research group). The MIT Press, Cambridge, MA., London, England, 151-193.
SCHANK, R.C., RIESBECK, C.K. (Edts) (1983), *Planning and understanding: a computational approach to human reasoning*. Addison-Wesley, Reading, MA.
SCOTT, P.D. (1983), Learning: the construction of a posteriori knowledge structures. *Proceedings of AAAI-83*, 359-363.
SEARLE, J.R., (1981), Minds, brains and programs. Dans *The mind's I*, (Composé et arrangé par Hofstadter, D.R., Dennett, D.C.). Basic Books, New York, 353-373.
SIMON, H.A. (1983), Why should machines learn? Dans *Machine learning: an artificial intelligence approach* (Edts Michalski, R.S., Carbonell, J.G. et Mitchell, T.M.). Tioga Publishing Company, Palo Alto, CA., 25-37.
SMOLENSKY, P. (1986), Neural and conceptual interpretation of PDP models. Dans *Parallel distributed processing. Explorations in the microstructures of cognition. Volume 2: psychological and biological models* (Edts Rumelhart, D.E., McClelland, J.M. et the PDP research group). The MIT Press, Cambridge, MA., London, England, 390-431.
SNEATH, P.H., SOKAL, R.R. (1973), *Numerical taxonomy*. W.H. Freeman and company, San Francisco.
TURING, A. (1981), Computing machinery and intelligence. Dans *The mind's I*, (Composé et arrangé par Hofstadter, D.R., Dennett, D.C.). Basic Books, New York, 53-67.
WINSTON, PH. (1984), *Artificial intelligence*. Addison-Wesley Publishing Company, Reading, MA., London, Amsterdam.

Index

Accès à l'information, 121
Activation, 91, 95, 111, 118-120, 149, 241, 225-234
Adaptation, 74, 79, 122, 136, 205, 218
Addition, 17-18, 32
Aléatoire, 84, 88, 92, 188, 191, 200
AM, 183, 192-198
Analogie, 21, 91, 235-247, 253, 255
Analyse, niveaux d', 253-254
Apollinaire, G., 146
Apport de l'IA, 249-253
  technologique, 250-252
  théorique, 250, 252-253
Apprentissage, 64, 75, 100, 108-109, 123, 205-223, 236
  à concurrence, 225, 231-234
  différents types, 207, 234-235
  par généralisation, 10, 205, 210-214
  par discrimination, 10, 205, 214-219
  par explication, 205, 219-222
  perceptron, 226-231
Approche,
  ascendante, 89
  descendante, 88
  par l'espace des états, 21
Approximation, 86-87
Architecture, 10, 72-73, 76, 89-93, 96, 101, 128, 159, 188, 194-197, 237, 251
Art, 48, 82, 146, 172, 180
Ascendant, approche ascendante, 89
Atlan, H., 139
Attracteur, 121, 124, 173-174
Auto-référence, 48-51
Axone, 115-116

Babbage, C., 159
Baudelaire, C., 168
Beauté, 9, 175
Bloc, 16
Boucle, 36-38, 47-48
But, 21

Cadre, 116-117, 122, 194, 199
Case, 116-117
Cellule, 91, 148
Cerveau, 8, 10, 108-109, 114-116, 136-137, 144, 147-154
Chaîne de Markov, 169
Chambre chinoise, 135, 140-144
Chaos, 174-175
Cible, 15
Classification, 231
Codelets, 92, 95-96, 99, 101-103, 241
Cognitif,
  processus, 81-89, 129
Cohen, P.R., 87
Compétence, 130, 139, 252
Complexité, 74, 145, 147, 255
Composition automatique de poèmes, 165-169
Concept, 93-94, 108, 120, 195, 211-212, 240
Concurrence, apprentissage à, 225, 231-234
Conflit, résolution de, 63-65, 101
Conjecture de Goldbach, 192
Connaissance, procédurale et déclarative, 87-88, 100
Connexion, 111-131, 225-234

Connotation, 93-94, 99
Conscience, 49-50, 139
Contenu, 86, 144-146
Contexte, 96
Contre-exemple, 205, 208, 234-235
Contrôle, 73, 76, 92, 194
Copycat, 237-241
Créativité, 10, 163-182
Crysalis, 62
Cytoplasme, 91-92, 96, 99-100, 187-191, 241

Dames, 16, 25, 220, 223
Découverte, 201
Dendrite, 115
Descendant, approche descendante, 88
Devos, R., 47-48
Diagnostic, 21, 73
Différences, réduction des, 53, 63
Discrimination, 10, 205, 234-235
Dreyfus, H., 147, 250
Dualisme, 49

Echecs, 16, 25, 82, 157, 222
Eccles, J.C., 49
Effet,
  effet de masse, 123
  effet Eliza, 169-172
  effet excitant, 117
  effet inhibant, 117
Eliza, 169-170
Ensemble, 192, 194-195
Ensemble de Julia, 175
Enzyme, 91-92
Epiménide, 47
Epiphénomène, 114
Escher, M., 47-48
Espace des états, 19-22, 90
Esprit, rapport avec le cerveau, 109, 154
Essence, 93-94, 179-182
Etat, 19, 21, 30, 90-91
Eurisko, 123, 192, 198-201
Evaluation, fonction d', 55
Excitation, effet excitant, 117
Exemple, 205, 208, 234-235
Explication, 205, 251
Explosion combinatoire, 25, 90
Extrapolation, 176

Fermeture, 61, 68
Fluidité, 77-79
Fonction, 193

Fond, 86, 146, 170, 198
Forme, 86, 144-146, 198
Fractal, 173-175
French, R.M., 165

Garett, M., 49
Généralisation, 10, 122, 205, 209-214, 234-235, 249
Glissabilité, 79
Gnoth, 188-191
Gödel, K., 48, 157
GPS, 62
Graphe des états, 20, 221

Heuristique, 10, 53-59, 71, 97, 192-194, 198-199
Hofstadter, D.R., 47, 48, 82, 89, 143-144, 176, 237
Holland, J., 61, 218

Incertitude, 66, 86-87
Indécidabilité, 48
Indéterminé, 84
Induction, 205, 208, 249
Inhibition, effet inhibant, 117, 232
Introspection, 48, 75, 77, 219

Jeu,
  analogies, 237
  classification de caractères, 207-210
  extrapolation de séquences numériques, 176-179
  le compte est bon, 15-16
  imitation, 137
Jumbo, 92

Lackner, J., 49
Langage, 34-38, 46, 73, 74, 88, 122, 157, 222, 234, 249-250, 253, 255
Langley, P., 222-223, 234
Largeur, méthode de développement en largeur d'abord, 22-25, 53, 54
Lashley, K., 123
Lenat, D.B., 192-193, 197-201, 215
Lien, 93-95, 212, 241
LISP, 33, 183, 197, 201, 250
Logique, 8, 65, 66, 73, 131, 252
Lovelace, Lady A.A. Lovelace, 159, 172, 176

Magritte, R., 47-48, 146
Marr, D., 129-130
Mathématicien, 98, 163

Meilleur, méthode de développement le meilleur d'abord, 53, 55-56, 71
Mémoire,
   à court terme, 99, 123
   à long terme, 99
   de travail, 99, 123
Meredith, M., 183, 187
Méthode,
   de développement, 22-27
   de réduction des différences, 53, 63
Microcosme, 89-90
Minsky, M., 89, 156, 252
Modularité, 73-75
Moteur d'inférence, 281
Molécule, 92, 144, 187-191, 242
Musique, 9, 94

Neurone, 114-116, 136, 144-148
Neuroscience, 253
Newell, A., 63
Niveau,
   niveau dans une récursion, 45-46
   niveau de représentation, 62, 111-114, 124
   niveau de théorie, 129, 131
Nœud, 95, 212, 225-234, 240-241
Nombre naturel, découverte, 197

Objectif, 68-72, 88-89, 214-217
Ordre, texte d', 167-168
Opérateur, 16, 20, 21, 30, 32, 33
Opérateur clef, 63

Paradoxe d'Epiménide, 47-48
Perception, 85, 95, 98, 124, 137, 191, 243
Perceptron, 149-152, 225, 226
Piagétien, 108, 222
Picasso, P., 146, 192, 201
Pile, 45-46
Planification, 56, 66-68, 74
Plasticité, 74, 94, 96, 124, 176, 191-192
Poème, 164-169
Poids, 117, 149-150, 215, 225-234
Pointeur, 145
Pont, 241, 244-246
Prédicat, 66
Préférence, 64-66
Pression, 84-86, 89, 124, 179, 246
Présupposé,
   biologique, 147-152
   épistémologique, 147, 157-159
   psychologique, 147, 152-156

Primitive, 184-186, 188-191
Procédure, 35-38
Profondeur, méthode de développement en profondeur d'abord, 25-27, 29, 38, 53-54, 221
PROLOG, 250
Proposition, 61
Prototype, 116-117
Psychologie, 73-75, 81, 129, 208, 253, 255
Pylone, 245-246

Raisonnement, 21, 66, 83, 236
Récurrence, 47
Récursion, 38, 45-51
Réduction,
   des différences, 53, 63
   en sous-problèmes, 62-63
Règle, 59-60, 76-77, 192-193, 196, 214-215, 239
Représentation, 29, 31-33, 93-99, 111, 113, 116-124, 198, 222, 230
Réseau, 81-109, 117, 212, 226, 232
   conceptuel, 195
   glissant, 92-93, 95-96, 187, 240
   sémantique, 95
   permanent, 96-99
Résolution,
   de conflits, 63-65, 101
   de problèmes, 10, 53, 59, 62, 237, 249
Rigidité, 54, 77-78
Rimbaud, A., 163-169
Robot, 21, 65, 67-68
Rôle, 235-236, 238, 244
Rosenblatt, F., 149
Rumelhart, D.E., 117

Sage, 219-222
Samuel, A., 223
Scott, P.D., 206, 247
Searle, J., 140-144
Seek-whence, 183-184, 187-188, 223, 242
Sémantique, 86, 143
Seuil d'activation, 119, 127-128
Shakey, 61
Shaw, J.C., 63
Signification, 76, 86, 113-114, 141-145, 198
Simon, H.A., 63, 206
Smolensky, P., 154
Soar, 62, 64, 66
Socratoplasme, 187-191
Sommet, 20, 95
Sous-problème, 22, 53, 62-63, 65-66

STRIPS, 61, 66
Surréalisme, 146-170
Symboles, 109, 111-131, 152-153, 253-254
Synapse, 114, 144
Syntaxe, 64, 85-86, 113, 143-146, 170, 198
Système,
  à règles de production, 10, 53, 59-79, 91, 158, 251
  à réseau, 91, 114, 187, 225, 237, 241, 246
  classificateur, 61, 64, 79, 218
  connexionniste, 91, 114, 151-154, 225-234
  expert, 59, 66, 82, 251
Systran, 251

Tale-Spin, 171
Tableau noir, 53, 62
Test de Turing, 10, 137-142, 169
Traduction automatique, 248, 251
Turing, A.M., 8, 135, 137-140, 157-158

Variable, 34
Variation, 95, 179-182

Weizenbaum, J.,169
Winston, P.H., 211, 223, 234

Table des matières

Introduction: Le second souffle	7
PARTIE 1: LES CONCEPTS DE BASE	13
Chapitre 1: Un premier jeu de chiffres	15
Le compte est bon	15
L'intérêt d'une simulation	16
La compréhension par la démonstration	17
L'espace des états	19
Le développement en largeur	22
Le développement en profondeur	25
Chapitre 2: Programmation d'une solution	29
Le coût d'une précision ultime	29
Une représentation du problème	31
Le langage de programmation utilisé	34
L'écriture d'une première procédure	35
Une solution programmée	38
Chapitre 3: Récursion	45
Les différents niveaux	45
Récursion et récurrence	47
Devos, Escher, Magritte: un même dédale pour l'esprit	47
La vue de l'esprit	48
Chapitre 4: Des méthodes moins aveugles	53
L'utilisation d'heuristiques	53
Le meilleur d'abord	55
Un raffinement supplémentaire	56

Les systèmes de production	59
Quel espace de travail ?	60
La résolution par réduction en sous-problèmes	62
Comment résoudre les conflits ?	63
Quand une condition est-elle satisfaite ?	65
Les besoins de planification	66
Un nouveau système de production	68
L'architecture du système	72
La pertinence psychologique des systèmes à règles de production	73
Leurs limites	76
Chapitre 5 : Utilisation de réseaux	81
La simulation de processus cognitifs	81
Le caractère contraignant de l'environnement	83
Différents types de sollicitations	84
Ordres de grandeur et approximations	86
Connaissances procédurales et déclaratives	87
L'importance relative de la cible et des briques	88
Les microcosmes	89
L'architecture utilisée	90
L'analogie biologique	91
La correspondance avec le jeu	92
La représentation des concepts	93
Le réseau glissant	95
Un réseau permanent pour le jeu «le compte est bon»	96
Le cytoplasme	99
Une société de micro-tâches	101
L'analyse d'un exemple	103
Conclusions	108
Chapitre 6 : Symboles et connexions	111
Symboles et niveaux de représentation	111
L'homme neuronal	114
Une représentation connexionniste des concepts	116
Les principes de fonctionnement	118
L'attrait des représentations connexionnistes	121
Un modèle connexionniste du jeu «le compte est bon»	124
Des extensions possibles du modèle	128
Les trois niveaux d'explication	129
PARTIE 2 : L'INTELLIGENCE ARTIFICIELLE	133
Chapitre 7 : Les machines peuvent-elles penser ?	135
Un embryon d'intelligence	135
Le test de Turing	137
La chambre chinoise	140
Forme et contenu	144
D'autres contributions au débat	146

Chapitre 8: Des fondements possibles 147

Les postulats 147
Le présupposé biologique 148
    Le perceptron 149
Le présupposé psychologique 152
    La version connexionniste du présupposé psychologique 153
    Le présupposé psychologique: mythes et réalités 155
Le présupposé épistémologique 157
    Les objections 157
Une machine qui ne peut faire que ce qu'on lui dit de faire 159

PARTIE 3: LA CREATIVITE ARTIFICIELLE 161

Chapitre 9: La mécanisation de la créativité 163

Rimbaud et les mathématiciens 163
    La composition automatique de poèmes 165
L'effet Eliza 169
L'imprévisibilité des machines 172
    Les fractals 173
Un nouveau jeu de chiffres 176
La créativité et l'essence des choses 179
    Variations sur le jeu «le compte est bon» 181

Chapitre 10: Des systèmes créatifs 183

Seek-whence 183
    Les primitives 184
    L'architecture de Seek-whence 187
    Un exemple de fonctionnement 188
    La créativité banalisée 191
AM 192
    La philosophie générale du système 193
    L'architecture et les principes de fonctionnement d'AM 194
    Mythes et limites d'AM 197
Eurisko 198
    Les domaines d'application d'Eurisko 200
Invention ou découverte? 201

PARTIE 4: L'APPRENTISSAGE ARTIFICIEL 203

Chapitre 11: La mécanisation de l'apprentissage 205

L'intelligence sans apprentissage 205
Un nouveau jeu de chiffres 207
    La caractérisation des éléments 208
    La diversité des solutions 209
L'apprentissage par généralisation 210
    Le programme de Winston 211
L'apprentissage par discrimination 214
    Pourquoi le système paraît fonctionner 217
L'apprentissage par explication 219
La généralité des approches considérées 222

Chapitre 12: D'autres formes d'apprentissage 225

L'apprentissage dans les modèles connexionnistes 225
L'apprentissage et le perceptron 226
L'apprentissage à concurrence 231
La pointe de l'iceberg 234
La pensée analogique 235
    Copycat 237
    L'analyse d'un exemple 241

Conclusions: Un souffle nouveau 249

Construire sans comprendre 249
L'apport technologique 250
L'apport théorique 252
Le niveau d'analyse 253
Les méthodes utilisées 254

Références 257

Index 261

Table des matières 265

PSYCHOLOGIE ET SCIENCES HUMAINES
collection publiée sous la direction de MARC RICHELLE

1 Dr Paul Chauchard: LA MAITRISE DE SOI, 9ᵉ éd.
5 François Duyckaerts: LA FORMATION DU LIEN SEXUEL, 9ᵉ éd.
7 Paul-A. Osterrieth: FAIRE DES ADULTES, 16ᵉ éd.
9 Daniel Widlöcher: L'INTERPRETATION DES DESSINS D'ENFANTS, 9ᵉ éd.
11 Berthe Reymond-Rivier: LE DEVELOPPEMENT SOCIAL DE L'ENFANT ET DE L'ADOLESCENT, 9ᵉ éd.
12 Maurice Dongier: NEVROSES ET TROUBLES PSYCHOSOMATIQUES, 7ᵉ éd.
15 Roger Mucchielli: INTRODUCTION A LA PSYCHOLOGIE STRUCTURALE, 3ᵉ éd.
16 Claude Köhler: JEUNES DEFICIENTS MENTAUX, 4ᵉ éd.
21 Dr P. Geissmann et Dr R. Durand: LES METHODES DE RELAXATION, 4ᵉ éd.
22 H. T. Klinkhamer-Steketée: PSYCHOTHERAPIE PAR LE JEU, 3ᵉ éd.
23 Louis Corman: L'EXAMEN PSYCHOLOGIQUE D'UN ENFANT, 3ᵉ éd.
24 Marc Richelle: POURQUOI LES PSYCHOLOGUES?, 6ᵉ éd.
25 Lucien Israel: LE MEDECIN FACE AU MALADE, 5ᵉ éd.
26 Francine Robaye-Geelen: L'ENFANT AU CERVEAU BLESSE, 2ᵉ éd.
27 B.F. Skinner: LA REVOLUTION SCIENTIFIQUE DE L'ENSEIGNEMENT, 3ᵉ éd.
28 Colette Durieu: LA REEDUCATION DES APHASIQUES
29 J.C. Ruwet: ETHOLOGIE: BIOLOGIE DU COMPORTEMENT, 3ᵉ éd.
30 Eugénie De Keyser: ART ET MESURE DE L'ESPACE
32 Ernest Natalis: CARREFOURS PSYCHOPEDAGOGIQUES
33 E. Hartmann: BIOLOGIE DU REVE
34 Georges Bastin: DICTIONNAIRE DE LA PSYCHOLOGIE SEXUELLE
35 Louis Corman: PSYCHO-PATHOLOGIE DE LA RIVALITE FRATERNELLE
36 Dr G. Varenne: L'ABUS DES DROGUES
37 Christian Debuyst, Julienne Joos: L'ENFANT ET L'ADOLESCENT VOLEURS
38 B.-F. Skinner: L'ANALYSE EXPERIMENTALE DU COMPORTEMENT, 2ᵉ éd.
39 D.J. West: HOMOSEXUALITE
40 R. Droz et M. Rahmy: LIRE PIAGET, 3ᵉ éd.
41 José M.R. Delgado: LE CONDITIONNEMENT DU CERVEAU ET LA LIBERTE DE L'ESPRIT
42 Denis Szabo, Denis Gagné, Alice Parizeau: L'ADOLESCENT ET LA SOCIETE, 2ᵉ éd.
43 Pierre Oléron: LANGAGE ET DEVELOPPEMENT MENTAL, 2ᵉ éd.
44 Roger Mucchielli: ANALYSE EXISTENTIELLE ET PSYCHOTHERAPIE PHENOMENO-STRUCTURALE
45 Gertrud L. Wyatt: LA RELATION MERE-ENFANT ET L'ACQUISITION DU LANGAGE, 2ᵉ éd.
46 Dr Etienne De Greeff: AMOUR ET CRIMES D'AMOUR
47 Louis Corman: L'EDUCATION ECLAIREE PAR LA PSYCHANALYSE
48 Jean-Claude Benoit et Mario Berta: L'ACTIVATION PSYCHOTHERAPIQUE
49 T. Ayllon et N. Azrin: TRAITEMENT COMPORTEMENTAL EN INSTITUTION PSYCHIATRIQUE
50 G. Rucquoy: LA CONSULTATION CONJUGALE
51 R. Titone: LE BILINGUISME PRECOCE
52 G. Kellens: BANQUEROUTE ET BANQUEROUTIERS
53 François Duyckaerts: CONSCIENCE ET PRISE DE CONSCIENCE
54 Jacques Launay, Jacques Levine et Gilbert Maurey: LE REVE EVEILLE-DIRIGE ET L'INCONSCIENT

55 Alain Lieury: LA MEMOIRE
56 Louis Corman: NARCISSISME ET FRUSTRATION D'AMOUR
57 E. Hartmann: LES FONCTIONS DU SOMMEIL
58 Jean-Marie Paisse: L'UNIVERS SYMBOLIQUE DE L'ENFANT ARRIERE MENTAL
59 Jacques Van Rillaer: L'AGRESSIVITE HUMAINE
60 Georges Mounin: LINGUISTIQUE ET TRADUCTION
61 Jérôme Kagan: COMPRENDRE L'ENFANT
62 Michael S. Gazzaniga: LE CERVEAU DEDOUBLE
63 Paul Cazayus: L'APHASIE
64 X. Seron, J.L. Lambert, M. Van der Linden: LA MODIFICATION DU COMPORTEMENT
65 W. Huber: INTRODUCTION A LA PSYCHOLOGIE DE LA PERSONNALITE, 2ᵉ éd.
66 Emile Meurice: PSYCHIATRIE ET VIE SOCIALE
67 J. Château, H. Gratiot-Alphandéry, R. Doron et P. Cazayus: LES GRANDES PSYCHOLOGIES MODERNES
68 P. Sifnéos: PSYCHOTHERAPIE BREVE ET CRISE EMOTIONNELLE
69 Marc Richelle: B.F. SKINNER OU LE PERIL BEHAVIORISTE
70 J.P. Bronckart: THEORIES DU LANGAGE
71 Anika Lemaire: JACQUES LACAN, 2ᵉ éd. revue et augmentée
72 J.L. Lambert: INTRODUCTION A L'ARRIERATION MENTALE
73 T.G.R. Bower: DEVELOPPEMENT PSYCHOLOGIQUE DE LA PREMIERE ENFANCE
74 J. Rondal: LANGAGE ET EDUCATION
75 Sheila Kitzinger: PREPARER A L'ACCOUCHEMENT
76 Ovide Fontaine: INTRODUCTION AUX THERAPIES COMPORTEMENTALES
77 Jacques-Philippe Leyens: PSYCHOLOGIE SOCIALE, 2ᵉ éd.
78 Jean Rondal: VOTRE ENFANT APPREND A PARLER
79 Michel Legrand: LE TEST DE SZONDI
80 H.J. Eysenck: LA NEVROSE ET VOUS
81 Albert Demaret: ETHOLOGIE ET PSYCHIATRIE
82 Jean-Luc Lambert et Jean A. Rondal: LE MONGOLISME
83 Albert Bandura: L'APPRENTISSAGE SOCIAL
84 Xavier Seron: APHASIE ET NEUROPSYCHOLOGIE
85 Roger Rondeau: LES GROUPES EN CRISE?
86 J. Danset-Léger: L'ENFANT ET LES IMAGES DE LA LITTERATURE ENFANTINE
87 Herbert S. Terrace: NIM, UN CHIMPANZE QUI A APPRIS LE LANGAGE GESTUEL
88 Roger Gilbert: BON POUR ENSEIGNER?
89 Wing, Cooper et Sartorius: GUIDE POUR UN EXAMEN PSYCHIATRIQUE
90 Jean Costermans: PSYCHOLOGIE DU LANGAGE
91 Françoise Macar: LE TEMPS, PERSPECTIVES PSYCHOPHYSIOLOGIQUES
92 Jacques Van Rillaer: LES ILLUSIONS DE LA PSYCHANALYSE, 2ᵉ éd.
93 Alain Lieury: LES PROCEDES MNEMOTECHNIQUES
94 Georges Thinès: PHENOMENOLOGIE ET SCIENCE DU COMPORTEMENT
95 Rudolph Schaffer: COMPORTEMENT MATERNEL
96 Daniel Stern: MERE ET ENFANT, LES PREMIERES RELATIONS
97 R. Kempe & C. Kempe: L'ENFANCE TORTUREE
98 Jean-Luc Lambert: ENSEIGNEMENT SPECIAL ET HANDICAP MENTAL
99 Jean Morval: INTRODUCTION A LA PSYCHOLOGIE DE L'ENVIRONNEMENT
100 Pierre Oleron et al.: SAVOIRS ET SAVOIR-FAIRE PSYCHOLOGIQUES CHEZ L'ENFANT
101 Bernard I. Murstein: STYLES DE VIE INTIME

102 Rondal/Lambert/Chipman: PSYCHOLINGUISTIQUE ET HANDICAP MENTAL
103 Brédart/Rondal: L'ANALYSE DU LANGAGE CHEZ L'ENFANT
104 David Malan: PSYCHODYNAMIQUE ET PSYCHOTHERAPIE INDIVIDUELLE
105 Philippe Muller: WAGNER PAR SES REVES
106 John Eccles: LE MYSTERE HUMAIN
107 Xavier Seron: REEDUQUER LE CERVEAU
108 Moreau/Richelle: L'ACQUISITION DU LANGAGE
109 Georges Nizard: ANALYSE TRANSACTIONNELLE ET SOIN INFIRMIER
110 Howard Gardner: GRIBOUILLAGES ET DESSINS D'ENFANTS, LEUR SIGNIFICATION
111 Wilson/Otto: LA FEMME MODERNE ET L'ALCOOL
112 Edwards: DESSINER GRACE AU CERVEAU DROIT
113 Rondal: L'INTERACTION ADULTE-ENFANT
114 Blancheteau: L'APPRENTISSAGE CHEZ L'ANIMAL
115 Boutin: FORMATION ET DEVELOPPEMENTS
116 Húsen: L'ECOLE EN QUESTION
117 Ferrero/Besse: L'ENFANT ET SES COMPLEXES
118 R. Bruyer: LE VISAGE ET L'EXPRESSION FACIALE
119 J.P. Leyens: SOMMES-NOUS TOUS DES PSYCHOLOGUES?
120 J. Château: L'INTELLIGENCE OU LES INTELLIGENCES?
121 M. Claes: L'EXPERIENCE ADOLESCENTE
122 J. Hayes et P. Nutman: COMPRENDRE LES CHOMEURS
123 S. Sturdivant: LES FEMMES ET LA PSYCHOTHERAPIE
124 A. Pomerleau et G. Malcuit: L'ENFANT ET SON ENVIRONNEMENT
125 A. Van Hout et X. Seron: L'APHASIE DE L'ENFANT
126 A. Vergote: RELIGION, FOI, INCROYANCE
127 Sivadon/Fernandez-Zoïla: TEMPS DE TRAVAIL, TEMPS DE VIVRE
128 Born: JEUNES DEVIANTS OU DELINQUANTS JUVENILES?
129 Hamers/Blanc: BILINGUALITE ET BILINGUISME
130 Legrand: PSYCHANALYSE, SCIENCE, SOCIETE
131 Le Camus: PRATIQUES PSYCHOMOTRICES
132 Lars Fredén: ASPECTS PSYCHOSOCIAUX DE LA DEPRESSION
133 Mount: LA FAMILLE SUBVERSIVE
134 Magerotte: MANUEL D'EDUCATION COMPORTEMENTALE CLINIQUE
135 Dailly / Moscato: LATERALISATION ET LATERALITE CHEZ L'ENFANT
136 Bonnet / Tamine-Gardes: QUAND L'ENFANT PARLE DU LANGAGE
137 Bruyer: LES SCIENCES HUMAINES ET LES DROITS DE L'HOMME
138 Taulelle: L'ENFANT A LA RENCONTRE DU LANGAGE
139 de Boucaud: PSYCHOLOGIE DE L'ENFANT ASTHMATIQUE
140 Duruz: NARCISSE EN QUETE DE SOI
141 Feyereisen / de Lannoy: PSYCHOLOGIE DU GESTE
142 Florin et Al.: LE LANGAGE A L'ECOLE MATERNELLE
143 Debuyst: MODELE ETHOLOGIQUE ET CRIMINOLOGIE
144 Ashton / Stepney: FUMER
145 Crabbé et Al.: LES FEMMES DANS LES LIVRES SCOLAIRES
146 Bideaud / Richelle: PSYCHOLOGIE DEVELOPPEMENTALE
147 Schmid-Kitsikis: THEORIE CLINIQUE ET FONCTIONNEMENT MENTAL
148 Guggenbühl / Craig: POUVOIR ET RELATION D'AIDE
149 Rondal: LANGAGE ET COMMUNICATION CHEZ LES HANDICAPES MENTAUX
150 Moscato et Al.: FONCTIONNEMENT COGNITIF ET INDIVIDUALITE
151 Château: L'HUMANISATION OU LES PREMIERS PAS DES VALEURS HUMAINES
152 Avery / Litwack: NEE TROP TOT
153 Rondal: LE DEVELOPPEMENT DU LANGAGE CHEZ L'ENFANT TRISOMIQUE 21

154 Kellens: QU'AS-TU FAIT DE TON FRERE?
155 Rondal / Henrot: LE LANGAGE DES SIGNES
156 Lafontaine: LE PARTI PRIS DES MOTS
157 Bonnet / Hoc / Tiberghien: AUTOMATIQUE, INTELLIGENCE ARTIFICIELLE ET PSYCHOLOGIE
158 Giovannini et al.: PSYCHOLOGIE ET SANTE
159 Wilmotte et al.: LE SUICIDE
160 Giurgea: L'HERITAGE DE PAVLOV
161 Ionescu: MANUEL D'INTERVENTION EN DEFICIENCE MENTALE N° 1
162 Ionescu: MANUEL D'INTERVENTION EN DEFICIENCE MENTALE N° 2
163 Pieraut-Le Bonniec: CONNAITRE ET LE DIRE
164 Huber: PSYCHOLOGIE CLINIQUE AUJOURD'HUI
165 Rondal et al.: PROBLEMES DE PSYCHOLINGUISTIQUE
166 Slukin: LE LIEN MATERNEL
167 Baudour: L'AMOUR CONDAMNE
168 Wilwerth: VISAGES DE LA LITTERATURE FEMININE
169 Edwards: VISION, DESSIN, CREATIVITE

Hors collection

Paisse: PSYCHOPEDAGOGIE DE LA LUCIDITE
Paisse: ESSENCE DU PLATONISME
Collectif: SYSTEME AMDP
Boulangé/Lambert: LES AUTRES, L'EXPRESSION ARTISTIQUE CHEZ LES HANDICAPES MENTAUX

Manuels et Traités

2 Thinès: PSYCHOLOGIE DES ANIMAUX
3 Paulus: LA FONCTION SYMBOLIQUE ET LE LANGAGE
4 Richelle: L'ACQUISITION DU LANGAGE
5 Paulus: REFLEXES-EMOTIONS-INSTINCTS
Droz-Richelle: MANUEL DE PSYCHOLOGIE
Hurtig-Rondal: MANUEL DE PSYCHOLOGIE DE L'ENFANT (Tome 1)
Hurtig-Rondal: MANUEL DE PSYCHOLOGIE DE L'ENFANT (Tome 2)
Hurtig-Rondal: MANUEL DE PSYCHOLOGIE DE L'ENFANT (Tome 3)
Rondal-Seron: LES TROUBLES DU LANGAGE (DIAGNOSTIC ET REEDUCATION)
Fontaine/Cottraux/Ladouceur: CLINIQUES DE THERAPIE COMPORTEMENTALE

Philosophie et langage

Anscombre/Ducrot: L'ARGUMENTATION DANS LA LANGUE
Maingueneau: GENESES DU DISCOURS
Casebeer: HERMANN HESSE
Dominicy: LA NAISSANCE DE LA GRAMMAIRE MODERNE
Borillo: INFORMATIQUE POUR LES SCIENCES DE L'HOMME
Iser: L'ACTE DE LECTURE
Heyndels: LA PENSEE FRAGMENTEE
Sheridan: DISCOURS, SEXUALITE ET POUVOIR (Michel Foucault)
Parret: LES PASSIONS